工业互联网 1 + X 证书制度培训丛书

工业互联网标识解析
——建设与应用

中国信息通信研究院西部分院（重庆信息通信研究院）组编

主　编　张　炎　潘　科　许云林

副主编　石志远　陈云选

参　编　张陆洋　李广文　唐向薪

　　　　蒋子泉　华晶晶　薛　益

机 械 工 业 出 版 社

本书分为六大项目：项目1工业互联网网络体系认知，从四个维度介绍工业互联网相关基础知识；项目2标识编码与存储，主要介绍几类典型标识编码和主、被动标识载体及其典型应用；项目3标识解析系统，介绍标识解析赋码流程、标识解析体系架构设计、标识解析安全风险及标识解析标准化；项目4标识数据管理，主要讲解工业数据应用机理与技术分析、标识大数据、标识数据查询与统计、标识数据智能分析，以及基于区块链技术的标识数据管理；项目5标识节点建设与运维，主要讲解节点部署、二级节点建设及运维的相关知识；项目6工业互联网标识应用，从智能化生产、网络化协同、服务化延伸、个性化定制、数字化管理五大领域对工业互联网标识应用进行案例分析。

本书主要面向有意从事物联网、工业互联网、电子信息工程行业的广大学员，以及大专院校、职业院校相关专业的师生。

图书在版编目（CIP）数据

工业互联网标识解析：建设与应用/中国信息通信研究院西部分院（重庆信息通信研究院）组编；张炎，潘科，许云林主编. —北京：机械工业出版社，2022.1（2024.9重印）

（工业互联网1+X证书制度培训丛书）

ISBN 978-7-111-69158-7

Ⅰ.①工… Ⅱ.①中… ②张… ③潘… ④许… Ⅲ.①互联网络-应用-工业发展-标识-职业培训-教材 Ⅳ.①F403-39

中国版本图书馆CIP数据核字（2021）第188700号

机械工业出版社（北京市百万庄大街22号 邮政编码100037）
策划编辑：王 欢　　责任编辑：王 欢
责任校对：刘雅娜 王明欣　　封面设计：马若濛
责任印制：郜 敏
北京富资园科技发展有限公司印刷
2024年9月第1版第5次印刷
184mm×260mm · 14.5印张 · 357千字
标准书号：ISBN 978-7-111-69158-7
定价：49.00元

电话服务　　网络服务
客服电话：010-88361066　　机 工 官 网：www.cmpbook.com
010-88379833　　机 工 官 博：weibo.com/cmp1952
010-68326294　　金 书 网：www.golden-book.com

机工教育服务网：www.cmpedu.com

前　言

2017 年 11 月，国务院印发《深化“互联网 + 先进制造业”发展工业互联网的指导意见》，它标志着发展工业互联网正式上升为国家战略，成为指导我国工业互联网建设的行动纲领。之后，工业和信息化部陆续出台了一系列鼓励、推动、指导工业互联网发展的政策，全国工业互联网发展步伐加快，对塑造制造业竞争新优势、加速产业高端发展、培育形成新的经济增长点形成显著推动作用。

工业互联网标识解析体系，作为工业互联网重要的网络基础设施，是实现工业企业数据流通、信息交互的关键枢纽，支撑起工业互联网的互联互通。随着工业互联网的高速发展，工业互联网领域相关企业对于标识解析技术人才的需求日益增加。2019 年 4 月，教育部、国家发展改革委、财政部、市场监管总局联合印发了《关于在院校实施“学历证书 + 若干职业技能等级证书”制度试点方案》，部署启动“学历证书 + 若干职业技能等级证书”（简称“1 + X 证书”）制度试点工作。在此背景下，编写配套工业互联网标识解析建设与应用相关的“1 + X 证书”培训用书，目的在于培养出既懂 IT 又懂 OT 的复合型技术技能人才，从而更好地适应、服务、支撑工业互联网的发展。

本书在结构上划分为六大项目：项目 1 工业互联网网络体系认知，从工业互联网体系架构、网络互联知识认知、数据互通知识认知、标识解析知识认知四个维度介绍了工业互联网相关基础知识；项目 2 标识编码与存储，主要介绍 DID、GS1、Handle、Ecode 等几类典型标识编码，并对被动标识载体、主动标识载体分别进行了举例和讲解，同时列举了面向工业互联网的标识载体技术典型应用；项目 3 标识解析系统，对标识解析赋码流程、标识解析体系架构设计、标识解析安全风险及标识解析标准化进行了详尽介绍；项目 4 标识数据管理，主要讲解工业数据应用机理与技术分析、标识大数据、标识数据查询与统计、标识数据智能分析，以及基于区块链技术的标识数据管理；项目 5 标识节点建设与运维，主要讲解节点部署、二级节点建设及运维的相关知识；项目 6 工业互联网标识应用，从智能化生产、网络化协同、服务化延伸、个性化定制、数字化管理五大领域对工业互联网标识应用进行案例分析。

由于时间仓促，且技术发展日新月异，加之编者水平有限，本书内容难免有疏忽和不妥之处，恳请同行专家及读者朋友们谅解，并欢迎批评指正，以便再版时进一步修改和完善。

编　者

目　　录

项目 1 工业互联网网络体系认知

当前全球经济社会发展正面临全新挑战与机遇：**一方面**，上一轮科技革命的传统动能规律性减弱趋势明显，导致经济增长的内生动力不足。**另一方面**，以互联网、大数据、人工智能为代表的新一代信息技术发展日新月异，加速向实体经济领域渗透融合，深刻改变各行业的发展理念、生产工具与生产方式，带来生产力的又一次飞跃。在新一代信息技术与制造技术深度融合的背景下，在工业数字化、网络化、智能化转型需求的带动下，以泛在互联、全面感知、智能优化、安全稳固为特征的工业互联网应运而生。**工业互联网作为全新工业生态、关键基础设施和新型应用模式，通过人、机、物的全面互联，实现全要素、全产业链、全价值链的全面连接，正在全球范围内不断颠覆传统制造模式、生产组织方式和产业形态，推动传统产业加快转型升级、新兴产业加速发展壮大。**

工业互联网是实体经济数字化转型的关键支撑。工业互联网通过与工业、能源、交通、农业等实体经济各领域的融合，为实体经济提供了网络连接和计算处理平台等新型通用基础设施支撑；促进了各类资源要素优化和产业链协同，帮助各实体行业创新研发模式、优化生产流程；正推动传统工业制造体系和服务体系再造，带动共享经济、平台经济、大数据分析等以更快速度在更大范围、更深层次拓展，加速实体经济数字化转型进程。

工业互联网是实现第四次工业革命的重要基石。工业互联网为第四次工业革命提供了具体实现方式和推进抓手，通过人、机、物的全面互联，全要素、全产业链、全价值链的全面连接，对各类数据进行采集、传输、分析并形成智能反馈，正在推动形成全新的生产制造和服务体系，优化资源要素配置效率，充分发挥制造装备、工艺和材料的潜能，提高企业生产效率，创造差异化的产品并提供增值服务，加速推进第四次工业革命。

工业互联网对我国经济发展有着重要意义。一是化解综合成本上升、产业向外转移风险。通过部署工业互联网，能够帮助企业减少用工量，促进制造资源配置和使用效率提升，降低企业生产运营成本，增强企业的竞争力。**二是推动产业高端化发展。**加快工业互联网应用推广，有助于推动工业生产制造服务体系的智能化升级、产业链延伸和价值链拓展，进而带动产业向高端迈进。**三是推进创新创业。**工业互联网的蓬勃发展，催生出网络化协同、个性化定制、服务化延伸等新模式、新业态，推动先进制造业和现代服务业深度融合，促进一二三产业、大中小企业开放融通发展，在提升我国制造企业全球产业生态能力的同时，打造新的经济增长点。

任务 1.1 工业互联网体系架构

工业互联网体系架构（见图 1-1）包括业务视图、功能架构、实施框架三大板块。这是以商业目标和业务需求为牵引，进而明确系统功能定义与实施部署方式的设计思路，是自上向下层层细化和深入的。

业务视图，明确了企业应用工业互联网实现数字化转型的目标、方向、业务场景及相应的数字化能力。业务视图首先提出了工业互联网驱动的产业数字化转型的总体目标和方向，以及这一趋势下企业应用工业互联网构建数字化竞争力的愿景、路径和举措。这在企业内部将会进一步细化为若干具体业务的数字化转型策略，以及企业实现数字化转型所需的一系列关键能力。业务视图主要用于指导企业在商业层面明确工业互联网的定位和作用，提出的业务需求和数字化能力需求对于后续功能架构设计是重要指引。

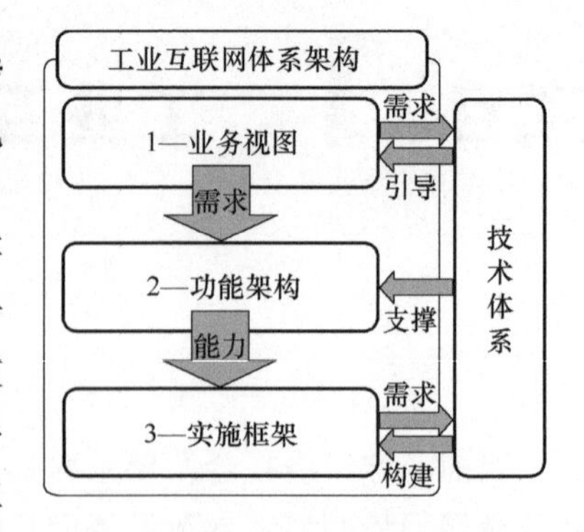

图 1-1　工业互联网体系架构

功能架构，明确了企业支撑业务实现所需的核心功能、基本原理和关键要素。功能架构首先提出了以数据驱动的工业互联网功能原理总体视图，形成物理实体与数字空间的全面连接、精准映射与协同优化，并明确这一机理作用于从设备到产业等各层级，覆盖制造、医疗等多行业领域的智能分析与决策优化。功能架构可细化分解为网络、平台、安全三大体系的子功能视图，描述构建三大体系所需的功能要素与关系。功能架构主要用于指导企业构建工业互联网的支撑能力与核心功能，并为后续工业互联网实施框架的制定提供参考。

实施框架，描述了各项功能在企业落地实施的层级结构、软硬件系统和部署方式。实施框架结合当前制造系统与未来发展趋势，提出了由设备层、边缘层、企业层、产业层四层组成的实施框架层级划分，明确了各层级的网络、标识、平台、安全的系统架构、部署方式及不同系统之间的关系。实施框架主要为企业提供工业互联网具体落地的统筹规划与建设方案，进一步可用于指导企业技术选型与系统搭建。

1.1.1　业务视图

1. 工业互联网总体业务视图

业务视图包括**产业层、商业层、应用层、能力层**四个层次。其中，产业层主要定位于产业整体数字化转型的宏观视角，商业层、应用层和能力层则定位于企业数字化转型的微观视角。对于这四个层次，**自上而下**来看，实质是产业数字化转型大趋势下，企业如何把握发展机遇，实现自身业务的数字化发展并构建起关键数字化能力；**自下而上**来看，实际也反映了企业不断构建和强化的数字化能力将持续驱动其业务乃至整个企业的转型发展，并最终带来整个产业的数字化转型。工业互联网总体业务视图如图 1-2 所示。

2. 业务视图——产业层

“产业层”主要阐释了工业互联网在促进产业发展方面的主要目标、实现路径与支撑基础。

从**发展目标**看，工业互联网通过将自身的创新活力深刻融入各行业、各领域，最终将有力**推进工业数字化转型与经济高质量发展**。

为实现这一目标，**构建全要素、全产业链、全价值链全面连接的新基础是关键**，这也是工业数字化、网络化、智能化发展的核心。全面连接显著提升了数据采集、集成管理与建模

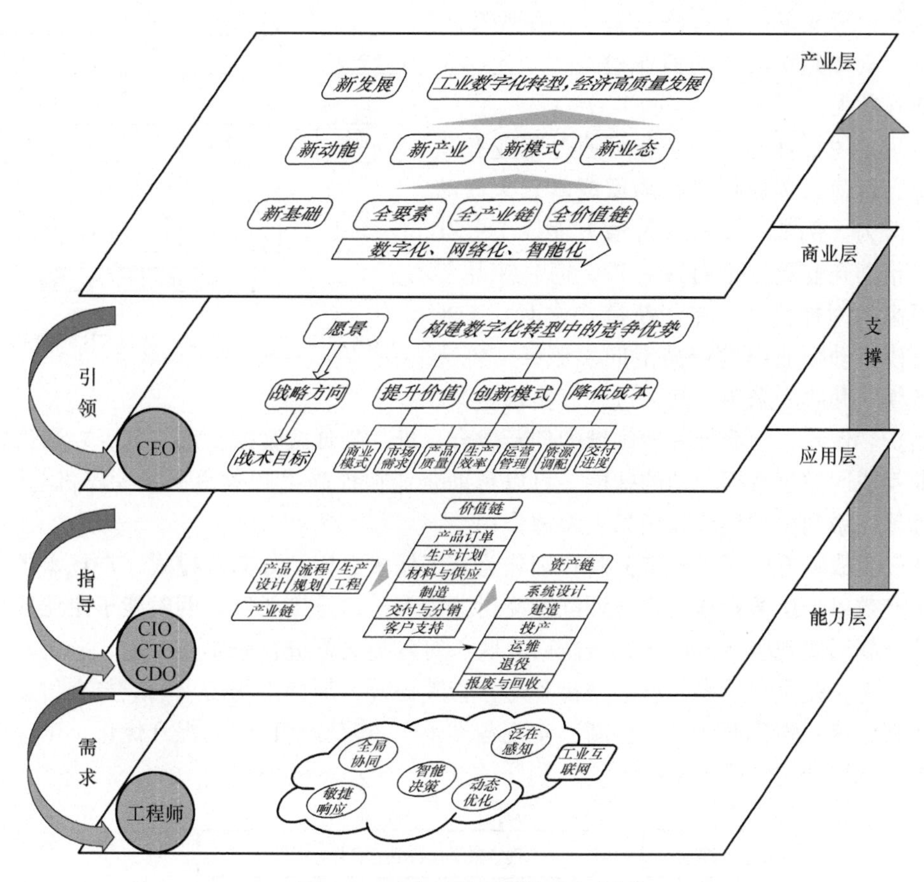

图 1-2　工业互联网总体业务视图

分析的水平，使各类生产经营决策更加精准和智能，同时也使各类商业和生产活动的网络化组织成为可能，大幅提高资源配置效率。

基于这一新基础，一批以数据为核心，提供数据采集、网络传输、数据管理、建模分析、应用开发与安全保障等相关产品和解决方案的企业快速成长兴起，形成一个**工业数字技术的“新产业”**，并成为各行业数字化转型的关键支撑；各行业纷纷探索运用工业互联网提升现有业务，形成智能化生产、网络化协同、个性化定制、服务化延伸等一系列**数字化转型的“新模式”**，这之中既有数据智能对现有业务的优化提升，也有基于网络化组织带来的模式创新与重构；伴随产业数字化转型的深入，将在诸如网络众包众创、制造能力交易、产融结合等领域涌现一批服务企业，形成**数字化创新的“新业态”**。

新产业、新模式、新业态共同构成了产业高质量发展的新动能，同时也是工业互联网价值创造的关键路径。工业互联网业务视图产业层架构如图 1-3 所示。

3. 业务视图——商业层

“商业层”主要明确了企业应用工业互联网构建数字化转型竞争力的愿景理念、战略方向和具体目标。商业层主要面向首席执行官（Chief Executive Officer，CEO）等企业高层决策者，用以明确在企业战略层面，如何通过工业互联网保持和强化企业的长期竞争优势。

从目标愿景来看，在数字化发展趋势下，企业应加快依托工业互联网来构建**数字化转型**

的竞争优势，形成以数据为核心驱动的新型生产运营方式、资源组织方式与商业模式，以支撑企业不断成长壮大。

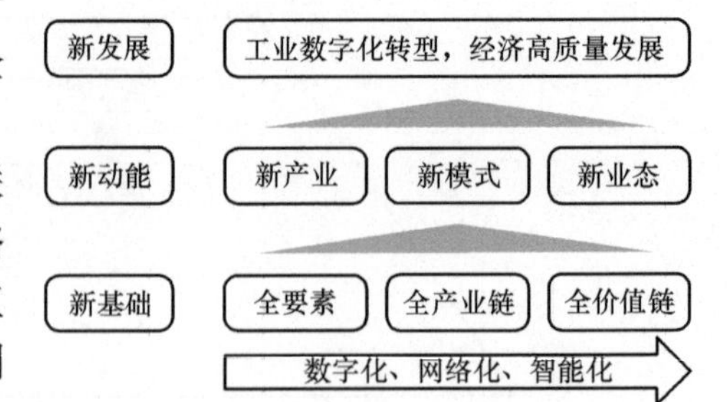

图 1-3　工业互联网业务视图产业层架构

为实现上述目标愿景，企业可通过工业互联网，**从提升价值、创新模式和降低成本三大战略方向进行努力**。例如，在**提升价值**方面，工业互联网可以帮助企业更好地对接客户，通过产品创新实现更高的附加价值；在**创新模式**方面，工业互联网可以推动企业由卖产品走向卖服务，创造新的业务模式和收入来源，甚至进一步实现生产、服务与信贷、保险、物流等其他领域的创新融合，进一步释放数据价值红利；在**降低成本**方面，工业互联网通过数据驱动的智能，可以帮助企业在提高生产效率、减少停机与不良品、减少库存等一系列关键环节和场景上发挥作用。

上述三大战略方向可进一步分解和细化为若干战术目标，如商业模式、市场需求、产品质量、生产效率、运营管理、资源调配和交付速度等，这是工业互联网赋能于企业的具体途径。工业互联网实现企业各层级要素全面互联，对各类数据进行采集、传输、分析并形成智能反馈，助力企业生产效率、产品质量和运营管理提升，加快市场需求响应与交付速度，优化资源要素配置，强化商业模式创新，实现各类生产经营活动目标的提升优化。工业互联网业务视图商业层架构如图 1-4 所示。

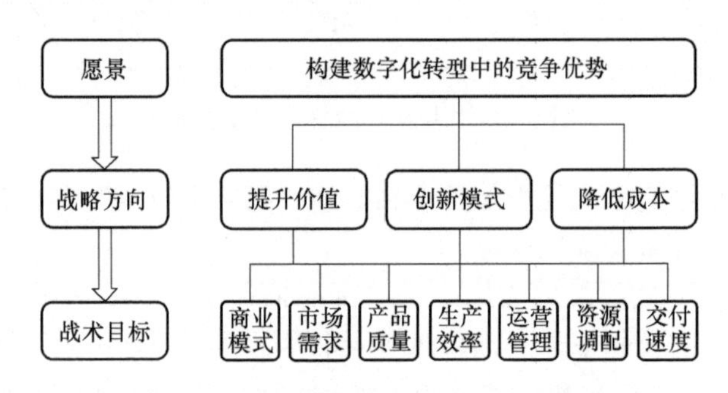

图 1-4　工业互联网业务视图商业层架构

4. 业务视图——应用层

“应用层”主要明确了工业互联网赋能于企业业务转型的重点领域和具体场景。应用层主要面向企业首席信息官（Chief Information Officer，CIO）、首席技术官（Chief Technology Officer，CTO）、首席数据库（Chief Data Officer，CDO）等信息化主管与核心业务管理人员，帮助其在企业各项生产经营业务中确定工业互联网的作用与应用模式。

产品链、价值链、资产链是工业企业最关注的三个核心业务链条（包括这三者所交汇的生产环节）。工业互联网可赋能于三大链条的创新优化变革，推动企业业务层面数字化发展具体来说有以下三点：

一是，工业互联网通过对产品全生命周期的连接与贯通，强化产品设计、流程规划到生产工程的数据集成与智能分析，**实现产品链的整体优化与深度协同**。例如，通过工业互联网

网络互联实现项目人员异地远程在线协同，以及模型、机理等各类数据远程共享，企业可以低成本、高效率地完成产品、工艺的协同研发和优化。**二是**，工业互联网面向企业业务活动，一方面支撑计划、供应、生产、销售、服务等全流程全业务的互联互通，另一方面面向单环节重点场景开展深度数据分析优化，**从而实现全价值链的效率提升与重点业务的价值挖掘**。例如，企业可通过工业互联网实现生产过程数据实时采集与连通，叠加机器学习、边缘计算、工业大数据分析等技术，实现产品质量提升、能耗降低，提升生产制造环节价值。**三是**，工业互联网将孤立的设备资产单元转化为整合互联的资产体系，支撑系统设计、建造、投产、运维、退役到报废与回收等设备全生命周期多个环节数据集成串联，这为设备管理难度大的企业，尤其是为重资产企业，提供轻便化、灵活化、智能化的设备管理方式和产品后服务，**实现资产链的全面运维保障与高质量服务**。例如，企业可以通过工业互联网构建面向边缘设备的全面互联和感知能力，优化设备维护周期，预测关键设备的故障，并进行远程在线维护，从而提高资产资源的可靠性和资产管理的经济效益。工业互联网业务视图应用层架构如图1-5所示。

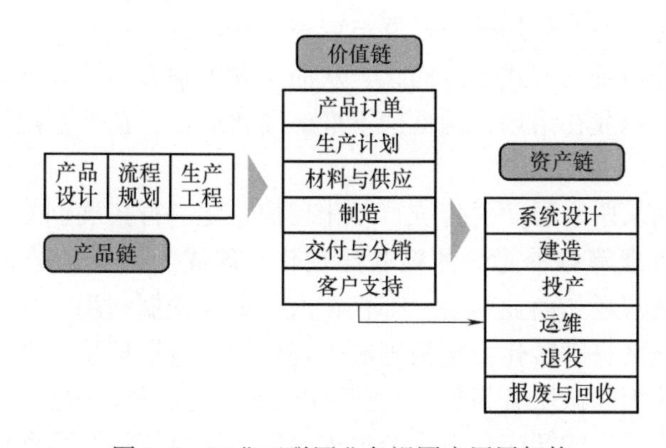

图1-5　工业互联网业务视图应用层架构

5. 业务视图——能力层

“能力层”描述了企业通过工业互联网实现业务发展目标所需构建的核心数字化能力。能力层主要面向工程师等具体技术人员，帮助其定义企业所需的关键能力并开展实践。

按照上述工业互联网发展愿景、推进方向与业务需求，**企业在数字化转型过程中需构建泛在感知、智能决策、敏捷响应、全局协同、动态优化五类工业互联网核心能力**，以支撑企业在不同场景下的具体应用实践。具体来说有以下五点：

一是，通过广泛部署感知终端与数据采集设施，实现全要素、全产业链、全价值链状态信息的全面深度实时监测，打造企业**泛在感知**能力。**二是**，基于泛在感知形成的海量工业数据，通过工业模型与数据科学的融合开展分析优化，并作用于设备、产线、企业等各领域，形成企业**智能决策**能力。**三是**，基于实现信息数据的充分与高效集成，打通企业内、企业间及企业与客户，提升企业对市场变化和需求的响应速度和交付速度，形成企业**敏捷响应**的能力。**四是**，基于泛在感知、全面连接与深度集成，在企业内实现研发、生产、管理等不同业务的协同，探索企业运行效率最优，在企业外实现各类生产资源和社会资源的协同，探索产业配置效率最优，最终建立**全局协同**的能力。**五是**，通过对物理系统的精准描述与虚实联动，建立数字孪生，在监控物理系统的同时，能够在线实时对物理系统的运行进行分析优化，使企业始终在最优状态运行，形成**动态优化**的能力。工业互联网业务视图能力层架构如图 1-6 所示。

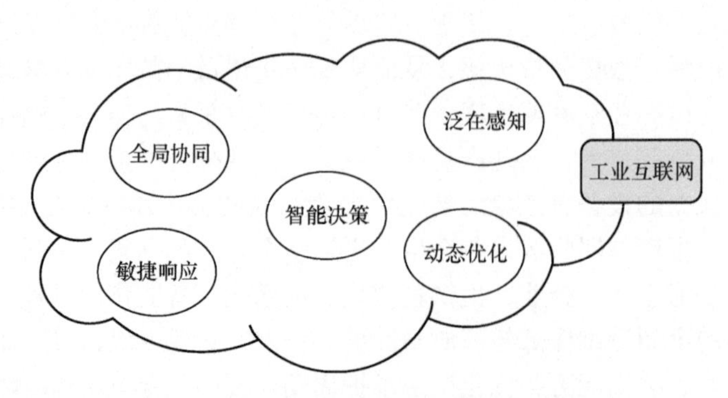

图 1-6　工业互联网业务视图能力层架构

通过以上整体论述可以看出，传统的自动化和信息化是工业互联网的基础，同时工业互联网又是对传统自动化和信息化的升级拓展与变革创新。自动化和信息化本质是把生产操作和管理流程通过软硬件系统的方式予以固化，从而建立了垂直制造体系，实现业务流程抽象和基础数据积累，保证企业在结构化的框架下准确高效运行，这些奠定了工业互联网作用的基础环境。

同时，工业互联网从两个层面对传统自动化和信息化进行拓展创新：**一方面，工业互联网将管理知识、工艺机理等各种隐性的经验显性化，形成数据驱动的智能。**无论是设备资产、生产过程、管理运营还是商业活动，都存在大量未被挖掘利用、靠经验积累的知识、工艺、技术等，工业互联网将其转化为更精确的机理模型和数据模型，并通过平台等载体沉淀封装形成可复用、可移植的微服务组件、工业 APP 等，结合海量数据计算分析和决策优化，实现机理模型结合数据科学的智能化，这个过程突破了原有知识边界和封闭知识体系，带来新的知识。**另一方面，工业互联网推动形成商业模式和生产组织方式的变革甚至重构。**工业互联网打通企业生产、销售、运营、供应、管理等各个业务环节和流程，通过全产业链、全价值链的资源要素连接，推动了跨领域资源灵活配置与内外部协同能力提升，并基于此形成了产融结合、平台经济、制造能力交易等商业模式的创新和生产组织方式的重构，驱动制造体系和产业生态向扁平化、开放化演进，这是传统自动化和信息化所无法达到的，也正是工业互联网发展的重要意义所在。

1.1.2　功能架构

1. 工业互联网核心功能原理

工业互联网的核心功能原理是基于数据驱动的物理系统与数字空间全面互联与深度协同，以及在此过程中的智能分析与决策优化。通过网络、平台、安全三大功能体系构建，工业互联网全面打通设备资产、生产系统、管理系统和供应链条，基于数据整合与分析实现 IT 与 OT 的融合和三大体系的贯通。**工业互联网以数据为核心，数据功能体系**主要包含感知控制、数字模型、决策优化三个基本层次，以及一个由自下而上的数据流和自上而下的决策流构成的工业数字化应用优化闭环。工业互联网核心功能原理如图 1-7 所示。

在工业互联网的数据功能实现中，**数字孪生**已经成为关键支撑，通过资产的数据采集、

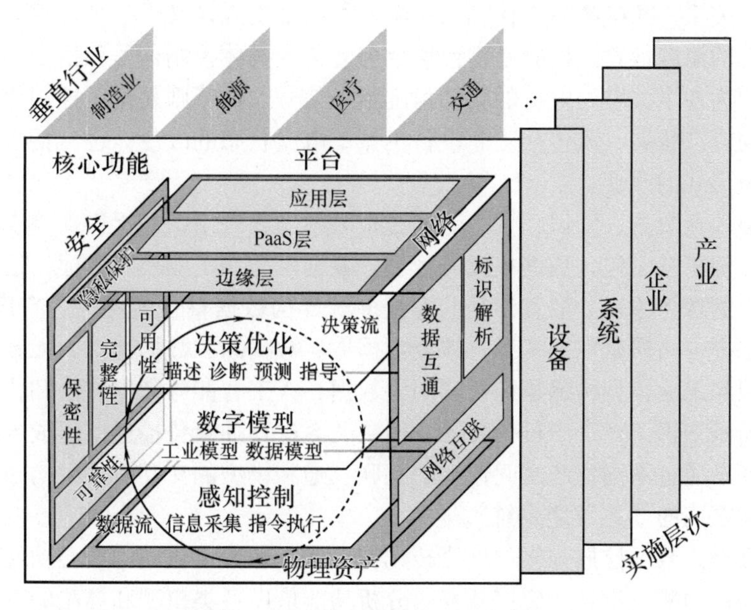

图 1-7　工业互联网核心功能原理

集成、分析和优化来满足业务需求，形成物理世界资产对象与数字空间业务应用的虚实映射，最终支撑各类业务应用的开发与实现。工业互联网的数据功能原理如图 1-8 所示。

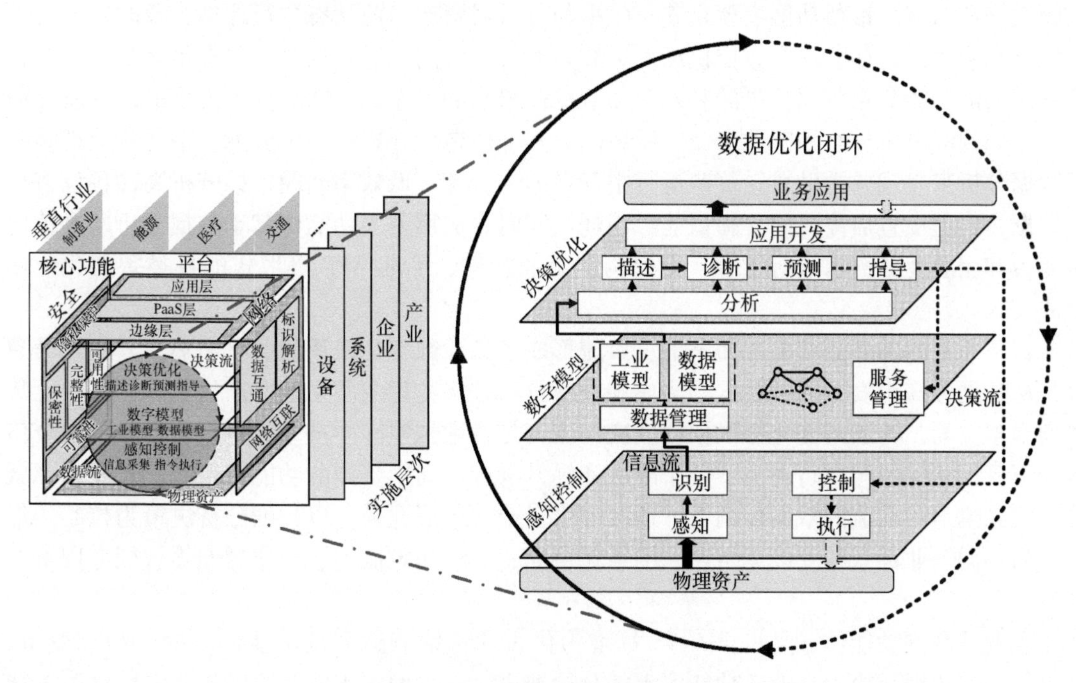

图 1-8　工业互联网的数据功能原理

在数据功能原理中，**感知控制层**构建工业数字化应用的底层“输入-输出”接口，包含感知、识别、控制和执行四类功能。**感知**是利用各类软硬件方法采集蕴含了资产属性、状态及行为等特征的数据，如用温度传感器采集电机运行中的温度变化数据。**识别**是在数据与资产之间建立对应关系，明确数据所代表的对象，如需要明确定义哪一个传感器所采集的数据代表了特定电机的温度信息。**控制**是将预期目标转化为具体控制信号和指令，如将工业机器人末端运动转化为各个关节处电机的转动角度指令信号。**执行**则是按照控制信号和指令来改变物理世界中的资产状态，既包括工业设备机械、电气状态的改变，也包括人员、供应链等操作流程和组织形式的改变。

数字模型层强化数据、知识、资产等的虚拟映射与管理组织，提供支撑工业数字化应用的基础资源与关键工具，包含数据集成与管理、数据模型和工业模型构建、信息交互三类功能。**数据集成与管理**将原来分散、杂乱的海量多源异构数据整合成统一、有序的新数据源，为后续分析优化提供高质量数据资源，涉及数据库、数据湖、数据清洗、元数据等技术产品应用。**数据模型和工业模型构建**是综合利用大数据、人工智能等数据方法和物理、化学、材料等各类工业经验知识，对资产行为特征和因果关系进行抽象化描述，形成各类模型库和算法库。**信息交互**是通过不同资产之间数据的互联互通和模型的交互协同，构建出覆盖范围更广、智能化程度更高的“系统之系统”。

决策优化层聚焦数据挖掘分析与价值转化，形成工业数字化应用核心功能，主要包括分析、描述、诊断、预测、指导及应用开发。**分析**功能借助各类模型和算法的支持将数据背后隐藏的规律显性化，为诊断、预测和优化功能的实现提供支撑，常用的数据分析方法包括统计数学、大数据、人工智能等。**描述**功能通过数据分析和对比形成对当前现状、存在问题等状态的基本展示，如在数据异常的情况下向现场工作人员传递信息，帮助工作人员迅速了解问题类型和内容。**诊断**功能主要是基于数据的分析对资产当前状态进行评估，及时发现问题并提供解决建议，如能够在数控机床发生故障的第一时间就进行报警，并提示运维人员进行维修。**预测**功能是在数据分析的基础上预测资产未来的状态，在问题还未发生的时候就提前介入，如预测风机核心零部件寿命，避免因为零部件老化导致的停机故障。**指导**功能则是利用数据分析来发现并帮助改进资产运行中存在的不合理、低效率问题，如分析高功耗设备运行数据、合理设置启停时间、降低能源消耗。同时，**应用开发**功能将基于数据分析的决策优化能力和企业业务需求进行结合，支撑构建工业软件、工业 APP 等形式的各类智能化应用服务。

自下而上的信息流和自上而下的决策流形成了工业数字化应用的优化闭环。其中，**信息流**是从数据感知出发，通过数据的集成和建模分析，将物理空间中的资产信息和状态向上传递到虚拟空间，为决策优化提供依据。**决策流**则是将虚拟空间中决策优化后所形成的指令信息向下反馈到控制与执行环节，用于改进和提升物理空间中资产的功能和性能。**优化闭环**就是在信息流与决策流的双向作用下，连接底层资产与上层业务，以数据分析决策为核心，形成面向不同工业场景的智能化生产、网络化协同、个性化定制和服务化延伸等智能应用解决方案。

工业互联网功能体系是以 ISA-95 标准为代表的传统制造系统功能体系的升级和变革，其更加关注数据与模型在业务功能实现的分层演进。一方面，工业互联网强调以数据为主线简化制造层次结构，对功能层级进行了重新划分，垂直化的制造层级在数据作用下逐步走向扁平化，并以数据闭环贯穿始终；另一方面，工业互联网强调数字模型在制造体系中的作用，相比传统制造体系，通过工业模型、数据模型与数据管理、服务管理的融合作用，对下支撑更广泛的感知控制，对上支撑更灵活深度的决策优化。

2. 工业互联网网络功能视图

（1）功能视图

网络体系由**网络互联、数据互通和标识解析**三部分组成，如图 1-9 所示。网络互联实现要素之间的数据传输，数据互通实现要素之间传输信息的相互理解，标识解析实现要素的标记、管理和定位。

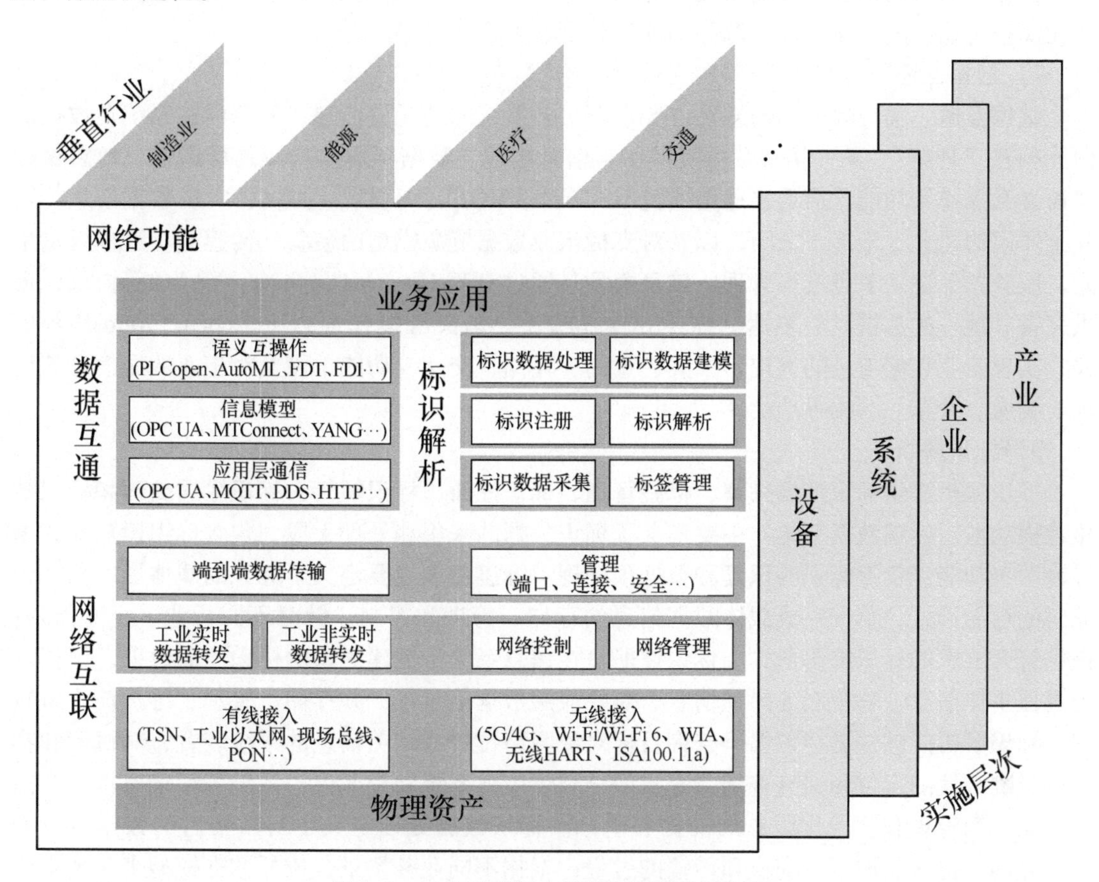

图 1-9　工业互联网功能视图网络体系框架

1）网络互联

网络互联，即通过有线、无线方式，将工业互联网体系相关的人机物料法环及企业上下游、智能产品、用户等全要素连接，支撑业务发展的多要求数据转发，实现端到端数据传输。网络互联根据协议层次由底向上可以分为多方式接入、网络层转发和传输层传送。多方式接入包括**有线接入**和**无线接入**，通过现场总线、工业以太网、工业 PON、TSN 等有线方式，以及 5G/4G、Wi-Fi/Wi-Fi 6、WIA、无线 HART、ISA100.11a 等无线方式，将工厂内的各种要素接入工厂内网，包括人员（如生产人员、设计人员、外部人员）、机器（如装备、办公设备）、材料（如原材料、在制品、制成品）、环境（如仪表、监测设备）等；将工厂外的各要素接入工厂外网，包括用户、协作企业、智能产品、智能工厂，以及公共基础支撑的工业互联网平台、安全系统、标识系统等。

网络层转发实现**工业非实时数据转发、工业实时数据转发、网络控制、网络管理**等功能。**工业非实时数据转发**功能主要完成无时延同步要求的采集信息数据和管理数据的传输。

工业实时数据转发功能主要传输生产控制过程中有实时性要求的控制信息和需要实时处理的采集信息。**网络控制**主要完成路由表/流表生成、路径选择、路由协议互通、ACL 配置、QoS 配置等功能。**网络管理**功能包括层次化的 QoS、拓扑管理、接入管理、资源管理等功能。

传输层的**端到端数据传输**功能实现基于 TCP、UDP 等实现设备到系统的数据传输。**管理**功能实现传输层的端口管理、端到端连接管理、安全管理等。

2）数据互通

数据互通，实现数据和信息在各要素间、各系统间的无缝传递，使得异构系统在数据层面能相互“理解”，从而实现数据互操作与信息集成。数据互通包括**应用层通信、信息模型和语义互操作**等功能。**应用层通信**通过 OPC UA、MQTT、HTTP 等协议，实现数据信息传输安全通道的建立、维持、关闭，以及对支持工业数据资源模型的装备、传感器、远程终端单元、服务器等设备节点进行管理。**信息模型**是通过 OPC UA、MTConnect、YANG 等协议，提供完备、统一的数据对象表达、描述和操作模型。**语义互操作**通过 PLCopen、AutoML等协议，实现工业数据信息的发现、采集、查询、存储、交互等功能，以及对工业数据信息的请求、响应、发布、订阅等功能。

3）标识解析

标识解析提供标识数据采集、标签管理、标识注册、标识解析、标识数据处理和标识数据建模功能。标识数据采集，主要定义了标识数据的采集和处理手段，包含标识读写和数据传输两个功能，负责标识的识读和数据预处理。**标签管理**主要定义了标识的载体形式和标识编码的存储形式，负责完成载体数据信息的存储、管理和控制，针对不同行业、企业需要，提供符合要求的标识编码形式。**标识注册**是在信息系统中创建对象的标识注册数据，包括标识责任主体信息、解析服务寻址信息、对象应用数据信息等，并存储、管理、维护该注册数据。**标识解析**能够根据标识编码查询目标对象网络位置或相关信息的系统装置，对机器和物品进行唯一性的定位和信息查询，是实现全球供应链系统和企业生产系统的精准对接、产品全生命周期管理和智能化服务的前提和基础。**标识数据处理**定义了对采集后的数据进行清洗、存储、检索、加工、变换和传输的过程，根据不同业务场景，依托数据模型来实现不同的数据处理过程。**标识数据建模**构建特定领域应用的标识数据服务模型，建立标识应用数据字典、知识图谱等，基于统一标识建立对象在不同信息系统之间的关联关系，提供对象信息服务。

（2）现状与问题

1）网络互联

从功能现状来看，传统工厂内网络在接入方式上主要以有线网络接入为主，只有少量的无线技术被用于仪表数据的采集；在数据转发方面，主要采用带宽较小的总线或10/100Mbit/s的以太网，通过单独布线或专用信道来保障高可靠控制数据转发，大量的网络配置、管理、控制都靠人工完成，网络一旦建成，调整、重组、改造的难度和成本都较高。其中，用于连接现场传感器、执行器、控制器及监控系统的工业控制网络主要使用各种工业总线、工业以太网进行连接，涉及的技术标准众多，彼此互联性和兼容性差，限制了大规模网络互联。连接各办公、管理、运营和应用系统企业网主要采用高速以太网和 TCP/IP 进行网络互联，但目前还难以满足一些应用系统对现场级数据的高实时、高

可靠的直接采集。

工厂外网络目前**仍基于互联网建设为主**，有着多种接入方式，但网络转发仍以“尽力而为”的方式为主，无法向大量客户提供低时延、高可靠、高灵活的转发服务。同时，由于工业不同行业和领域信息化发展水平不一，工业企业对工厂外网络的利用和业务开发程度也不尽相同，部分工业企业仅申请了普通的互联网接入，部分工业企业的不同区域之间仍存在信息孤岛的现象。

当前工业网络是围绕工业控制通信需求，随着自动化、信息化、数字化发展逐渐构成的。由于在设计建设之初并未考虑整个体系的网络互联和数据互通，因此各层级网络的功能割裂难以互通，网络能力单一难以兼容，无法满足工业互联网业务发展的要求。这主要体现在工业控制网络能力不强，无法支撑工业智能化发展所需的海量数据采集和生产环境无死角覆盖，大量的生产数据沉淀或消失在工业控制网络中；企业信息网络难以延伸到生产系统，限制了信息系统能力发挥；互联网未能充分发挥作用，仅用于基本商业信息交互，难以支持高质量的网络化协同和服务。

2）数据互通

据不完全统计，目前国际上现存的现场总线通信协议数量高达四十余种，还存在一些自动化控制企业，直接采用私有协议实现全系列工业设备的信息交互。在这样的产业生态下，不同厂商、不同系统、不同设备的数据接口、互操作规程等各不相同，形成了一个个烟囱型的数据体系。这些自成体系、互不兼容的数据体系有着独立的一套应用层通信协议、数据模型和语义互操作规范，导致 MES、ERP、SCADA 等应用系统需要投入非常大的人力、物力来实现生产数据的采集；从不同设备、系统采集的异构数据无法兼容，难以实现数据的统一处理分析；跨厂商、跨系统的互操作仅能实现简单功能，无法实现高效、实时、全面的数据互通和互操作。

3）标识解析

当前，制造业企业多采用企业自定义的私有标识体系，其标识编码规则和标识数据模型均不统一，“信息孤岛”问题严重。当标识信息在跨系统、跨企业、跨业务流动时，由于标识体系冲突，造成企业间无法有效进行信息共享和数据交互，产业链上下游无法实现资源的高效协同。针对上述问题，工业互联网标识解析系统应运而生，依托建设各级标识解析节点，形成了稳定高效的工业互联网标识解析服务，国家顶级节点与 Handle、OID、GS1 等不同标识解析体系根节点实现对接，在全球范围内实现标识解析服务的互联互通。但是在推动工业互联网标识解析的发展过程中，还存在着很多制约因素和挑战。

一是标识应用链条较为单一。标识解析技术在工业中应用广泛，但目前仍然停留在资产管理、物流管理、产品追溯等信息获取的浅应用上，并未渗透到工业生产制造环节，深层次的创新应用还有待发展。由于工业软件复杂度高，且产业链条相对成熟，工业互联网标识解析与工业资源深度集成难度大。**二是解析性能和安全保障能力不足**。传统互联网中的域名标识编码主要是以“面向人为主”，方便人来识读主机、计算机、网站等。而工业互联网标识编码，则扩展到“面向人、机、物”的三元世界，标识对象数据种类、数量人人丰富，且工业互联网接入数据敏感，应用场景复杂，对网络服务性能要求较高。目前的标识解析系统急需升级，在性能、功能、安全、管理等方面全面适配工业互联网的新需求，面对不同工业企业的不同需求提供匹配的服务。

（3）发展趋势

1）网络互联

工业互联网业务发展对网络基础设施提出了更高的要求和需求，**网络呈现出融合、开放、灵活三大发展趋势。**

网络架构将逐步融合：一是网络结构扁平化，工厂内网络的车间级和现场级将逐步融合（尤其在流程行业），IT网络与OT网络逐步融合。二是高实时控制信息与非实时过程数据共网传输，新业务对数据的需求促使控制信息和过程数据的传输并重。三是有线与无线的协同，以5G为代表的无线网络将更为广泛地应用于工厂内，实现生产全流程、无死角的网络覆盖。

网络更加开放：一是技术开放，以时间敏感网络（Time-Sensitive Networking，TSN）为代表的新型网络技术将打破传统工业网络众多制式间的技术壁垒，实现网络各层协议间的解耦合，推动工业互联网网络技术的开放。二是数据开放，工业互联网业务对数据的强烈需求，促使传统工业控制闭环中沉没或消失的数据开放出来，而生产全流程的数据将由更标准化的语法和数据模型开放给上层应用使用。

网络控制和网络管理将更为灵活友好：一是网络形态的灵活。未来工厂内网将能够根据智能化生产、个性化定制等业务灵活调整形态，快速构建出生产环境，工厂外网将能够为不同行业、企业提供定制化的网络切片，实现行业、企业的自治管理控制。二是网络管理的友好。随着网络在产研供销中发挥日益重要的作用，网络管理将变得复杂，软件定义技术应用将提供网络系统的可呈现度，网络管理界面将更为友好。三是网络的服务将更为精细。工厂内网将针对控制、监测等不同性能需求，提供不同的网络通道。工厂外网将针对海量设备广覆盖、企业上网、业务系统上云、公有云与私有云互通等不同场景提供细分服务。

2）数据互通

人工智能、大数据的快速应用，使得工业企业对数据互通的需求越来越强烈，**标准化和“上通下达”成为数据互通技术发展的趋势。一是实现信息标准化。**与传统工业控制系统数据信息只会在固定的设备间流动不同，工业互联网对数据处理的主体更广泛，需要跨系统对数据进行理解和集成，因此要求数据模型及数据的存储传输，更加通用化与标准化。**二是加强与云的连接。**借助云平台和大数据，实现数据价值的深度挖掘和更大范围的数据互通。**三是强调与现场级设备的互通。**打通现场设备层，通过现场数据的实时采集，实现企业内资源的垂直整合。

3）标识解析

随着工业互联网创新发展战略的深入贯彻实施，工业互联网标识解析应用探索的不断深入，工业互联网标识解析体系将呈现如下发展趋势：**一是基于标识解析的数据服务成为工业互联网应用的核心，闭环的私有标识及解析系统逐步向开环的公共标识及解析系统演进。**随着产品全生命周期管理、跨企业产品信息交互等需求的增加，将推动企业私有标识解析系统与公共标识解析系统的对接，通过分层、分级模式，为柔性制造、供应链协同等具体行业应用提供了规范的公共标识解析服务；并通过语义与标识解析的融合技术解决跨系统、跨企业之间多源异构数据互联互通的问题，提高工业互联网资源、信息模型、供应链参与方之间的协同能力，有利于数据的获取、集成和资源的发现。**二是工业互联网标识解析安全机制成为工业互联网应用的基础，发展安全高效的标识解析服务成为共识。**针对工业互联网标识解析

网络架构和行业应用的安全，建立一套高效的公共服务基础设施和信息共享机制，通过建设各级节点来分散标识解析压力，降低查询延迟和网络负载，提高解析性能，实现本地解析时延达到毫秒级。同时，逐步建立综合性安全保障体系，支持对标识体系运行过程中产生的数字证书和加密管道进行创建、维护和管理及加密，支持对标识体系的数据备份、故障恢复及应急响应的信息灾备，对业务处理实施身份认证和权限管理的访问控制，逐步形成安全高效标识解析服务能力。

3. 工业互联网平台功能视图

(1) 功能视图

为实现数据优化闭环，驱动制造业智能化转型，工业互联网需要具备海量工业数据与各类工业模型管理、工业建模分析与智能决策、工业应用敏捷开发与创新、工业资源集聚与优化配置等一系列关键能力，这些传统工业数字化应用所无法提供的功能正是工业互联网平台的核心。按照功能层级划分，工业互联网平台包括边缘层、PaaS 层和应用层三个关键功能组成部分，如图 1-10 所示。

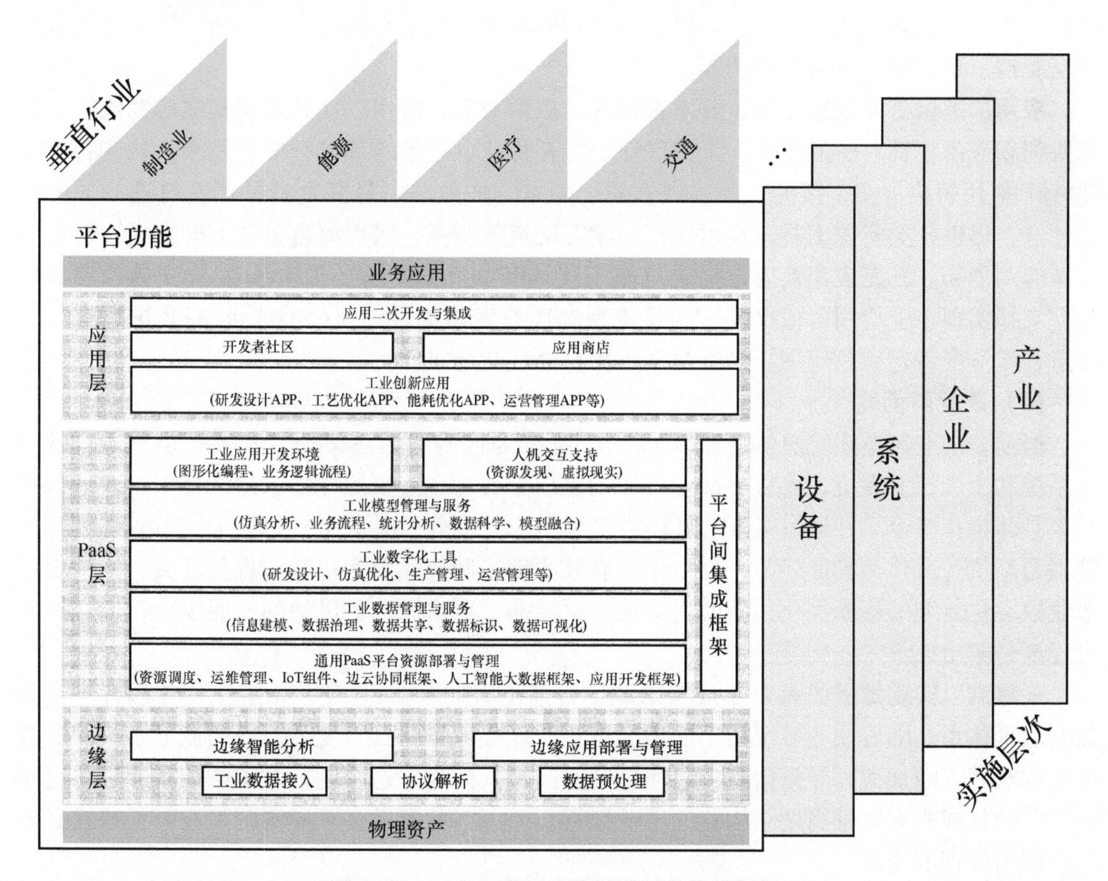

图 1-10　工业互联网功能视图平台体系框架

边缘层提供海量工业数据接入、转换、数据预处理和边缘分析应用等功能：一是工业数据接入，包括机器人、机床、高炉等工业设备数据接入能力，以及 ERP、MES、WMS 等信息系统数据接入能力，实现对各类工业数据的大范围、深层次采集和连接。**二是协议解析与**

数据预处理，将采集连接的各类多源异构数据进行格式统一和语义解析，并进行数据剔除、压缩、缓存等操作后传输至云端。**三是边缘分析应用**，重点是面向高实时应用场景，在边缘侧开展实时分析与反馈控制，并提供边缘应用开发所需的资源调度、运行维护、开发调试等各类功能。

PaaS层提供资源管理、工业数据与模型管理、工业建模分析和工业应用创新等功能：一是IT资源管理，包括通过云计算PaaS等技术对系统资源进行调度和运维管理，并集成边云协同、大数据、人工智能、微服务等各类框架，为上层业务功能实现提供支撑。**二是工业数据与模型管理**，包括面向海量工业数据提供数据治理、数据共享、数据可视化等服务，为上层建模分析提供高质量数据源，以及进行工业模型的分类、标识、检索等集成管理。**三是工业建模分析**，融合应用仿真分析、业务流程等工业机理建模方法和统计分析、大数据、人工智能等数据科学建模方法，实现工业数据价值的深度挖掘分析。**四是工业应用创新**，集成CAD、CAE、ERP、MES等研发设计、生产管理、运营管理已有成熟工具，采用低代码开发、图形化编程等技术来降低开发门槛，支撑业务人员能够不依赖程序员而独立开展高效灵活的工业应用创新。此外，为了更好提升用户体验和实现平台间的互联互通，还需考虑人机交互支持、平台间集成框架等功能。

应用层提供工业创新应用、开发者社区、应用商店、应用二次开发与集成等功能：一是工业创新应用，针对研发设计、工艺优化、能耗优化、运营管理等智能化需求，构建各类工业APP应用解决方案，帮助企业实现提质、降本、增效。**二是开发者社区**，打造开放的线上社区，提供各类资源工具、技术文档、学习交流等服务，吸引海量第三方开发者入驻平台开展应用创新。**三是应用商店**，提供成熟工业APP的上架认证、展示分发、交易计费等服务，支撑实现工业应用价值变现。**四是应用二次开发与集成**，对已有工业APP进行定制化改造，以适配特定工业应用场景或是满足用户个性化需求。

（2）现状与问题

当前，工业制造系统总体遵循以ISA-95标准为代表的体系架构，其核心是打通企业商业系统和生产控制系统，将订单或业务计划逐层分解为企业资源计划、生产计划、作业排程乃至具体操作指令，并通过ERP、MES、PLM等一系列软件系统来支撑企业经营管理、生产管理乃至执行操作等具体环节。这一体系有效驱动了制造业数字化和信息化发展，但伴随制造业数字化转型的不断深化，面向更智能、更敏捷、更协同、更灵活的发展要求，这一体系也逐渐暴露出以下一些问题：

一是难以实现数据的有效集成与管理。传统ERP、MES、CRM等业务系统都有各自的数据管理体系，随着业务系统的不断增加与企业业务流程的日趋复杂，各类业务系统间的数据集成难度不断加大，导致信息孤岛问题日益凸显。同时，这些业务系统的数据管理功能更多针对的是规模有限且高度结构化的工业数据，面向当前海量多源异构的工业数据缺乏必要的管理与处理能力。

二是数据挖掘分析应用能力不足。传统信息化系统通常只具备简单的统计分析能力，无法满足越来越高的数据处理分析要求，需要运用大数据、人工智能等新兴技术开展数据价值深度挖掘，进而驱动信息系统服务能力显著提升。但是，大数据、人工智能技术与现有信息系统的集成应用面临着较高技术门槛和投入成本，客观上制约了现有信息系统数据分析应用能力的提升。

三是无法开展应用灵活创新。传统信息化系统一般是与后台服务紧密耦合的重量级应用，当企业业务模式发生变化或不同业务之间开展协同时，往往需要以项目制形式对现有信息系统进行定制化的二次开发或打通集成，实施周期动辄以月计算，无法快速响应业务调整需求。而且，由于不同信息系统之间的共性模块难以实现共享复用，有可能导致应用创新过程中存在“重复造轮子”的现象，也会进一步降低应用创新效率，增加创新成本。

（3）发展趋势

伴随制造业数字化转型的不断深化与新一代信息技术的加速融入，传统主要遵循 ISA-95 标准的制造体系正迎来一次重大演进变革，具体来说将呈现三方面趋势：**一是基于平台的数据智能成为整个制造业智能化的核心驱动**。大数据、人工智能技术持续拓展数据分析应用的深度和广度，强化生产过程中的智能分析决策能力，基于数字孪生所构建的虚实交互闭环优化系统能实现对物理世界更加精准的预测分析和优化控制，最终驱动形成具备自学习、自决策、自使用能力的新型智能化生产方式。**二是平台化架构成为未来数字化系统的共性选择，促使工业软件与平台加速融合**。基于统一平台载体的数据集成管理和智能分析应用破解了信息孤岛问题，基于平台部署应用研发设计、仿真优化、生产管理、运营管理等软件工具，能够有效降低企业数字化系统的复杂程度和投资成本，并构筑全生产流程打通集成的一体化服务能力，驱动实现更加高效的业务协同。**三是基于平台的应用开放创新**。平台支撑工业经验知识的软件化封装，加速共性业务组件的沉淀复用，实现低门槛的工业应用创新，并吸引第三方开发者构建创新生态，从而能够支撑企业快速适应市场变化和满足用户个性化需求，开展商业模式和业务形态的创新探索。

在上述几方面因素的推动下，未来制造系统将呈现扁平化的特征，传统以 ISA-95 标准为代表的“金字塔”体系结构被逐渐打破，ERP、MES、PLM 等处于不同层次的管理功能基于平台实现集成融合应用，**工业互联网平台将成为未来制造系统的中枢与核心环节**。借助平台提供的数据流畅传递和业务高效协同能力，能够第一时间将生产现场数据反馈到管理系统进行精准决策，也能够及时将管理决策指令传递到生产现场进行执行，通过高效、直接的扁平化管理实现制造效率的全面提升。

但由于平台尚处于发展初期，特别是很多制造企业还拥有大量存量资产，**因此平台在功能上也会经历从叠加模式到融合模式两个不同的发展阶段**。叠加模式是指平台独立于企业已有数字化系统之外进行部署并实现集成打通，将平台强大的数据分析和资源集聚优化能力叠加至现有系统功能之上，实现业务能力的智能化改造提升。融合模式则是基于平台实现企业所有业务系统的部署运行，充分发挥平台工业数据管理、工业建模分析和工业应用创新优势，高效灵活地满足企业所有智能化需求。

4. 工业互联网安全功能视图

（1）功能视图

为解决工业互联网面临的网络攻击等新型风险，确保工业互联网健康有序发展，工业互联网安全功能框架充分考虑了信息安全、功能安全和物理安全，聚焦工业互联网安全所具备的主要特征，包括可靠性、保密性、完整性、可用性及隐私和数据保护，如图 1-11 所示。

可靠性指工业互联网业务在一定时间内、一定条件下无故障地执行指定功能的能力或可能性。可靠性包括以下几个方面：**一是设备硬件可靠性**，指工业互联网业务中的工业现场设备、智能设备、智能装备、个人计算机（PC）、服务器等在给定的操作环境与条件下，其硬

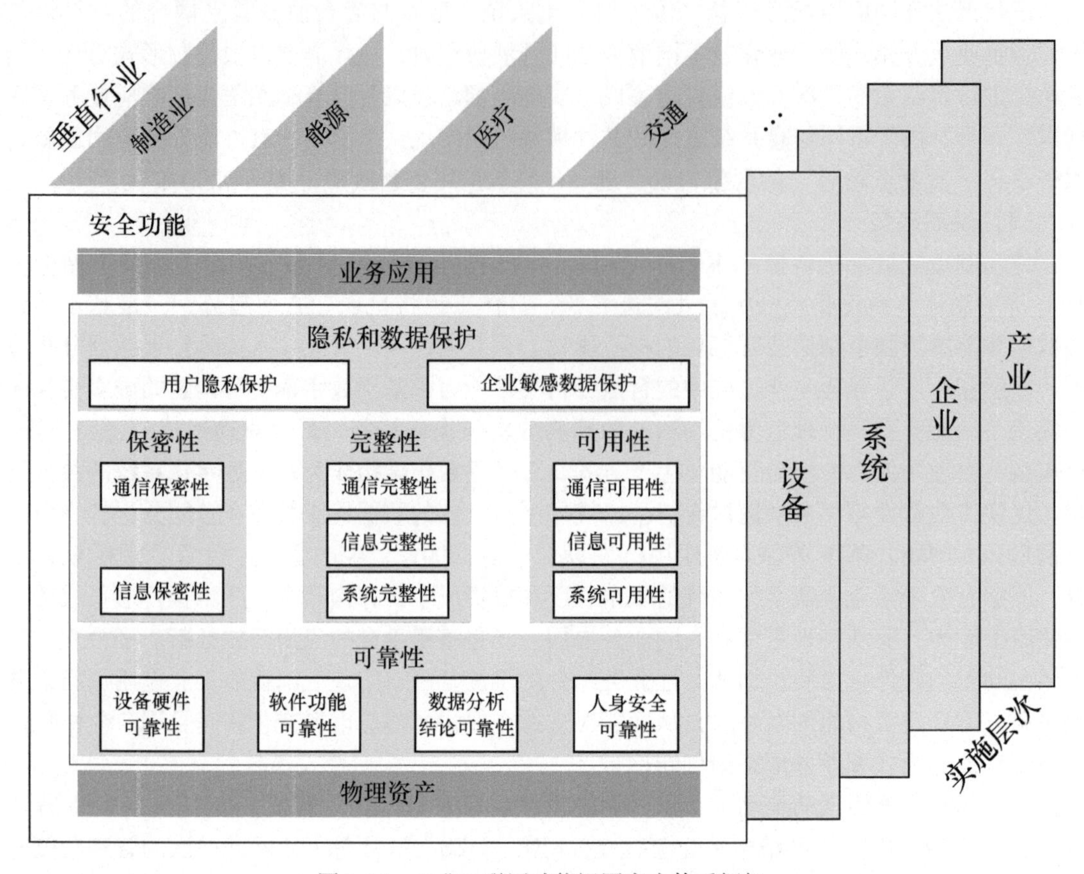

图 1-11　工业互联网功能视图安全体系框架

件部分在一段规定的时间内正确执行要求功能的能力。**二是软件功能可靠性**，指工业互联网业务中的各类软件产品在规定的条件下和时间区间内完成规定功能的能力。**三是数据分析结论可靠性**，指工业互联网数据分析服务在特定业务场景下、一定时间内能够得出正确的分析结论的能力。在数据分析过程中出现的数据缺失、输入错误、度量标准错误、编码不一致、上传不及时等情况，最终都可能对数据分析结论的可靠性造成影响。**四是人身安全可靠性**，指对工业互联网业务运行过程中相关参与者的人身安全进行保护的能力。

保密性指工业互联网业务中的信息按给定要求不泄露给非授权的个人或企业加以利用的特性，即杜绝将有用数据或信息泄露给非授权个人或实体。保密性包括以下几方面：**一是通信保密性**，指对要传送的信息内容采取特殊措施，从而隐蔽信息的真实内容，使非法截收者不能理解通信内容的含义。**二是信息保密性**，指工业互联网业务中的信息不被泄露给非授权的用户和实体，只能以允许的方式供授权用户使用的特性。

完整性指工业互联网用户、进程或硬件组件具有能验证所发送的信息的准确性，并且进程或硬件组件不会被以任何方式改变的特性。完整性包括以下几方面：**一是通信完整性**，指对要传送的信息采取特殊措施，使得信息接收者能够对发送方所发送信息的准确性进行验证的特性；**二是信息完整性**，指对工业互联网业务中的信息采取特殊措施，使得信息接收者能够对发送方所发送信息的准确性进行验证的特性。**三是系统完整性**，指对工业互联网平台、

控制系统、业务系统（如 ERP、MES）等加以防护，使得系统不被以任何方式被篡改即保持准确的特性。

可用性指在某个考察时间，工业互联网业务能够正常运行的概率或时间占有率期望值，可用性是衡量工业互联网业务在投入使用后实际使用的效能。可用性包括以下几方面：**一是通信可用性**，指在某个考察时间，工业互联网业务中的通信双方能够正常与对方建立信道的概率或时间占有率期望值。**二是信息可用性**，指在某个考察时间，工业互联网业务使用者能够正常对业务中的信息进行读取、编辑等操作的概率或时间占有率期望值。**三是系统可用性**，指在某个考察时间，工业互联网平台、控制系统、业务系统（如 ERP、MES）等正常运行的概率或时间占有率期望值。

隐私和数据保护指对于工业互联网用户个人隐私数据或企业拥有的敏感数据等提供保护的能力。隐私和数据保护包括以下几方面：**一是用户隐私保护**，指对与工业互联网业务用户个人相关的隐私信息提供保护的能力；**二是企业敏感数据保护**，指对参与工业互联网业务运营的企业所保有的敏感数据进行保护的能力。

（2）现状与问题

当前，工业系统安全保障体系建设已较为完备，伴随新一代信息通信技术与工业经济的深度融合，工业互联网步入深耕落地阶段，工业互联网安全保障体系建设的重要性越发凸显。世界各主要发达国家均高度重视工业互联网的发展，并将安全放在了突出位置，发布了一系列指导文件和规范指南，为工业互联网相关企业部署安全防护提供了可借鉴的模式，从一定程度上保障了工业互联网的健康有序发展。但是，随着工业互联网安全攻击日益呈现出的新型化、多样化、复杂化，现有的工业互联网安全保障体系还不够完善，暴露出以下一些问题：

一是隐私和数据保护形势依旧严峻。工业互联网平台采集、存储和利用的数据资源存在数据体量大、种类多、关联性强、价值分布不均等特点，因此平台数据安全存在责任主体边界模糊、分级分类保护难度较大、事件追踪溯源困难等问题；同时，工业大数据技术在工业互联网平台中的广泛应用，使得平台用户信息、企业生产信息等敏感信息存在泄露隐患，数据交易权属不明确、监管责任不清等问题，工业大数据应用存在安全风险。

二是安全防护能力仍需进一步提升。大部分工业互联网相关企业重发展、轻安全，对网络安全风险认识不足；同时，缺少专业机构、网络安全企业、网络安全产品服务的信息渠道和有效支持，工业企业风险发现、应急处置等网络安全防护能力普遍较弱；同时，工业生产迭代周期长，安全防护部署滞后且整体水平低，存量设备难以快速进行安全防护升级换代，整体安全防护能力提升时间长。

三是安全可靠性难以得到充分保证。工控系统和设备在设计之初缺乏安全考虑，自身计算资源和存储空间有限，大部分不能支持复杂的安全防护策略，很难确保系统和设备的安全可靠。此外，仍有很多智能工厂内部未部署安全控制器、安全开关、安全光幕、报警装置、防爆产品等，并缺乏针对性的工业生产安全意识培训和操作流程规范，使得人身安全可靠性难以得到保证。

（3）发展趋势

伴随工业互联网在各行各业的深耕落地，安全作为其发展的重要前提和保障，将会得到越来越多的重视。传统的安全防御技术已无法抗衡新的安全威胁，在未来的发展中，防护理念将从被动防护转向主动防御。发展方向主要包括以下几方面：**一是态势感知将成为重要技**

术手段。借助人工智能、大数据分析及边缘计算等技术，基于协议深度解析及事件关联分析机制，分析工业互联网当前运行状态并预判未来安全走势，实现对工业互联网安全的全局掌控，并在出现安全威胁时通过网络中各类设备的协同联动机制及时进行抑制，阻止安全威胁的继续蔓延。**二是内生安全防御成为未来防护的大势所趋**。在设备层面可通过对设备芯片与操作系统进行安全加固，并对设备配置进行优化的方式实现应用程序脆弱性分析。可通过引入漏洞挖掘技术，对工业互联网应用及控制系统采取静态挖掘、动态挖掘以实现对自身隐患的常态化排查。各类通信协议安全保障机制可在新版本协议中加入数据加密、身份验证、访问控制等机制提升其安全性。**三是工业互联网安全防护智能化将不断发展**。未来对于工业互联网安全防护的思维模式将从传统的事件响应式向持续智能响应式转变，旨在构建全面的预测、基础防护、响应和恢复能力，抵御不断演变的高级威胁。工业互联网安全架构的重心也将从被动防护向持续普遍性的监测响应及自动化、智能化的安全防护转移。**四是平台在防护中的地位将日益凸显**。平台作为工业互联网的核心，汇聚了各类工业资源，因而在未来的防护中，平台的安全防护将备受重视。平台使用者与提供商之间的安全认证、设备和行为的识别、敏感数据共享等安全技术将成为刚需。**五是对大数据的保护将成为防护热点**。工业大数据的不断发展，对数据分类分级保护、审计和流动追溯、大数据分析价值保护、用户隐私保护等提出了更高的要求。未来，数据的分类分级保护及审计和流动追溯将成为防护热点。

在上述几方面因素的驱动下，面对不断变化的网络安全威胁，企业仅依靠自身力量远远不够，未来构建具备可靠性、保密性、完整性、可用性及隐私和数据保护的工业互联网安全功能框架，需要政府和企业、产业界统一认识、密切配合。未来，**安全将成为保障工业互联网健康有序发展的重要基石和防护中心**。通过建立健全运转灵活、反应灵敏的信息共享与联动处置机制，打造多方联动的防御体系，充分处理好信息安全与物理安全，保障生产管理等环节的可靠性、保密性、完整性、可用性、隐私和数据保护，进而确保工业互联网的健康有序发展。

1.1.3 实施框架

1. 实施框架总图

工业互联网实施框架是整个体系架构（见图 1-12）中的操作方案，解决“在哪做”“做什么”“怎么做”的问题。在**当前阶段，工业互联网的实施以传统制造体系的层级划分为基础，适度考虑未来基于产业的协同组织**，按“设备、边缘、企业、产业”四个层级开展系统建设，指导企业整体部署。其中，**设备层**对应工业设备、产品的运行和维护功能，关注设备底层的监控优化、故障诊断等应用；**边缘层**对应车间或产线的运行维护功能，关注工艺配置、物料调度、能效管理、质量管控等应用；**企业层**对应企业平台、网络等关键能力，关注订单计划、绩效优化等应用；**产业层**对应跨企业平台、网络和安全系统，关注供应链协同、资源配置等应用。

工业互联网的实施重点明确工业互联网核心功能在制造系统各层级的功能分布、系统设计与部署方式，通过“网络、标识、平台、安全”四大实施系统的建设，指导企业实现工业互联网的应用部署。其中，**网络系统**关注全要素、全系统、全产业链互联互通新型基础设施的构建；**标识系统**关注标识资源、解析系统等关键基础的构建；**平台系统**关注边缘系统、企业平台和产业平台交互协同的实现；**安全系统**关注安全管控、态势感知、防护能力等建设。

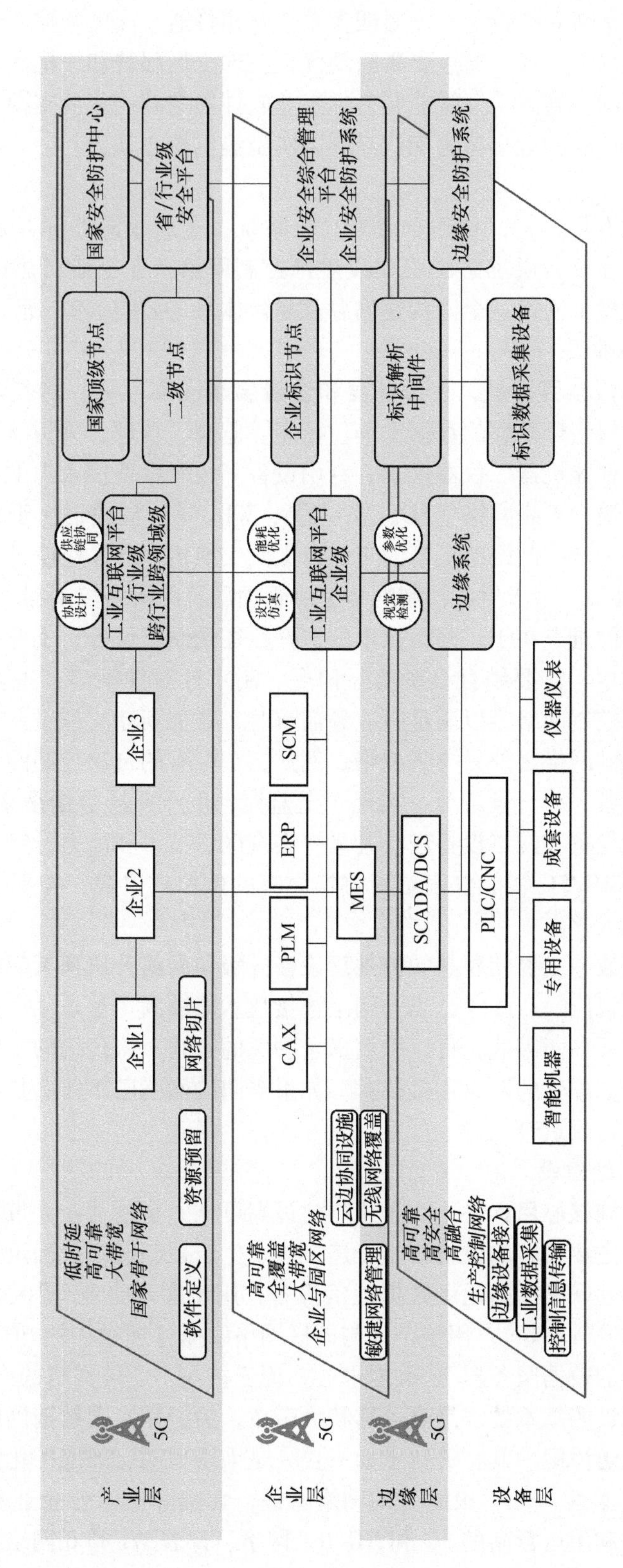

图1-12　工业互联网实施框架总体视图

工业互联网实施不是孤立的行为，需要四大系统互相打通、深度集成，在不同层级形成兼具差异性、关联性的部署方式，通过要素联动优化实现全局部署和纵横联动。另外，需要注意的是，工业互联网的实施离不开智能装备、工业软件等基础产业的支撑，新一代信息技术的发展和与传统制造产业的融合将为工业互联网实施提供核心动力。

2. 网络实施框架

工业互联网网络建设目标是，构建全要素、全系统、全产业链互联互通的新型基础设施。从实施架构来看，在设备层和边缘层建设**生产控制网络**，在企业层建设**企业与园区网络**，在产业层建设**国家骨干网络**，全网构建**信息互操作体系**，如图 1-13 所示。

（1）生产控制网络建设

生产控制网络实施核心目标是，在设备层和边缘层建设高可靠、高安全、高融合的网络，支撑生产域的人机料法环全面的数据采集、控制、监测、管理、分析等。**生产控制网络主要部署的设备**：用于智能机器、仪器仪表、专用设备等边缘设备接入的工业总线模块、工业以太网模块、TSN 模块、无线网络（5G、Wi-Fi 6、WIA 等）模块；用于边缘网络多协议转换的边缘网关；用于生产控制网络汇聚的工业以太网交换机、TSN 交换机；用于生产控制网络数据汇聚的 RTU 设备；用于生产控制网络灵活管理配置的网络控制器。

生产控制网络建设的难点在于，网络技术的选择往往受制于设备层工业装备支持的网络技术。在建设实施过程中，需要结合设备实际情况，制定针对性策略，**主要有两种部署模式**：**叠加模式**，在已有控制网络难以满足新业务需求时，叠加新建支撑新业务流程的网络及相关设备，构建原有控制网络之外另一张网络。例如，在已有的自动控制网络基础上，部署新的监测设备、传感设备、执行设备等，实现安全监控、生产现场数据采集、分析和优化。**升级模式**，对已有工业设备和网络设备进行升级，实现网络技术和能力升级。例如，在流程制造现场，通过用支持 4G/5G 智能仪表更新替换原有的模拟式仪表，实现现场数据智能采集汇聚和危险现场的无人化。

生产控制网络升级改造主要问题是如何处理设备升级和网络升级两者间的关系。对于现有工业装备或装置，如机床、产线等，当前网络连接技术能够满足基本生产控制需求，主要需要解决的是打破数据孤岛。因此，可以采用部署网关的方式，将传统的工业总线和工业以太网技术，转换为统一标准化的网络连接技术。如果当前的网络已不能满足业务需求，则需要对设备的通信接口进行改造升级。

（2）企业与园区网络建设

企业与园区网络实施核心目标是，在企业层建设高可靠、全覆盖、大带宽的企业与园区网络。**企业与园区网络主要部署的设备**：用于连接多个生产控制网络的确定性网络设备；用于办公系统、业务系统互联互通的通用数据通信设备；用于实现企业/园区全面覆盖的无线网络（5G、NB-IoT、Wi-Fi 6 等）；用于企业与园区网络敏捷管理维护的 SDN 网络设备；用于企业内数据汇聚分析的数据服务器/云数据中心；用于接入工厂外网络的出口路由器。

企业与园区网络建设的基本要求是高可靠和大带宽，关键是实现敏捷网络管理、无死角的网络覆盖、无缝的云边协同。其相关技术如下：一是采用大两层的扁平化网络架构、部署 SDN 技术，可以实现“柔性”和“极简”的网络管理，大幅降低工业企业和园区管理网络的难度和工作量。二是利用运营商的 5G 和 NB-IoT 网络、部署 Wi-Fi 6 网络，可实现无死角网络覆盖，工业企业可根据自身业务需求和预算，选择 5G 和 Wi-Fi 6 综合构建具备可靠性、

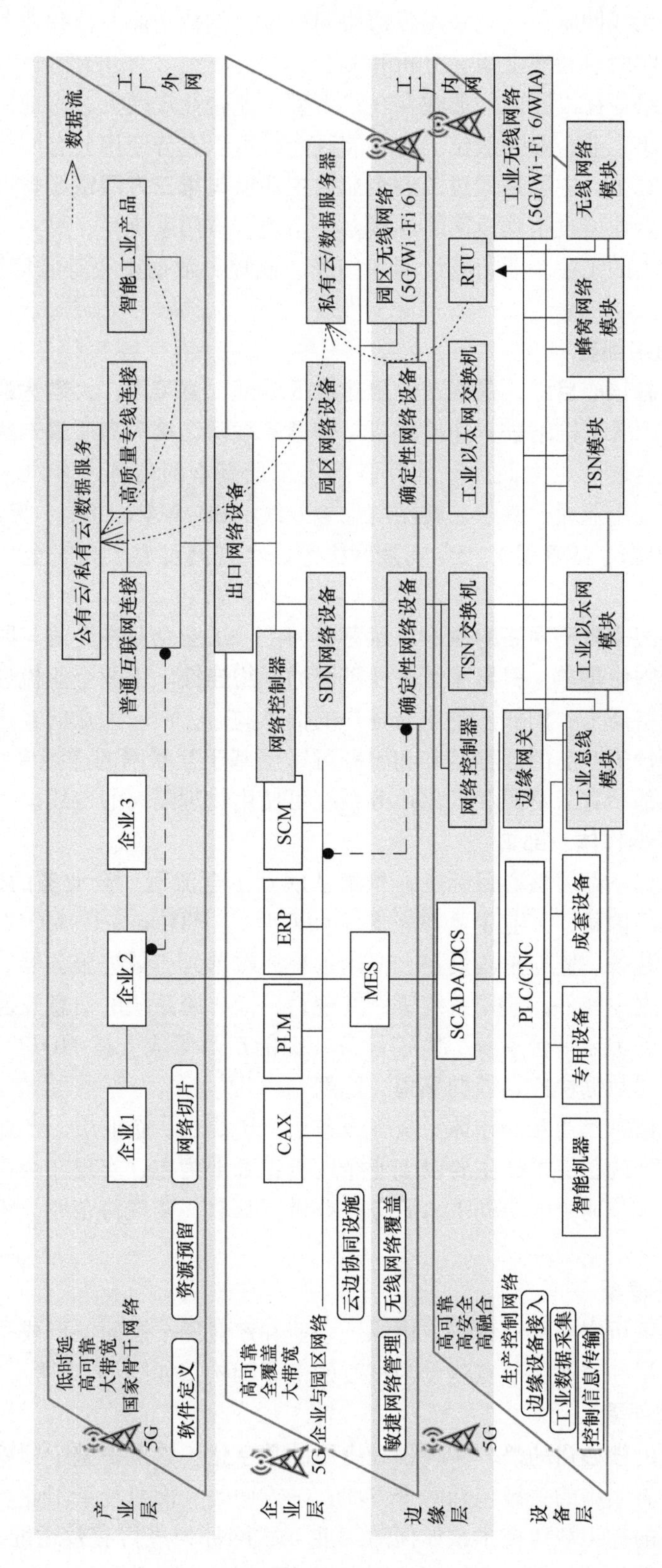

图1-13 工业互联网网络实施框架

大带宽、高性价比的无线网络。三是采用云边协同技术，支持企业办公和业务系统的云化部署，实现企业数据的实时、高效汇集、分析和交互。

当前企业层的网络往往以园区的形式存在，大型工业企业规模大、占地广，可建设自有的私有园区网络；中小工业企业一般位于各类园区内，可以充分使用公有园区的网络基础设施。**因此，在部署方式上，主要是通过工业企业自主建设与第三方网络服务提供商建设结合的模式**。一方面工业企业将自主建设网络连接办公系统、应用系统等；另一方面运营商等专业网络服务商及有实力的工业企业，建设园区门禁、监控、数据中心等园区网络基础设施，并进行运营管理维护。

（3）国家骨干网络部署

国家骨干网络实施核心目标，是在产业层建设低时延、高可靠、大带宽的全国性骨干网络。工业企业使用国家骨干网络进行连接主要是**普通互联网连接**和**高质量专线连接**两类。**普通互联网连接**是企业通过"尽力而为"的互联网实现最基本的商务、客户、用户和产品联系；**高质量专线连接**是企业通过基于互联网的虚拟专线（SD-WAN、IPsec 等）、物理隔离的专线（MPLS VPN、SDH、OTN 等）、5G 切片网络等，实现高可靠、高安全、高质量的业务部署。

在部署方式上，国家骨干网络的建设以运营商为主，工业企业在企业与园区网络的出口路由器，根据不同的网络需求，引导流量去往不同的网络连接。工业企业梳理自身业务的要求，形成层次化的网络需求。例如，企业与客户的信息沟通、面向大众的客户服务等可采用普通互联网连接，高价值产品的远程运维和服务可采用基于互联网的虚拟专线或 5G 切片网络，分支机构使用总部私有云资源和云化业务系统可使用物理隔离的专线。

（4）信息互通互操作体系部署

信息互通互操作体系部署核心目标是，构建从底到上全流程、全业务的数据互通系统。主要部署内容：在工厂内网，工业企业部署支持 OPC UA、MTConnect、MQTT 等国际国内标准化数据协议的生产装备、监控采集设备、专用远程终端单元、数据服务器等，部署支持行业专有信息模型的数据中间件、应用系统等，实现跨厂商、跨系统的信息互通互操作。**在工厂外网**，企业部署的各类云平台系统、监控设备、智能产品等应支持 MQTT、XMPP 等通信协议，实现平台系统对数据快速高效的采集、汇聚。

在部署方式上，信息互通互操作体系贯穿设备层、边缘层、企业层、产业层。主要部署方式：在企业层及以下的各层中，主要以工业企业自主部署为主，实现在企业内的信息互通互操作；在产业层中，工业企业协同平台服务企业进行部署，实现跨企业、跨地域的信息互通互操作。

3. 标识解析实施框架

工业互联网标识解析实施贯穿设备、边缘、企业和产业四个层面，形成了以设备层和边缘层为基础，以企业层和产业层节点建设为核心的部署架构，如图 1-14 所示。

（1）设备层系统部署

设备层部署实施的核心目的是，实现物理资源的数字化。该层是整个标识解析体系可以运转的前提条件。部署实施的关键包括两个方面：一方面是，面对复杂工业场景下不同的被标识对象和种类繁多的标识载体技术，如何对工业互联网标识进行有效适配；另一方面是，面对多种多样的标识载体，如何实现标识识别和标识数据的实时采集。

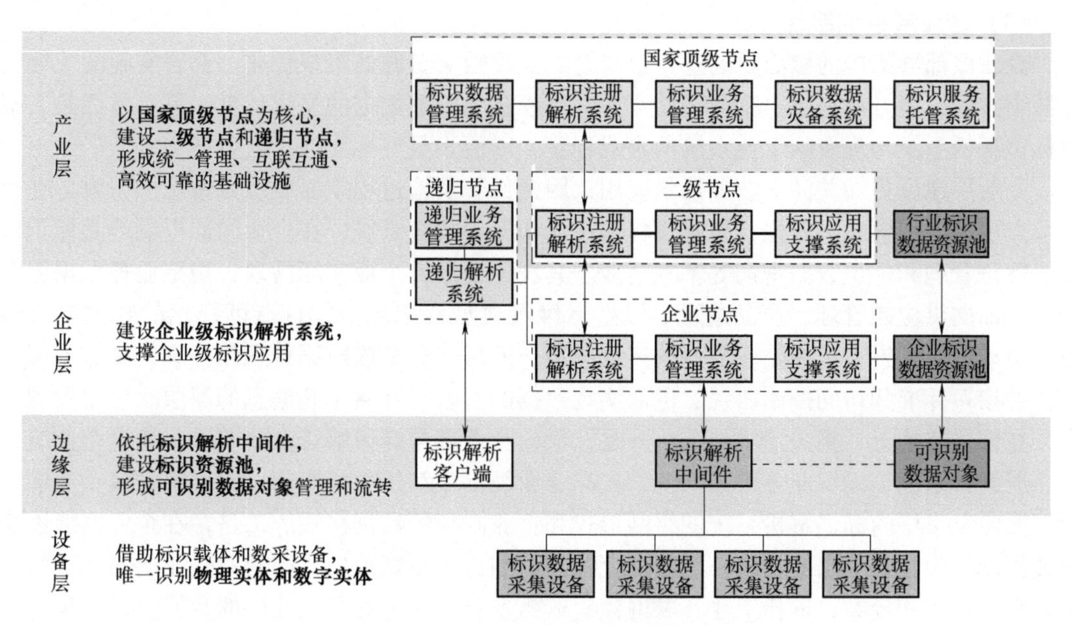

图1-14　工业互联网标识解析实施架构

设备层部署实施需要涵盖标识解析功能视图中标签管理和标识数据采集。**首先，要管理多种工业互联网标识载体**，提升被动标识载体和主动标识载体对工业互联网标识的适配，实现在设备层面的大规模部署应用。**其次，要部署工业互联网标识数据采集软件**，兼容面向条形码、二维码、NFC等被动标识载体和UICC、模组、芯片等主动标识载体数据的采集方式，借助标识载体和数采设备，唯一识别物理实体。

在部署实施上，标识载体和标识数据采集位于设备层。相关措施如下：**一是，升级改造目前的标识载体**，明确标识在不同载体中的存储位置和存储方式，通过标识生成软件直接集成到设备赋码系统中，支持标识在不同载体中的自动生成。**二是，推动部署标识数据采集设备**，具备身份认证功能，支持对不同标识解析体系的识别和数据采集。

（2）边缘层系统部署

边缘层部署实施的核心目的是，实现对可识别数据对象的有效管理和流转。部署实施的关键包括两个方面：一方面是，面对各类数据采集设备和通信协议，如何实现数据的实时采集；另一方面是，面对复杂的上层工业应用场景，如何建立通用的数据服务模型。

边缘层更加注重数据的通用能力，因此在部署实施中需重点考虑数据流转和处理。**首先，要提高中间件的兼容性，聚焦数据处理能力**，向下协调各类数据资源，对采集到的不同来源、格式和性质的数据进行清洗、整合并转化为标准的数据格式，将其上传到企业标识解析系统和数据资源池。**其次，要提升数据通用服务能力**，为访问集成数据的应用提供统一数据模型和通用接口，支撑各种数据信息资源的快速集成和应用。

在部署实施上，相关措施如下：**一是，部署标识解析中间件**，内嵌通用的标识解析数据服务模型，与工业软件和工业采集设备高度集成，将多源异构的采集数据转化为可读可理解的标准数据。**二是，为标识资源池提供统一可识别的数据对象**，将经过标识解析中间件处理后的分类工业数据存储到标识资源池，作为企业层和产业层数据应用的有效支撑。

（3）企业层系统部署

企业层部署实施的核心目的是，面向企业实现数据资源的集成优化。部署实施的关键包括两个方面：一方面是，由企业设计业务应用模式和敏感数据的暴露程度；另一方面是，提升标识解析系统与现有的工业系统的集成程度，以便于更好地支撑上层业务需求。

企业层建设更加关注于业务场景应用，因此部署实施过程中需要重点考虑标识解析在企业节点中的应用模式。**首先，要建设标识注册和标识解析系统**，在企业内部提供产品标识注册、标识管理和标识数据查询等基本功能。**其次，要结合企业实际需求，规范业务数据服务模型**，面向供应链管理、产品追溯、设备运维等典型应用场景，打造可视化的数据应用模板，驱动标识解析系统在企业节点的集成应用。**最后，要聚焦数据管理和共享**，制定不同颗粒度的接口标准和访问控制协议，进而实现数据的有效交互共享和信息的深层次价值发现。

在部署实施上，相关措施如下：**一是，面向企业部署标识解析企业节点**，建设企业级标识注册解析系统、标识业务管理系统，支撑企业级标识解析集成应用，并可根据该企业的实际情况定义工厂内标识解析系统的组网形式和企业内部的数据格式。**二是，在企业层建设企业资源池**，为企业节点提供统一的数据交互接口和通用数据模型，同时对企业层的规范数据进行有效存储和分类，依托工业互联网标识解析系统，有力支撑企业层的数据流通和集成应用，促进企业级的标识解析集成创新应用。

（4）产业层系统建设

产业层部署实施的核心目的是，面向行业实现工业元素统一运维和管理。部署实施的关键包括两个方面：一方面是，面向产业提供稳定高效的标识解析和数据管理服务；另一方面是，兼容现有的异构标识解析体系，实现更大范围内的互联互通。

产业层覆盖范围更加广泛、业务模式更加复杂，因此在部署实施过程中，应重点考虑兼容性、可靠性等问题。**首先，要面向产业建设标识注册和标识解析系统**，以建设国家顶级节点为核心，推动二级节点和递归节点建设，构建统一管理、互联互通、高效可靠的新型基础设施，为不同行业提供稳定高效的解析服务，实现全国范围内的互联互通。**其次，要推动行业集成创新应用**，深化标识解析技术与行业的融合程度，探索集成应用场景，进一步推动跨行业、跨领域的数据流转和业务协同。

工业互联网标识解析体系采用分层分级的部署模式。相关措施如下：**一是，在国家顶级节点**建设标识注册解析系统、标识数据管理系统、标识业务管理系统、标识数据灾备系统、标识服务托管系统，面向二级节点提供标识解析和数据管理服务，实现全国工业元素全局统一管控和协调。**二是，在二级节点**建设标识注册解析系统、标识业务管理系统、标识应用支撑系统，向上连接国家顶级节点，向下连接企业节点，面向特定行业或多个行业提供高效稳定的标识解析服务。**三是，在递归节点**建设递归业务管理系统、递归业务查询系统，接收客户端查询请求，通过缓存等技术手段整体提升工业互联网标识解析的服务性能。

4. 平台实施框架

工业互联网平台部署实施总体目标是，打造制造业数字化、网络化、智能化发展的载体和中枢。其实施架构贯穿设备、边缘、企业和产业四个层级，通过实现工业数据采集、开展边缘智能分析、构建企业平台和打造产业平台，形成交互协同的多层次、体系化建设方案，如图 1-15 所示。

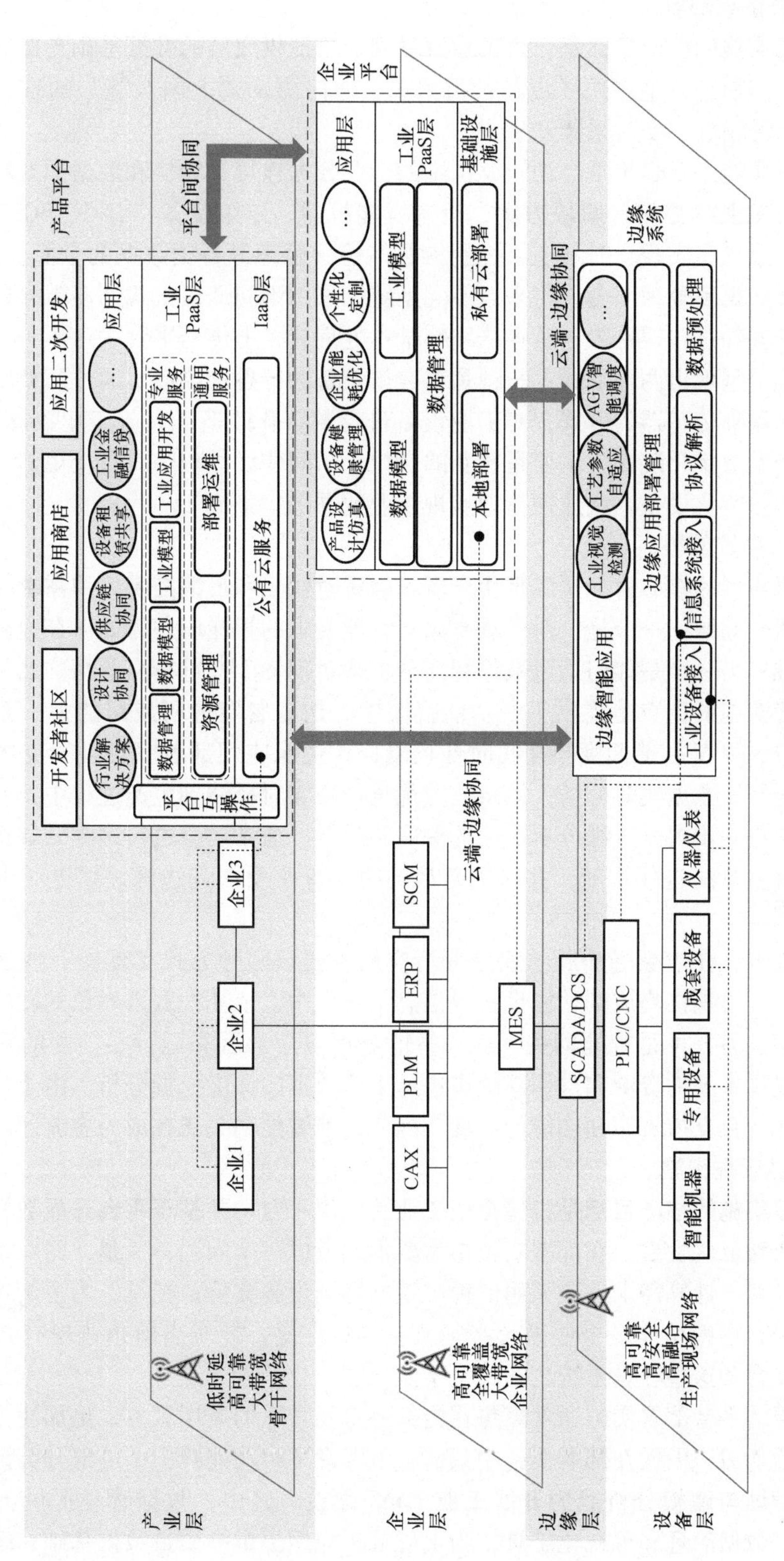

图 1-15　工业互联网平台实施架构

（1）设备层系统部署

设备层部署实施的核心目标是，为工业互联网平台提供底层的数据基础支撑。部署实施的关键是，面对当前工业生产现场设备种类繁多、通信协议“七国八制”的现状，如何实现海量工业数据的精准、实时采集和集成。

设备层部署实施主要聚焦平台功能架构中的工业数据连接、转换和数据预处理功能。**首先，提供针对性工业数据接入解决方案**，兼容智能机器、专用设备、CNC、SCADA 等生产现场不同软硬件系统，实现实时状态、控制参数、运营管理等各类数据的全面采集。其次，**提供协议解析和数据预处理服务**，将来自不同系统、采用不同通信方式的多源异构数据转化成为统一格式，并经过错误剔除、缓存压缩等基本处理后，上传至平台中。

在部署方式上呈现出两种形式：**一种是对存量设备进行叠加改造**，通过开放设备已有控制系统或是额外添加传感器的方式，对工业设备进行数字化改造，完成工业数据采集集成。另一种是**采用新型数字化装备**，主要是在新的产线、车间建设过程中，直接规划和选用具备数据开放能力的数字化设备，快速便捷地实现工业数据采集集成。

（2）边缘层系统部署

边缘层部署实施的核心目标是满足生产现场的实时优化和反馈控制应用需求。在部署实施中需要考虑两个问题：一个是，对于具有高实时性要求的智能应用，如何在边缘层进行开发、部署和运维；另一个是如何通过数据智能分析来对现场生产进行高效精准的优化决策。

边缘层部署实施的重点是提供平台功能视图中的**边缘智能分析应用能力**。面向视觉检测、参数自适应、AGV 智能调度等高实时性场景，在边缘应用部署管理环境支撑下运行各类智能化应用，开展数据实时分析，并将决策优化指令实时反馈到生产过程中，实现优化提升。同时，为了进一步提升边缘分析应用的深度和效果，通常还会**进行边缘云端协同**，在平台端同步开展模型算法迭代更新，并将更新后的模型算法反馈到边缘，以进一步提升优化效果。

在部署方式上，在边缘层开展的智能分析应用主要以两种方式实现：一种是**嵌入式软件**，以软件代码方式直接集成到智能设备或信息系统之中，依托被嵌入对象的硬件资源来完成智能分析应用。另一种是**智能网关**，边缘智能分析应用部署和运行在独立的智能网关之中，基于网关提供的硬件资源和操作系统来进行工业数据的深度挖掘分析。由于智能网关部署方式相对便捷，且支持资源和功能的扩展，因此**目前智能网关正在成为主流部署方式**。

（3）企业层系统实施

企业层部署实施的核心目标是打造企业工业互联网平台，并基于平台开展数据智能分析应用，驱动企业智能化发展。在部署实施中需要重点考虑三个问题：一是，面对企业内部海量工业数据的存储、计算需求，应采用何种类型的基础设施支持；二是，为了实现数据驱动的智能优化应用，哪些功能是企业平台必须具备的；三是，针对当前企业现有各类信息系统，如何处理平台和这些存量系统之间的关系。

由于企业层的平台部署实施通常聚焦在内部特定场景下的应用服务，更加注重的是定制化解决方案供给能力，因此在部署实施中只需重点考虑平台功能视图中的部分关键能力。**首先，聚焦数据管理与建模分析能力开展工业 PaaS 建设**。其中，数据管理提供各类信息建模、数据清洗、数据治理和可视化工具，为上层分析应用提供高质量数据基础；建模分析综合运用大数据、人工智能技术和工业经验知识，提供各类数据模型和机理模型，通过两者的

融合应用构建企业智能中枢。**其次，结合企业业务需求进行定制工业 APP 应用开发**，面向产品设计仿真、设备健康管理、能耗管理优化等应用场景，打造工业 APP 应用解决方案，驱动企业实现智能化生产运营。此外，考虑当前平台建设成本较高，且大部分企业业务需求相对固定，**将通用 PaaS 和应用开发两项能力视为企业平台的可选项**，以提升企业平台部署实施性价比。

企业层平台可以采用服务器、私有云和混合云多种形式进行部署实施：一种是**服务器部署**，对于功能要求聚焦、资源容量不大的应用需求，可以将企业平台像普通应用软件一样安装部署在特定服务器之中进行操作访问，能够降低企业部署成本。但是由于服务器资源有限，未来平台能力拓展会受到一定限制。第二种是**私有云部署**，企业借助虚拟化、资源池化等技术支持，提供可灵活调度、弹性伸缩的存储和计算资源，支撑工业数据的管理和使用，确保所有核心数据停留在企业内部，避免敏感信息的泄露。第三种是**混合云部署**，企业在用私有云进行关键核心数据存储管理的同时，也使用公有云海量 IT 资源支撑，进行更为高效的业务处理，从而能够有效降低综合部署成本。

（4）产业层系统实施

产业层部署实施的核心目标是通过构建产业工业互联网平台，广泛汇聚产业资源，支撑开展资源配置优化和创新生态构建。其部署实施中所面临的主要挑战是跨行业跨领域覆盖所带来的业务复杂性，需要考虑四个问题：一是面对高速增长的数据存储和跨地域分布式使用需求，应该如何实现存储计算资源的弹性拓展和开放访问；二是针对产业平台中海量复杂业务的运行管理，需要提供什么样的使能技术基础；三是围绕资源配置优化和创新生态构建的目标，产业平台需要提供什么样的核心功能支撑；四是产业平台部署实施过程中，要运用哪些技术手段来构建关键系统。

正是由于覆盖范围更加广泛、业务模式更加复杂，产业平台部署实施过程中基本涵盖了平台功能视图中的全部核心功能。**首先，提供基础 IT 资源支撑**，实现平台资源调度管理和应用部署运维，同时集成基础技术框架，为上层业务构建提供技术使能。**其次，提供数据管理和建模分析能力及良好工业应用创新能力**，除了提供各类算法模型支撑进行智能分析之外，产业平台还需要及时响应不同用户的差异化应用需求，打造低门槛的工业应用开发环境，支持实现高效灵活的应用创新。**再次，聚焦行业共性问题和资源优化配置提供解决方案**，如设计协同、供应链协同、产业金融等，在带动产业整体发展水平提升的同时，加速推动产业形态和商业模式的创新。**最后，开展创新生态建设**，通过构建开发者社区、应用商店或提供二次应用开发等方式来吸引外部开发者，形成应用开发和交付的双向循环，打造充满活力和竞争力的生态化发展模式。

在部署方式上，产业工业互联网平台**主要采用公有云形式部署**，通过自建公有云平台或与已有公有云平台合作，为不同行业、不同地区用户提供低成本、高可靠的数据存储计算服务，并能够实现按需调度和弹性拓展。依托公有云的基础资源支持，运用 CloudFoundry、Openshift、K8S 等技术手段构建**通用 PaaS 平台**，基于大数据、人工智能、数字孪生等技术提供**工业数据、模型的管理分析服务**，借助 DevOps、微服务、低代码等技术打造**工业应用开发服务**。最终，综合运用各类技术手段和系统工具，实现各类智能化解决方案应用落地，并驱动以产业平台为枢纽的创新生态构建。

5. 安全实施框架

安全实施框架体现了工业互联网安全功能在**“设备、边缘、企业、产业”**的层层递进，包括**边缘安全防护系统**、**企业安全防护系统**和**企业安全综合管理平台**，以及**省/行业级安全平台和国家级安全平台**，如图1-16所示。

(1) 边缘安全防护系统的实施

边缘安全防护系统的实施，致力于面向实体实施分层分域安全策略，构建多技术融合安全防护体系，从而实现边缘安全防护。部署的关键在于确保工业互联网边缘侧的设备安全、控制安全、网络安全。

边缘安全防护系统实施，需要涵盖安全功能视图中边缘层和设备层的各项功能。首先，**保障设备安全**，通过采取设备身份鉴别与访问控制、固件安全增强、漏洞修复等安全策略，确保工厂内生产设备、单点智能装备器件与产品，以及成套智能终端等智能设备的安全。其次，**保障控制安全**，通过采取控制协议安全机制、控制软件安全加固、指令安全审计、故障保护等安全策略，确保控制软件安全和控制协议安全。最后，**保障边缘侧网络安全**，通过采取通信和传输保护、边界隔离（工业防火墙）、接入认证授权等安全策略，确保工厂内网安全、标识解析安全等。

在部署方式上，边缘安全防护系统主要位于设备层和边缘层，具体实施方式如下：

一是设备安全，可采取设备身份鉴别与访问控制、固件安全增强、漏洞修复等安全策略。在**设备身份鉴别与访问控制方面**，对于接入工业互联网的现场设备，应支持基于硬件特征的唯一标识符，为包括工业互联网平台在内的上层应用提供基于硬件标识的身份鉴别与访问控制能力，确保只有合法的设备能够接入工业互联网，并根据既定的访问控制规则向其他设备或上层应用发送或读取数据。在**固件安全增强方面**，工业互联网设备供应商需要采取措施对设备固件进行安全增强，阻止恶意代码传播与运行。工业互联网设备供应商可从操作系统内核、协议栈等方面进行安全增强，并力争实现对于设备固件的自主可控。在**漏洞修复方面**，设备操作系统与应用软件中出现的漏洞，对于设备来说，是最直接也是最致命的威胁。设备供应商应对工业现场中常见的设备与装置进行漏洞扫描与挖掘，发现操作系统与应用软件中存在的安全漏洞，并及时进行修复。

二是控制安全，可采取控制协议安全机制、控制软件安全加固、指令安全审计、故障保护等安全策略。在**控制协议安全机制方面**，为了确保控制系统执行的控制命令来自合法用户，必须对使用系统的用户进行身份认证，未经认证的用户所发出的控制命令不被执行。在控制协议通信过程中，一定要加入认证方面的约束，避免攻击者通过截获报文获取合法地址建立会话，影响控制过程安全。不同的操作类型需要不同权限的认证用户来操作，如果没有基于角色的访问机制，没有对用户权限进行划分，会导致任意用户可以执行任意功能。在控制协议设计时，应根据具体情况，采用适当的加密措施，保证通信双方的信息不被第三方非法获取。在**控制软件安全加固方面**，控制软件的供应商应及时对控制软件中出现的漏洞进行修复或提供其他替代解决方案，如关闭可能被利用的端口等。在**指令安全审计方面**，通过对控制软件进行安全监测审计可及时发现网络安全事件，避免发生安全事故，并可以为安全事故的调查提供翔实的数据支持。目前，许多安全产品厂商已推出了各自的监测审计平台，可实现协议深度解析、攻击异常检测、无流量异常检测、重要操作行为审计、告警日志审计等功能。在**故障保护方面**，确定控制软件与其他设备或软件及与其他智能化系统之间相互作用

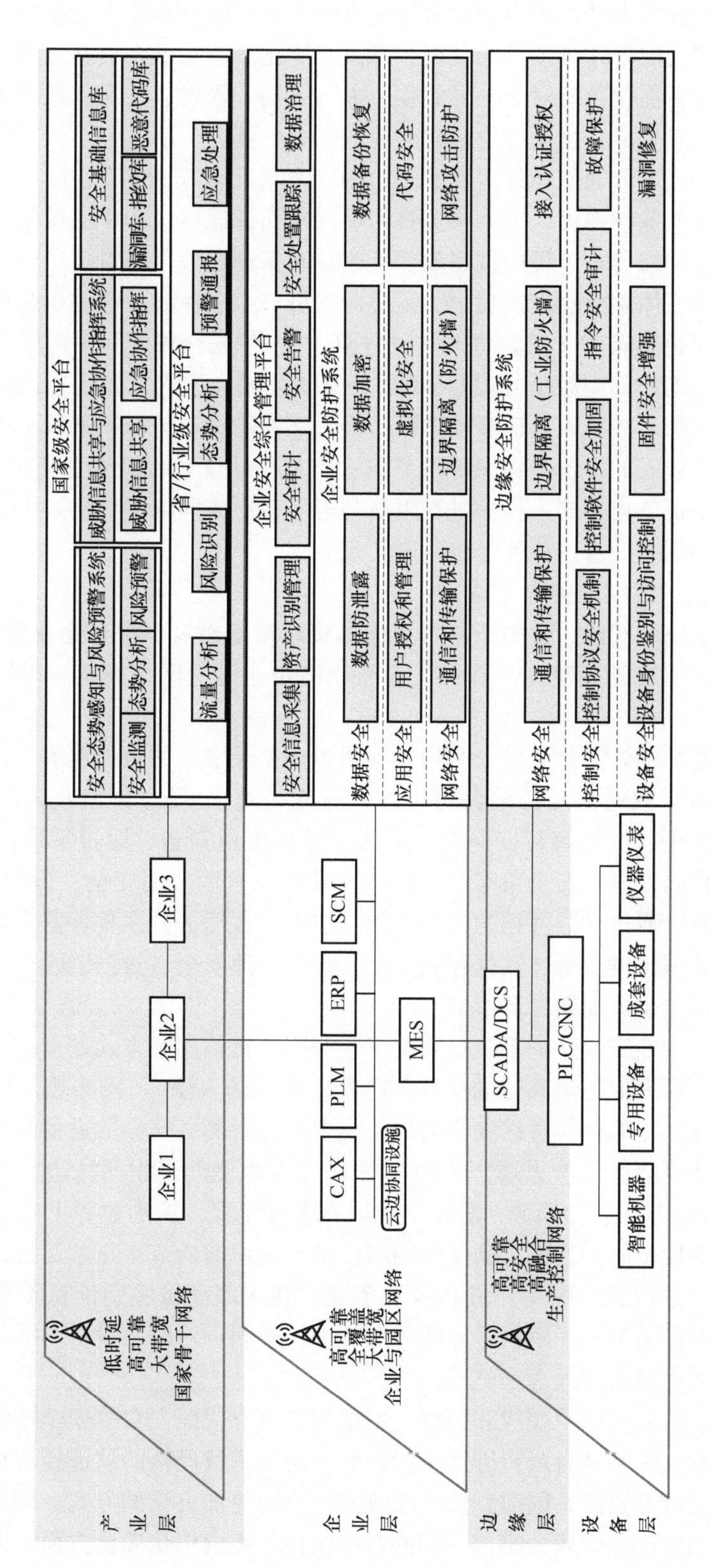

图1-16　工业互联网安全实施架构

所产生的危险状况和伤害事件，确定引发事故的事件类型。明确操作人员在对智能化系统执行操作过程中可能产生的合理可预见的误用，以及智能化系统对于人员恶意攻击操作的防护能力。智能化装备和智能化系统对于外界实物、电、磁场、辐射、火灾、地震等情况的抵抗或切断能力，以及在发生异常扰动或中断时的检测和处理能力。

三是网络安全，可采取通信和传输保护、边界隔离（工业防火墙）、接入认证授权等安全策略。在**通信和传输保护方面**，采用相关技术手段来保证通信过程中的机密性、完整性和有效性，防止数据在网络传输过程中被窃取或篡改，并保证合法用户对信息和资源的有效使用。同时，在标识解析体系的建设过程中，需要对解析节点中存储及在解析过程中传输的数据进行安全保护。在**边界隔离（工业防火墙）方面**，在OT安全域之间采用网络边界控制设备（工业防火墙），以逻辑串接的方式进行部署，对安全域边界进行监视，识别边界上的入侵行为并进行有效阻断。在**接入认证授权方面**，接入网络的设备与标识解析节点应该具有唯一性标识，网络应对接入的设备与标识解析节点进行身份认证，保证合法接入和合法连接，对非法设备与标识解析节点的接入行为进行阻断与告警，形成网络可信接入机制。网络接入认证可采用基于数字证书的身份认证等机制来实现。

（2）企业安全防护系统的实施

企业安全防护系统的实施，致力于从防护技术策略角度出发，提升企业安全防护水平，降低安全攻击风险。部署的关键在于确保工业互联网企业侧的网络安全、应用安全、数据安全。

企业安全防护系统实施需要涵盖安全功能视图中企业层中相关防护技术。首先，**保障企业侧网络安全**，通过采取通信和传输保护、边界隔离（防火墙）、网络攻击防护等安全策略，确保工厂外网安全、标识解析安全等。其次，**保障应用安全**，通过采取用户授权和管理、虚拟化安全、代码安全等安全策略，确保平台安全、本地应用安全、云化应用安全等。最后，**保障数据安全**，通过采取数据防泄露、数据加密、数据备份恢复等安全策略，确保包括数据收集安全、数据传输安全、数据存储安全、数据处理安全、数据销毁安全、数据备份恢复安全在内的数据全生命周期各环节的安全。

在部署方式上，企业安全防护系统主要位于企业层，具体实施方式如下：

一是网络安全，可采取通信和传输保护、边界隔离（防火墙）、网络攻击防护等安全策略。在**通信和传输保护方面**，与边缘安全防护系统中的针对网络安全的通信和传输保护的具体策略是一致的。边界隔离（防火墙）方面，在IT安全域之间采用网络边界控制设备（防火墙），以逻辑串接的方式进行部署，对安全域边界进行监视，识别边界上的入侵行为并进行有效阻断。在**网络攻击防护方面**，为保障网络设备与标识解析节点正常运行，对登录网络设备与标识解析节点进行运维的用户进行身份鉴别，并确保身份鉴别信息不易被破解与冒用；对远程登录网络设备与标识解析节点的源地址进行限制；对网络设备与标识解析节点的登录过程采取完备的登录失败处理措施等。

二是应用安全，可采取用户授权和管理、虚拟化安全、代码安全等安全策略。在**用户授权和管理方面**，工业互联网平台用户分属不同企业，需要采取严格的认证授权机制保证不同用户能够访问不同的数据资产。同时，认证授权需要采用更加灵活的方式，确保用户间可以通过多种方式将数据资产分模块分享给不同的合作伙伴。在**虚拟化安全方面**，因为虚拟化是边缘计算和云计算的基础，为避免虚拟化出现安全问题影响上层平台的安全，所以在平台的

安全防护中要充分考虑虚拟化安全。虚拟化安全的核心是实现不同层次及不同用户的有效隔离，其安全增强可以通过采用虚拟化加固等防护措施来实现。在**代码安全方面**，主要通过代码审计检查源代码中的缺点和错误信息，分析并找到这些问题引发的安全漏洞，并提供代码修订措施和建议。

三是数据安全，可采取数据防泄露、数据加密、数据备份恢复等安全策略。在**数据防泄露方面**，为防止数据在传输过程中被窃听而泄露，工业互联网服务提供商应根据不同的数据类型及业务部署情况，采用有效手段防止数据泄露。例如，通过SSL保证网络传输数据信息的机密性、完整性与可用性，实现对工业现场设备与工业互联网平台之间、工业互联网平台中虚拟机之间、虚拟机与存储资源之间及主机与网络设备之间的数据安全传输，并为平台的维护管理提供数据加密通道，保障维护管理过程的数据传输安全。在**数据加密方面**，工业互联网平台运营商可根据数据敏感度采用分等级的加密存储措施（如不加密、部分加密、完全加密等）。建议平台运营商按照国家密码管理有关规定使用和管理密码设施，并按规定生成、使用和管理密钥。同时，针对数据在工业互联网平台之外加密之后再传输到工业互联网平台中存储的场景，应确保工业互联网平台运营商或任何第三方无法对客户的数据进行解密。在**数据备份方面**，用户数据作为用户托管在工业互联网服务提供商的数据资产，服务提供商有妥善保管的义务。应当采取技术措施和其他必要措施，在发生或可能发生个人信息泄露、毁损、丢失的情况时，应当立即采取补救措施，按照规定及时告知用户并向有关主管部门报告。工业互联网服务提供商应当根据用户业务需求，与用户签订的服务协议制定必要的数据备份策略，定期对数据进行备份。当发生数据丢失事故时能及时恢复一定时间前备份的数据，从而降低用户的损失。

（3）企业安全综合管理平台的实施

企业安全综合管理平台的实施，致力于从防护管理策略角度出发，以安全风险可知、可视、可控作为安全防护体系建设的主要目标，强化企业综合安全管理能力。部署的关键在于对企业网络口及企业内安全风险进行监测，在平台网络出口建设流量探针，实现对企业的**安全信息采集、资产识别管理、安全审计、安全告警、安全处置跟踪**及**数据治理**等功能，并与省/行业级安全平台的对接。

企业安全综合管理平台实施需要涵盖安全功能视图中企业层中相关防护管理。**安全信息采集**指实时地对企业内部的安全动态信息进行有效采集，并进行有效汇总。**资产识别管理**指通过平台网络出口的流量探针对企业内网进行扫描识别，发现并统计企业内网的资产并进行集中管理。**安全审计**指通过记录和分析历史操作事件及数据，发现能够改进系统性能和系统安全的地方，防止有意或无意的人为错误，防范和发现网络犯罪活动。**安全告警**指及时发现资产中的安全威胁，实时掌握资产的安全态势。**安全处置跟踪**指根据安全事件或安全资产溯源到相关责任人。**数据治理**指对收集到的相关数据进行分析统计，为企业做出相关研判提供依据。

在部署方式上，企业安全综合管理平台系统主要位于企业层，具体实施方式如下：

一是**保障企业内部安全管理有序进行**，实现对企业的安全信息采集、资产识别管理、安全审计、安全告警、安全处置跟踪及数据治理等功能。

二是**与省/行业级安全平台实现有效协同**，将监测到的数据及时有效地上报给省/行业级安全平台。

（4）省/行业级安全平台的实施

省/行业级安全平台的实施，致力于通过工业资产探测、流量分析、风险识别、态势分析、预警通报、应急处置等方式，保障省/行业级平台安全运行。

省/行业级安全平台的实施需要涵盖安全功能视图中产业层的下边缘相关功能要素。通过接入本地移动网、固网（采样）数据，实现工业资产探测、流量分析、风险识别、态势分析、预警通报、应急处置。

在部署方式上，省/行业级安全平台主要位于产业层，具体实施方式如下：

一是**保障本省/行业平台的安全运行**。

二是**与国家级安全平台和企业安全综合管理平台实现对接**，重点覆盖企业工业互联网平台，实现企业基础数据管理功能、策略/指令下发、情报库共享、信息推送等功能。

（5）国家级安全平台的实施

国家级安全平台的实施，致力于提升国家级工业互联网安全综合管理和保障能力，加强国家与省/行业级安全平台的系统联动、数据共享、业务协作，形成国家整体安全综合保障能力。

国家级安全平台实施需要涵盖安全功能视图中产业层的上边缘相关功能要素。**首先，建立安全态势感知与风险预警系统**，开展全国范围内的安全监测、态势分析、风险预警和跨省协同工作，并与省/行业级安全平台对接。**其次，建立威胁信息共享与应急协作指挥系统**，实现对工业互联网威胁信息共享和应急协作指挥，具备综合研判、决策指挥和过程跟踪的能力，支持工业互联网安全风险上报、预警发布、事件响应等。**最后，建立安全基础信息库**，依托现有基础进行资源整合，建立安全基础信息库，具体包括工业互联网安全漏洞库、指纹库、恶意代码库等基础资源库。

在部署方式上，国家级安全平台主要位于产业层的上边缘，具体实施方式如下：

一是**保障国家级安全平台有序运行**，建立安全态势感知与风险预警系统、威胁信息共享与应急协作指挥系统、安全基础信息库，全面提升国家级工业互联网安全综合管理和保障能力。

二是**与省/行业级安全平台的系统联动、数据共享、业务协作**，形成国家整体安全综合保障能力。

任务 1.2　网络互联知识认知

在工业互联网体系架构中，网络是基础，为人、机、物全面互联提供基础设施，促进各种工业数据的充分流动和无缝集成。

网络互联，包括工厂内网络和工厂外网络。

工厂内网络，用于连接工厂内的各种要素，包括人员（如生产人员、设计人员、外部人员）、机器（如装备、办公设备）、材料（如原材料、在制品、制成品）、环境（如仪表、监测设备）等。工厂内网络与企业数据中心及应用服务器互联，支撑工厂内的业务应用。

工厂外网络，用于连接智能工厂、分支机构、上下游协作企业、工业云数据中心、智能产品与用户等主体。智能工厂内的数据中心/应用服务器，通过工厂外网络与工厂外的工业云数据中心互联。分支机构/协作企业、用户、智能产品，也根据配置通过工厂外网络连接到工业云数据中心或企业数据中心。

1.2.1　工厂内网

1. 现状

（1）工业控制网络架构现状

当前，工厂内网络呈现“两层三级”的结构，如图1-17所示。“两层”是指存在“工厂IT网络”和“工厂OT网络”两层技术异构的网络；“三级”是指根据目前工厂管理层级的划分，网络也被分为“现场级”“车间级”“工厂级/企业级”三个层次，每层之间的网络配置和管理策略相互独立。

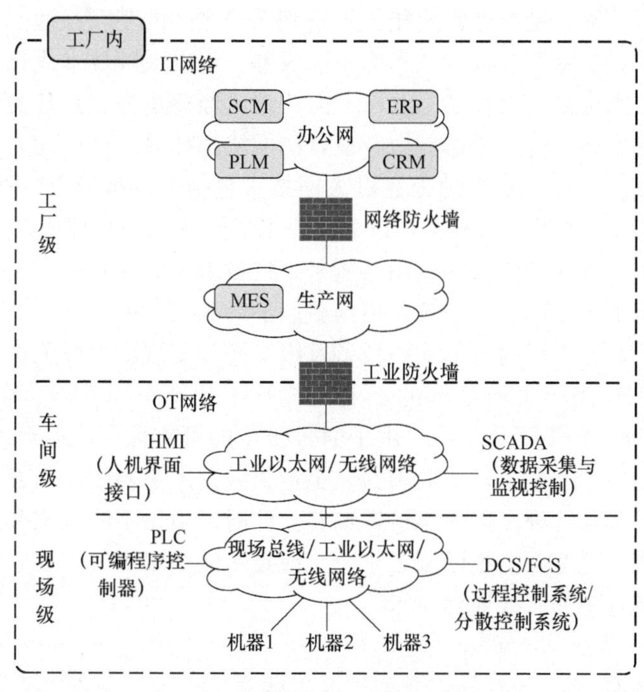

图1-17　当前典型的工厂内网络示意

在现场级，工业现场总线被大量用于连接现场检测传感器、执行器与工业控制器，通信速率在数kbit/s到数十kbit/s。近年来，虽然已有部分支持工业以太网通信接口的现场设备，但仍有大量的现场设备依旧采用电气硬接线直连控制器的方式连接。在现场级，无线通信只是部分特殊场合被使用，存量很低。这种现状造成工业系统在设计、集成和运维的各个阶段的效率都受到极大制约，进而阻碍着精细化控制和高等级工艺流程管理的实现。

车间级网络通信主要是完成控制器之间、控制器与本地或远程监控系统之间等的通信连接。这部分主流是采用工业以太网通信方式，也有部分厂商采用自有通信协议进行本厂控制器和系统间的通信。当前已有的工业以太网，往往是在通用的IEEE 802.3百兆以太网的基础上进行修改和扩展而来的，不同工业以太网协议间的互联性和兼容性限制大规模网络互联。

企业IT网络通常采用高速以太网及TCP/IP进行网络互联。

在工业互联网的智能工厂中，企业级IT管理运营系统对现场实时工艺过程数据和设备状态数据有着强烈需求。如何高效便捷部署现场设备的通信互联，以及如何利用先进的网络技术实现现场与管理级系统间高实时性、高可靠性数据通信，是目前工业网络系统技术领域

普遍面临的焦点问题。

（2）工业控制网络常用协议

目前，工业控制领域常用的通信协议分为三类：现场总线、工业以太网和工业无线网络。

现场总线技术，主要服务于现场传感器件到控制器、控制器到执行器或控制器与各输入输出控制分站间的数据通信。目前，市场常见的现场总线技术有几十种之多，主要包括PROFIBUS、Modbus、HART、CANopen、LonWorks、DeviceNet、ControlNet、CC-Link 等。相比起来，现场总线技术普遍存在通信能力低、距离短、抗干扰能力较差等问题。而且总线技术的开放性和兼容性不够，越来越影响相关设备和系统之间的互联互通。

工业以太网技术，是随着以太网技术的不断成熟，将以太网技术优化后被引入工业控制领域而产生的通信技术。目前，众多工业以太网协议已经逐步进入到各类工业控制系统中的控制通信应用。其低成本、高效通信能力及良好的网络拓扑灵活扩展能力，为工业现场控制水平提升奠定了基础。当前，主流的工业以太网技术包括 Ethernet/IP、PROFINET、Modbus TCP、Powerlink、EtherCAT 等。各种工业以太网技术的开放性和协议间的兼容性相较于现场总线有所提高，但由于其在链路层和应用层所采用的技术不同，互联互通性仍不尽人意，这在一定程度上也影响了工业以太网协议应用向更广泛的领域拓展。

工业无线技术，对在工厂内接移动的设备及线缆连接实现困难或无法实现的场合，具备很大的必要性。目前，用于工业场景的工业无线技术主要有 WLAN、蓝牙、无线 HART、WIA-PA、WIA-FA 等。在工厂应用中，由于信号传输的可靠性可能受到实际环境因素的影响，这对无线通信的应用产生了较大的阻力。工业无线技术主要的应用领域还是非关键工业应用，如物料搬运、库存管理、巡检维护等场合。同时，由于不同国家和地区对于无线通信频段的管制政策不同，这客观上也限制了工业无线技术的应用规模。目前，工业无线技术的成熟度和发展速度都远不如有线通信技术。

2. 发展趋势

伴随着工业互联网/工业 4.0 的广泛推进，工业通信技术的更新换代的节奏，可能会超过之前的任何一个阶段。

随着工业领域工艺技术的日臻完善，当前工艺突破带来工业生产效率提升的可能性变得越来越小。利用工业互联网技术来提升工业用户从设计、生产和运维等全生命周期的精细化管理，降低整体的人力成本、资源消耗，全面提升生产和运营效率等越来越受到重视。

工业互联网业务发展对网络基础设施提出了更高的要求和需求，工厂内网络呈现出**融合、开放、灵活**三大发展趋势。

工厂内网络架构的融合趋势：**一是，网络结构的扁平化。**传统的“两层三级”网络架构严重影响着信息互通的效率，随着大数据分析和边缘计算业务的对现场级实时数据的采集需求，OT 网络中的车间级和现场级将逐步融合（尤其在流程行业），同时 MES 等信息系统向车间和现场延伸的需求，推动了 IT 网络与 OT 网络的融合趋势。**二是，控制信息与过程数据共网传输。**传统工业网络基本是依附于控制系统的，主要实现控制闭环的信息传输，而新业务对工业生产全流程数据的采集需求，促使工厂内网络将控制信息和过程数据的传输并重。**三是，有线与无线的协同。**工业互联网业务对于生产全流程、无死角的网络覆盖需求，使得无线网络的部署成为必然，无线网络的应用也将逐步从信息采集到生产控制，从流程行

业到离散行业，而多种无线技术的应用也推动了工厂内定位技术的发展。

工厂内网络的开放趋势：**一是，技术的开放**。工业互联网工厂内网络技术体系将打破传统工业网络众多制式间的技术壁垒，实现网络各层协议间的解耦合，控制系统、应用系统将不再与某项具体网络技术强绑定；IEEE、IETF等国际标准组织加入到技术标准研制的队伍，IP/IPv6在工厂内的深入部署，都将进一步推动工厂内网络技术的开放。**二是，数据的开放**。工业互联网业务对数据的强烈需求，促使传统工业控制闭环中沉没或消失的数据开放出来，而生产全流程的数据将由更标准化的语法和数据模型开放给上层应用使用。**三是，产业的开放**。网络技术的开放正在打破传统工业网络"烟囱式"的发展模式，打破少数巨头对全产业链的控制，新的芯片厂商、设备厂商、网络提供商加入进来，推动产业开放。

工厂内网络的灵活友好趋势：一是，**网络形态的灵活**。未来工厂内网络将能够根据智能化生产、个性化定制等业务灵活调整形态，快速构建出生产环境。二是，**网络管理的友好**。随着工业网络化深入发展，工厂内的网络管理都将变得复杂，新的数据互通和软件定义技术应用将提供网络系统的可呈现度，网络管理界面将更为友好。

3. 有线网络

有线网络是在工厂内最广泛使用的网络类型。近些年，随着工业互联网日益剧增的需求，在不同的协议层，各种针对有线网络的创新技术迅速发展。

按照协议层次划分：在物理层，主要有单对双绞线以太网和工业无源光网络（PON）；在链路层，主要有时间敏感网络（TSN）；在网络层，主要有确定性网络（DetNet）。这些工作在不同协议层的技术，可以单独或联合使用，满足不同场景下的特定需求。

（1）单对双绞线以太网

1）技术介绍

一直以来，以太网技术朝着提供更高传输速度的方向演进，主要采用双绞线网线（内含四对双绞线）、光纤作为传输介质。近些年，随着物联网广泛应用，采用单对双绞线作为传输介质，为低速应用提供更具成本效益，成为业界以太网技术发展方向之一。

当前业界的单对双绞线以太网技术有三个方向，具备不同技术特性，分别支持十兆、百兆和千兆比特率（见表1-1）。

表1-1　单对双绞线以太网性能对比

	十兆	百兆	千兆
缩写	10BASE-T1	100BASE-T1	1000BASE-T1
传输介质	无屏蔽单对双绞线		
最大传输距离	1000m	40m	
数据线供电	支持	支持，与IEEE 802.3bu标准联合使用	
本安	支持	不支持	
国际标准名称	IEEE 802.3cg	IEEE 802.3bw	IEEE 802.3bp
标准发布时间	2019年11月	2015年10月	2016年6月

其中，10BASE-T1技术由ABB、艾默生（Emerson）、恩德斯豪斯（Endress + Hauser）、赫斯曼（Hirschmann）、倍加福（Pepperl + Fuchs）、罗克韦尔（Rockwell）、施耐德（Schneider）、西门子（Siemens）等诸多工业自动化厂商联合推动和制定。

10BASE-T1 技术面向工业制造场景，使用无屏蔽单对双绞线，同时实现 10Mbit/s 传输速度及供电，可支持最长 1000m 传输及本质安全。1000m 传输距离，可以满足工业现场当前绝大部分总线使用场景的需求。相比总线技术，10BASE-T1 技术具备高传输速度、高可靠性的优势，且不会受到传输距离增加的影响。

此外，为满足单对双绞线提供更高的传输速度需求（典型的如车内通信），IEEE 的 100BASE-T1 技术和 1000BASE-T1 技术采用无屏蔽单对双绞线，分别提供 100Mbit/s 和 1Gbit/s 的传输速度。进一步来说，这两项技术还可以与 IEEE 的 PoDL 技术联合使用，支持无屏蔽单对双绞线，在数据传输线上供电。

2）主要特点和优势

作为专为工业现场设计的以太网技术，十兆单对双绞线以太网 IEEE 802.3cg 技术具备诸多优势。

最远 1000m 的有效传输距离。IEEE 802.3cg 引入物理层冲突检测机制，在采用 10 个连接器的情况下，支持最大 1000m 传输距离。

支持恶劣环境下（如工业现场及车内）的高可靠性。IEEE 802.3cg 提供了两种物理层模式：短距模式下，误码率（BER）可达到 10^{-10}；长距模式下，BER 可达到 10^{-9}。

复用现有工业系统的单对双绞线，提供 10Mbit/s 的数据传输。在现有工业现场，从 4～20mA 硬接线到多种现场总线，无屏蔽单对双绞线作为传输物理介质广泛存在，但只能提供数 kbit/s 到数十 kbit/s 的传输速度。IEEE 802.3cg 提供全双工或半双工的 10Mbit/s 传输速度，可以满足如预测性维护等工业互联网新型应用的需求。

单对双绞线支持本质安全供电及数据传输。在现场设备中，采用单对双绞线，同时进行数据传输和供电的需求广泛存在。IEEE 802.3cg 对 IEEE 802.3bu 中定义的 10 个以太网设备供电等级进行了扩展，实际传输的线路电压等级还可采用管理接口配置，或者通信双方自动协商，从而能满足特定环境下（如防爆）本质安全的要求。

3）适用场景

以太网具有技术成熟、高度标准化、高带宽及低成本等优势，当前已获得广泛应用。但在工厂内，以太网当前主要应用于工业系统的控制层及以上（如 PLC 与 SCADA 之间）。

单对双绞线以太网技术，能够满足工业现场需求，以低成本提供高数据传输速度，将以太网连接扩展到海量现场设备。该技术广泛适用于大量工业场景，包括短距（＜15m）范围的机器内、车辆底盘、座舱内的设备通信，以及中长距（最大 1000m）范围的建筑控制、电梯控制、过程控制等。

在一些行业中，当前通信使用的双绞线是多年前布设的，用于 4～20mA 硬接线或 HART、PROFIBUS-PA、基金会现场总线（Foundation Fieldbus，FF）等，为了升级而更换线缆完全不现实。使用单对双绞线以太网技术，可以复用已有通信线路，提供更高传输速度，这可以极大降低升级的成本和难度。

在过程自动化中，往往需要数百米，甚至上千米的传输距离，同时要求数据线供电。如果有提升传输速度的需求（如 1Mbit/s 以上），单对双绞线以太网将是很好选择。

（2）时间敏感网络

1）技术介绍

时间敏感网络（Time-Sensitive Network，TSN）是面向工业智能化生产的新型网络技术，

为工业生产环境提供了一种既支持高速率、大带宽的数据采集，又兼顾高实时控制信息传输的网络。

在传统工业生产环境中，大量工业应用（如机器控制、流程控制、机器人控制等）对实时通信有着迫切需求，以保证高效和安全的生产流程。当前满足该要求的通常做法是，修改工厂内网络的以太网协议或在关键生产流程部署独立的专用以太网。然而，这类方式的互通性、扩展性和兼容性不够的问题，在从传统工厂控制网络升级到工业互联网的过程中日益明显。TSN 为解决这个难题提供了一个有效的解决方案。

TSN 是一种具有有界传输时延、低传输抖动和极低数据丢失率的高质量实时传输网络。它基于标准以太网，凭借时间同步、数据调度、负载整形等多种优化机制，来保证对时间敏感数据的实时、高效、稳定、安全传输。简要来说，TSN 通过一个全局时钟和一个连接各网络组件的传输调度器，实现网络内的确定性实时通信。调度器依据相应调度策略，控制时间敏感数据流的实际传输时间和传输路径，以避免链路争抢所导致的传输性能下降和不可预测性，从而保证时间敏感应用的点对点实时通信。

当前，IEEE 802.1 正在推进 TSN 系列标准的制定，核心内容涵盖时间同步、数据帧控制、数据流调度、传输可靠性保障等多个协议。我国也在同步推进工业互联网 TSN 系列标准的研究制定工作。

2）主要特点和优势

TSN 技术让改变工业网络标准“七国八制”成为可能，未来各厂商将可以基于统一的基础网络“TSN + IPv6”进行数据协议设计和应用开发，改变现有“烟囱式”的产业格局。TSN 技术面向 1000Mbit/s 接口设计，兼容现在工业网络广泛使用的 100Mbit/s 接口，是工业网络最被看好的向千兆以太网演进的技术方案，现有的 PROFINET、EtherCAT、SERCOS Ⅲ等工业以太网均在研究与 TSN 技术的兼容、互通和演进问题。

作为数据链路层技术的 TSN 具备优秀的上层支撑兼容能力。一是，TSN 改变了传统工业以太网技术的“烟囱模式”，能够更好地支持 IP/IPv6、TCP/UDP 等协议，实现 OT 与 IT 的网络层次结构的融合。二是，TSN 将构建完善的 YANG 数据模型，能够与上层的 DetNet、SDN 等技术的 YANG 数据模型进行良好的兼容互通，更好地支撑各类上层应用。三是，TSN 与 OPC-UA 配合，能够解决工厂内的数据互通问题，将 OPC-UA 的数据采集延伸到现场级，实现生产环境全方位实时数据汇集。

时间敏感数据流的传输延迟得到绝对保证，具有确定的时延上限。在传统网络中，通常通过分配带宽的方式来大致实现时延的保障，具有不确定性和不可预测性。TSN 能够消除这种不确定性和不可预测性，使分配的网络带宽恰好满足要求的时延，从而允许针对应用的实际需求进行带宽分配，既提高了带宽利用率，也保证了传输时延上限。

支持时间敏感数据流和非时间敏感数据流在同一个网络中混合传输，而不会存在相互干扰的风险。在传统网络中，数据流以“Best-effort”的服务模式进行传输。当两种类型的数据流混合在一起时，非时间敏感数据流的调度和传输行为会影响时间敏感数据流的调度和传输，从而无法保证时间敏感数据流的传输延迟。在 TSN 中，调度器优先调度时间敏感数据，并通过抢占机制、流量整形机制等确保时间敏感数据流的稳定、实时传输，消除了数据流之间的相互干扰。

TSN 提供稳定的数据传输，网络交换设备通过流量整形机制对数据流进行平滑转发。在传统网络中，不可避免地会有突发高峰负载。这种不稳定的流量特征使得在进行数据转发时无法有效预测传输时延，难以保证实时数据传输。在 TSN 中，交换设备对接收到的负载进行整形，特别是对高峰流量进行缓存，尽量平滑地将其转发出去。这种机制保障了数据传输的稳定性和可预测性，确保了时间敏感数据的端到端传输延迟。

3）适用场景

工业控制网络存在大量对时间非常敏感的应用，如传感器数据实时上报、音视频文件传输、控制指令下发等。这些数据需要在确定时限内发送到目标，以支持工控设备和应用的正常运转。

TSN 将基于通用的以太网标准来建设，具备确定性网络的属性，能够满足工业网络对定时、安全和可靠性等方面的要求，现有的专有工业控制网络可以通过网关来连接到 TSN，并实现互联。

（3）工业无源光网络

1）技术介绍

目前，工业无源光网络（Passive Optical Network，PON）技术，主流有 EPON 技术和 GPON 技术，分别由 IEEE 和 ITU 制定技术标准。EPON 和 GPON 的主要参数对比见表 1-2。

表 1-2　EPON 和 GPON 的主要参数对比

	EPON	10G-EPON	GPON	XG-PON
国际标准	IEEE 802.3ah	IEEE 802.3av	ITU-T G.984	ITU-T G.987
单 PON 口上行速率	1Gbit/s	1～10Gbit/s	1.25Gbit/s	2.5～10Gbit/s
单 PON 口下行速率	1Gbit/s	10Gbit/s	2.5Gbit/s	10Gbit/s

EPON 和 GPON 的网络架构均为物理点对多点，均采用时分复用（Time Division Multiplexing，TDM）方式实现逻辑上的点对点连接，其原理示意如图 1-18 所示。

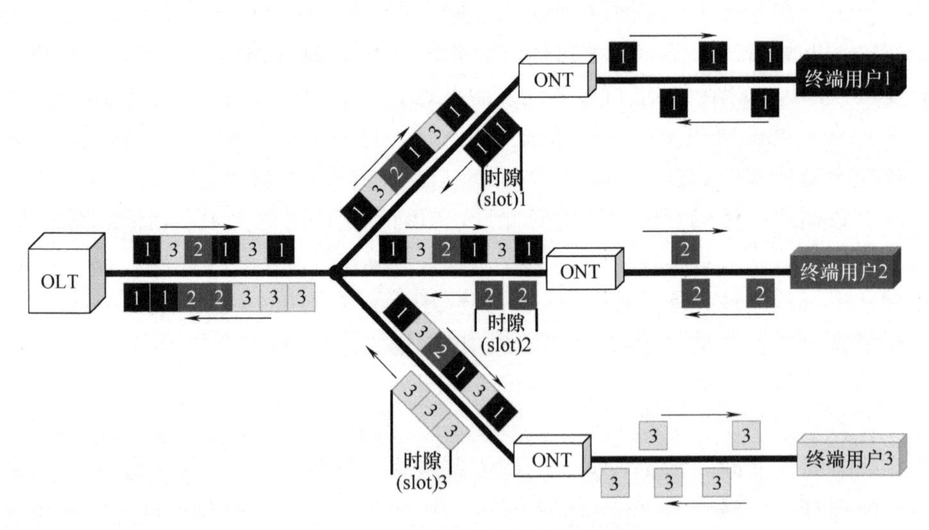

图 1-18　工业 PON 连接原理示意

工业 PON 主要由位于中心站的光线路终端（Optical Line Terminal，OLT）、位于边缘的光网络单元（Optical Network Unit，ONU），以及两者之间光分配网（Optical Distribution Net-

work，ODN）（包括光纤及无源分光器）组成，可以提供多种工业接口，适应各种工业设备信息传送及各种专用系统接入场景的要求。

2）主要特点和优势

工业 PON 具有以下优点：

高可靠性。PON 通过无源器件组网，ODN 不受电磁干扰和雷电影响；支持冗余组网及多种保护倒换方式，切换时间短、抵抗失效能力强。

部署简单灵活。PON 技术采用点到多点传输架构，终端并行接入，部署灵活；仅需单根光纤线传输，最远覆盖 20km 范围。

高容量，支持多种业务。PON 技术可提供 1～10Gbit/s 的传输速度，适合多业务承载，支持数据、视频、语音、时间同步等多种业务。

高安全性。PON 设置 ONU 安全注册机制，下行数据传送支持加密算法，上行数据传送通过时分机制实现不同终端设备上行数据的隔离。

3）适用场景

参考工业互联网分层架构，工业 PON 在工业互联网体系架构中用于连接工厂内的边缘网络与骨干网络，通过 ONU 设备完成现场级设备与上层实体（如服务器、SCADA 系统等）的连接，实现数据采集、生产指令下达、传感数据采集、厂区视频监控等关键功能。同时，工业 PON 也适用于工厂办公网络的承载，可参考现有政企接入网的建设模式。

通过工业 PON 和企业骨干网络，将企业生产网和办公网络实现互联，从而实现生产线数据到工厂/企业 IT 系统的可靠有效传输。

工业 PON 最常用的组网方式是基于 Type D 保护方式的手拉手保护链型组网和星形组网，实现全光路保护，提高了车间通信网络的可靠性，为制造企业的通信可靠性提供了坚实的保障。具体的组网方式可根据工厂实际情况进行选择。图 1-19 所示为工厂内应用工业 PON 的案例。

（4）确定性网络

1）技术介绍

确定性网络（Deterministic Networking，DetNet）是国际互联网工程任务组（Internet Engineering Task Force，IETF）制定的网络层标准，其通过提供有确定范围的时延、丢包和时延抖动参数的数据路径，为应用提供一个可靠的网络环境。

DetNet 主要采用了**资源预留、确定路径、无缝冗余**三大技术，实现向用户提供拥塞控制、确定路径、确定性的延迟和抖动、多路径传输、分组编码保护等主要服务。DetNet 为 DetNet 流在路由路径的每个节点上预留足够的缓存和带宽资源，保证 DetNet 流不会因为缓存不够而出现丢包。DetNet 对 DetNet 流的传输路径计算采用相对固定的路由路径技术，为资源预留技术提供了基础的保障，同时路径的固定也为延迟的精确计算提供了可能，这些是保证确定性延迟和抖动的基础。同时，DetNet 通过无缝冗余技术，即多路径传输的方式，保证在工作路径发生故障时，依然有备份的数据流通过其他路径正确、实时地传输到目标节点。此外，DetNet 系列技术还包括队列整形技术和流标识技术。队列整形技术用于解决排队带来的时延问题，通过排队和传输选择算法，由中央控制器计算每个节点的时延，并计算它们对每个新增 DetNet 流提供的缓存容量，从而更好地调度和控制节点和终端系统。流标识技术用来区分网络中的确定性流和非确定性流，以及带有不同 QoS 标准的确定性流。

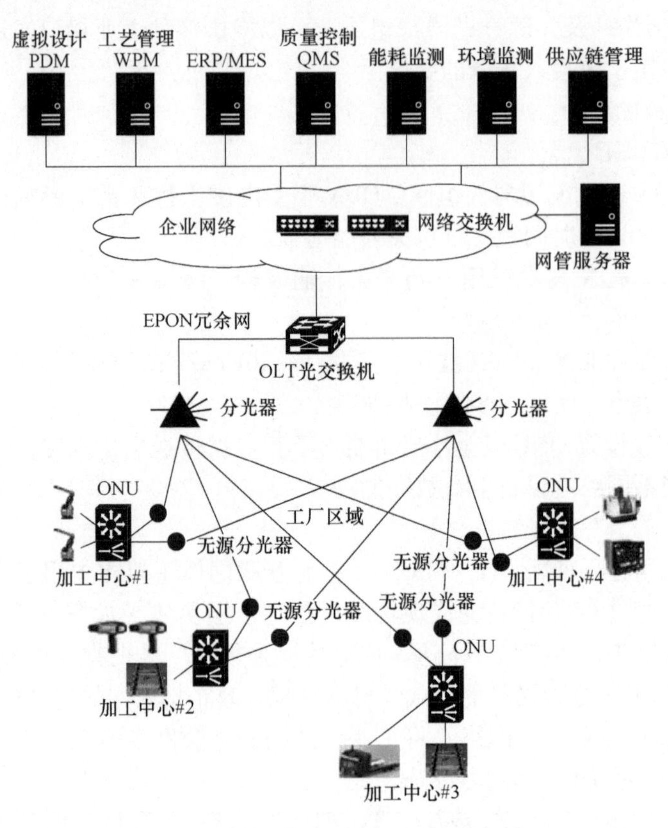

图 1-19　工厂内应用工业 PON 的案例

2）主要特点和优势

DetNet 技术的优势在于其在网络的 L3 层来保证网络业务的确定性传送。DetNet 重点针对**多子网的 L3 实时互联**。它在 TSN 现有机制（如资源预留、冗余路径、队列整形等）的基础上，针对 L3 设备（如路由器、防火墙、服务器等）进行接口调度融合或机制与算法的 L3 上移，以保障严格的跨域子网之间的确定性网络服务。

随着智能工厂的发展，远程控制的需求将逐渐显现，而目前的工作控制网络主要局限在局域网的范围，不能满足跨局域网的确定性业务传输需求，而 DetNet 则可以很好地解决跨域的问题。

3）适用场景

DetNet 技术可以应用在，如工厂设备联网、厂房办公楼的建筑自动控制等较大范围内，需多个实时边缘网络互联的场景。

在智能工厂中，各机器之间通过交换彼此的信息或使用一个超级控制器来描绘整个网络的拓扑结构及网络中的各种状态信息。所以，工厂内网络需要建立在 IP 网络之上，并且对于时延和丢包率有着确定性的要求。与此同时，工业互联网工厂内网络还要求高可靠性和时间同步。例如，在个性化定制的场景中，就要求现场设备与管理级系统间高实时性、高可靠性进行通信，DetNet 技术能很好地满足此类场景的需求。

DetNet 技术在建筑自动控制中的应用，将有效提升建筑自动控制系统的效率。建筑自动控制系统通过管理整个建筑内的各种设备及传感器，来提高建筑的环境条件、降低能量消

耗，及时发现设备故障和处理紧急情况，如控制一个车间的温湿度、空气质量、安防、门禁等。在工厂控制中通常有两层网络，即上层管理网络和下层现场网络。目前，在管理网络中，通常使用基于IP的通信协议；而在现场网络中，通信技术种类繁多，甚至有企业私有的，导致互通难、集成难。使用DetNet技术，可以有效支持采用不同技术的现场网络与管理网络实时互联。

4. 无线网络

在工厂内，采用无线网络，可以消除线缆对车间内人员羁绊、纠缠等危险，使工厂内环境更安全、整洁，且具有低成本、易部署、易使用、调整灵活等优点。

目前，工业无线网络，主要用于工厂内部信息化、设备信息采集及部分非实时控制等目的，采用Wi-Fi、ZigBee、无线HART、WIA-PA等技术。这些技术主要基于短距标准（如IEEE 802.11）或近距标准（如IEEE 802.15），由于种种原因，尤其是在可靠性、数据传输速度、覆盖距离、移动性等方面的不足，导致在工业领域未能广泛应用。

未来工业互联网，为满足工厂要素全面互联、生产灵活调配的需求，以及一些新的无人操作的诉求（如远程巡检等），对于无线网络有更迫切的需求。工厂内无线网络，将更多采用创新技术，在工业领域逐步渗透，呈现从信息采集到生产控制，从少量部署到广泛应用的发展趋势。

（1）用于免授权频段的蜂窝无线技术MulteFire

1）技术介绍

2015年12月，高通、诺基亚、爱立信、英特尔等公司，联合发起了MulteFire联盟，旨在发展和推广4G LTE技术在免授权频段独立应用。2017年底发布的MulteFire技术1.1版本，增加了覆盖增强特性和窄带物联特性，重点面向在行业领域的专网应用。

MulteFire技术运行在免授权频段（如全球5GHz、2.4G、Sub-1G），实现将LTE的性能优势与Wi-Fi类似的简单性相结合，提供比Wi-Fi更好的网络覆盖（减少网络盲区）、更安全的认证机制及更优异的网络性能，从而获得更好的用户体验，匹配各类工业无线互联业务的核心诉求。

MulteFire网络由终端UE、基站eNB及可选的核心EPC组成，承载业务应用系统，如图1-20所示。

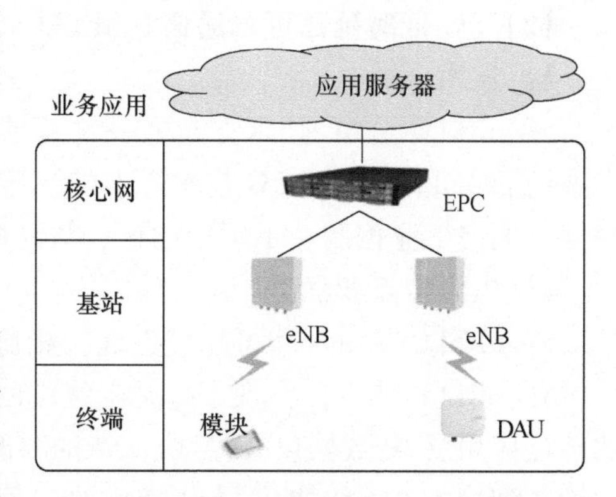

图1-20 MulteFire网络连接示意图

工厂内各种设备，通过集成MulteFire的模块或通过以太网网线连接到支持MulteFire的DAU终端后，接入MulteFire网络。数据通过无线接口传递给基站，进而通过有线IP网络汇聚到核心网，最后转发到应用服务器，实现采集信息、监测数据的上报。业务应用系统生成的分析结果、控制命令等，通过反向数据流，传递到终端设备。

简化的MulteFire还支持免核心网配置，适用于小型区域，不支持设备在基站间切换。

2）主要特点和优势

MulteFire无线网络技术，包括宽带和窄带两个子集：宽带方案LTE-U和窄带物联方案IoT-U。

MulteFire 宽带方案，最多可使用 80MHz 大带宽，具备高传输速度、低时延特性，在覆盖、容量、移动性等方面具备诸多优势。

覆盖距离更远。同等发射功率下，MulteFire 宽带方案覆盖距离是 Wi-Fi 的 2～3 倍。

移动性更好。MulteFire 技术基于蜂窝通信系统设计，可支持高达 160km/h 的移动速度。

容量更大。MulteFire 单小区可以支持 50 个以上的并发终端，并且小区的整体性能不会随着终端数增多而降低。

安全性更高。支持终端和基站之间的双向认证，支持 AES-128/256 位空中接口数据加密，采用 IPsec 确保基站与应用平台间的安全。

完善的**通信服务质量（QoS）保障**机制。通过高级访问控制、无线资源管理、传输资源管理等技术，提供了 9 级的 QoS 等级，确保多业务接入场景下的带宽分配和可靠性需求。

传输时延更低。传输时延最小 20ms，切换时延小于 50ms。

MulteFire 窄带物联方案基于 3GPP NB-IoT 技术修订，适配免授权频段法规约束，除了具备与 MulteFire 宽带方案相同的安全性以外，更具备广覆盖（覆盖半径 0.5～1km）、低功耗（日上报 1 次，每次 200 个字节，2400mA · h 电池待机 10 年）、大连接（单站支持 5000 个设备接入）等优势。

3）适用场景

MulteFire 宽带方案，可满足工厂内的宽带数据传输需求，或者承载对时延敏感的控制类业务，如使能视频监控、AGV 调度、连接扫码枪、巡检仪等手持设备。

2017 年 12 月，全球最大的无人自动化码头开港运行，其自动化核心系统——自动导引集装箱运输车（Automated Guided Vehicle，AGV），无人驾驶控制，由 MulteFire 工业无线网络承载。

MulteFire 窄带物联方案，更适合低传输速度，对时延不敏感，对覆盖、功耗有更高要求的业务，如设备能耗监控、资产跟踪、工厂环境监控等应用。

（2）5G 低时延高可靠通信（uRLLC）技术

1）技术介绍

5G uRLLC 是 5G 技术方向之一，满足高可靠、低时延需求。2016 年初，国际移动通信标准组织 3GPP 启动了 5G 技术标准的制定，5G uRLLC 的特点是高可靠、低时延、极高的可用性，面向工业控制、工厂自动化、智能电网、设备、车联网通信、远程手术等场景。

2）主要特点和优势

5G uRLLC 在时延和可靠性方面，相比之前的蜂窝无线技术，有了极大提升。

5G uRLLC 技术，实现了基站与终端间，上下行均为 0.5ms 的用户面时延。该时延指成功传送应用层 IP 数据包/消息所花费的时间，具体是从发送方无线协议层入口点，经由无线传输，到接收方无线协议层出口点的时间。时延包含上行链路和下行链路两个方向，5G uRLLC 实现低时延的主要技术包括，引入更小的时间资源单位，如微时隙（mini-slot）；上行接入采用免调度许可的机制，终端可直接接入信道；支持异步过程，以节省上行时间同步开销；采用快速 HARQ 和快速动态调度等。

5G uRLLC 当前的可靠性指标：用户面时延 1ms 内，一次传送 32 字节包的可靠性为 99.999%。在 5G 标准最终制定完成时，该指标有望进一步提升。此外，如果时延允许，5G uRLLC 还可以采用重传机制，进一步提高成功率。5G uRLLC 采用的提升可靠性技术包括，

采用更稳健的多天线发射分集机制；采用鲁棒性强的编码和调制阶数（MCS选择），以降低误码率；采用超级鲁棒性信道状态估计。

5G uRLLC还支持基于IEEE 1588v2的同步技术。在运动控制场景下，5G uRLLC可以在由50～100个设备的通信组中，通过无线接口，实现亚微秒级的高精度时间同步。

3）适用场景

5G标准化伊始，西门子、博世等工业企业就积极参与，提出了从运动控制、控制设备互联、移动的生产设备、增强现实等诸多工厂内5G技术的应用场景及需求。

传统上，生产线是相对稳定、长期不变的，因此工厂内对无线的需求不强烈。但在未来工厂中，情况可能会发生重大变化。未来工厂所需要的灵活性、移动性和多用途适用性，只有无线连接才能提供。

5G使工厂生产柔性化。在制造自动化控制系统中，典型的闭环控制过程周期短至毫秒级别，同时对可靠性也有极高的要求。未来工厂中，静态的顺序制造系统，越来越多地被新型的模块化生产系统取代，从而提供更高的灵活性和多用途适用性。5G uRLLC技术在满足高可靠、低时延的基础上，带来生产设备无线连接的灵活性，使得工厂生产系统模块化和柔性制造成为可能，极大降低了生产线重组的时间开销及成本。

基于5G的工业增强现实及远程控制。采用增强现实技术，对生产任务进行分步指引，指导工厂工作人员现场手动装配过程，可以快速满足新生产任务的需求。在恶劣环境下，基于增强现实应用实现人机远程交互与控制，用工业机器人代替人的现场参与。5G的低时延和高速特性，使这些应用成为现实。

5G支持生产设备、移动机器人、AGV等之间的协作。在未来工厂中，移动机器人、AGV起到日益重要的作用。在生产过程中，要求这些智能设备间的密切协同和无碰撞作业，需要以无线方式低时延、高可靠地进行实时数据交换。5G uRLLC技术对于这些设备间的精密协作至关重要，可以大大提升制造效率。

5. 工厂内定位

工业生产中，智能化面临很多问题亟待解决，如资产定位和统计困难、物料与产品的精细化管理、生产安防能力不足等。定位技术实时提供人员、物品的位置信息，是生产智能化的重要使能技术之一。

（1）室外定位技术

卫星定位是广泛应用的室外定位技术，其利用多个卫星的参考信号，确定接收机位置，实现全球范围内提供准确位置坐标。由于卫星定位信号功率低，因此通常只能适用于无遮挡的室外场景。

北斗卫星定位是我国自主研发的全球卫星定位系统，可在全球范围内全天候、全天时为用户提供高精度、高可靠的定位、导航、授时服务，同时提供短报文通信，定位精度为10m，测速精度为0.2m/s。如果再采用地基增强技术，定位精度甚至可提高到厘米级。

卫星定位适用于工业室外定位场景，特别是大型企业，如油田、港口、电厂、物流等，可为企业实现车辆定位和导航，大范围作业管理、大型机械自动化控制等功能，有效提高大规模厂区内人员、设备动态监控和智能化管理能力。

（2）室内定位技术

室内定位是指，在室内环境下，实现人或物体的位置定位技术。大量的工业生产主要集

中在室内，卫星定位由于信号受建筑物阻挡大，定位精度低，无法满足工业室内应用需求。室内定位主要采用无线信号传输、非可见光传输、惯导定位等技术，实现室内的位置监控。

1）Wi-Fi 定位技术

Wi-Fi 定位是利用 WLAN 信号，基于无线信号强弱，来实现定位的技术。定位算法分为，传播模型法和信号强度指纹法。传播模型法，可实现 5～10m 的定位精度。信号强度指纹法，可实现 3～6m 的定位精度，但需采集大量指纹特征，当室内环境复杂多变时，指纹库维护成本较高。

Wi-Fi 定位可利用企业现有 WLAN，增加位置计算服务器，完成人员和资产的定位。定位终端只需支持 Wi-Fi 功能，因此 Wi-Fi 定位成本较低。Wi-Fi 定位支持网络端被动定位，向企业提供人、物品位置信息，提高企业智能化水平。

另一方面，如果工厂 Wi-Fi 热点密度不满足定位要求，则定位精度会明显下降。此外，Wi-Fi 终端定位器能耗较高。

Wi-Fi 定位支持覆盖半径 90m 以内的区域，适用于对定位精度要求不高，并且已部署 WLAN 的工业场景。由于 WLAN 支持无线数据传输，因此 Wi-Fi 定位可以实现数据通信与无线定位的有效融合，大大节约企业成本。

2）蓝牙定位技术

蓝牙定位是利用蓝牙无线传输，基于无线信号强弱实现定位的技术。蓝牙定位算法与 Wi-Fi 的相似，这里不再赘述。

蓝牙定位终端支持蓝牙 4.0 协议，成本低、体积小。如果工厂内每 30～50m^2 部署一台定位信标，可实现 1～3m 的定位精度。蓝牙定位支持覆盖半径 100m 以内的区域，适用于主动定位场景，即定位终端主动发起定位请求实现终端定位，如工厂内导航、员工考勤和监控及服务领域等。但是，蓝牙定位无法实现网络端定位，不能由服务端主动发起终端定位。

3）RFID 定位技术

RFID 定位是采用射频识别技术、通过 RFID 信号识别终端的定位技术。该定位由阅读器获取终端数据，采用 RSSI 或 TDOA 计算方法，实现终端位置的计算。

RFID 定位可识别距离小，支持覆盖半径 30m 以内的区域。另一方面，RFID 定位精度高，可实现厘米级定位，终端标签成本低、能耗小。

RFID 定位支持网络端被动定位，适用于库房物料管理，流水线加工对象识别及操作监控，满足企业自动化生产、智能库存管理等需求。

4）UWB 定位技术

UWB 定位是采用超带宽无线通信的定位技术。所谓超带宽通信，是指通过发送和接收纳秒或纳秒级以下的极窄脉冲传输数据，从而具有 GHz 带宽的无线通信技术。

UWB 定位精度可达 5～10cm，具有精度高、功耗低、抗多径、安全性高、复杂度低等优点。另一方面，UWB 定位信号传输距离约 10m，穿透能力弱，无法穿透混凝土墙体。同时，为保证定位精度，需要任意时刻有四个基站接收到标签发出的脉冲信号，因此 UWB 定位建设成本较高。

UWB 定位技术适用于小范围内的高精度的物料、半成品、工具、人员定位的工业场景，如装配车间部件高精度定位、智能仓储和物料定位管理和生产可视化管理等。

5）基站定位技术

基站定位是基于4G/5G通信网络和移动通信技术，有效提高定位精度的定位技术。该技术采用TDOA算法，通过移动通信下行链路，实现终端的位置计算。

基站定位支持半径为1～10km的定位区域，可实现3m的定位精度，特殊场景下支持1m的定位精度。基站定位源于蜂窝通信网络，在定位基础上，实现宽带移动通信与室内定位的有效合一，同时支持室外与室内无缝覆盖。

基站定位可实现广域覆盖，适用于大型企业。特别是，企业存在宽带移动接入或物联网接入需求时，通过部署蜂窝网络，同时满足通信与定位的需求，大大降低企业建设成本。

（3）融合定位技术

工业生产环境复杂，单一定位技术往往无法满足工业各领域对精度、覆盖、成本等的要求。而且，工厂范围内WLAN、蓝牙网络、蜂窝网络等可能共存。因此，未来企业内的定位系统很可能是以融合定位技术为核心的异构架构（见图1-21），包括室内定位与室外定位的有机融合、多种室内定位技术融合，从而提供广覆盖、多场景、连续无缝、高精度的定位。

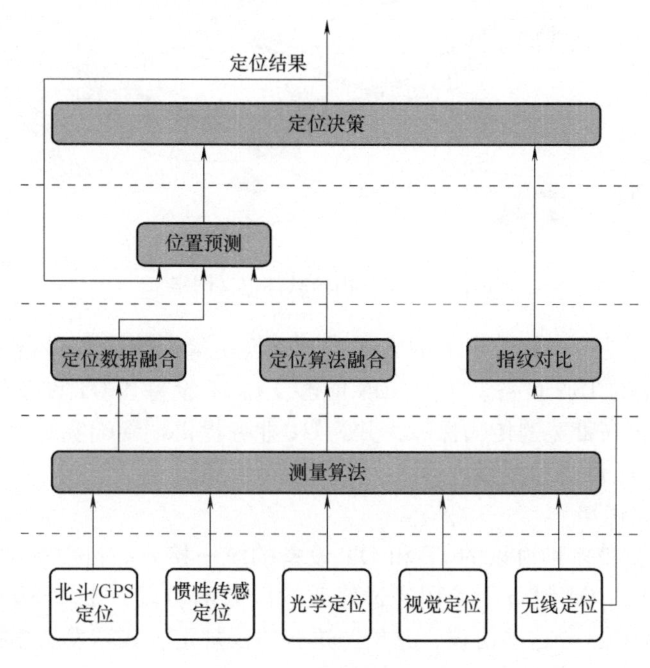

图1-21　融合定位机制

融合定位技术需要建立一体化融合的异构体系架构，通过有效评估和决策机制，输出最优的定位结果。融合定位技术需要支持多层次的融合，包括室内与室外定位融合、不同定位技术融合、不同定位数据融合、基本定位与辅助定位融合等。此外，融合定位需要支持反馈式决策机制，即实现实际位置结果和预测结果之间的反馈机制，从而提高定位的可靠性和稳定性。

6. 敏捷网络/工业SDN

（1）技术介绍

目前的工厂内的信息网络（即IT网络）和控制网络（即OT网络）相互独立运行，网络拓扑刚性、跨网络的信息交互和管理十分困难。工业软件定义网络（Software-Defined Networking，SDN），就是借鉴了软件定义网络的思想，为实现 IT 网络与 OT 网络的深度融合，构建柔性、灵活和敏捷的工业网络，而提出来的。

工业 SDN 由多种协议的终端设备、可编程的工业 SDN 交换机和集中式的工业 SDN 控制器构成。终端设备通过北向接口向工业 SDN 控制器提交数据的流量特征和传输需求，集中式的工业 SDN 控制器根据流量特征和传输需求，生成工业 SDN 的转发规则，通过标准化的南向接口下达到工业 SDN 交换机中执行，如图 1-22 所示。

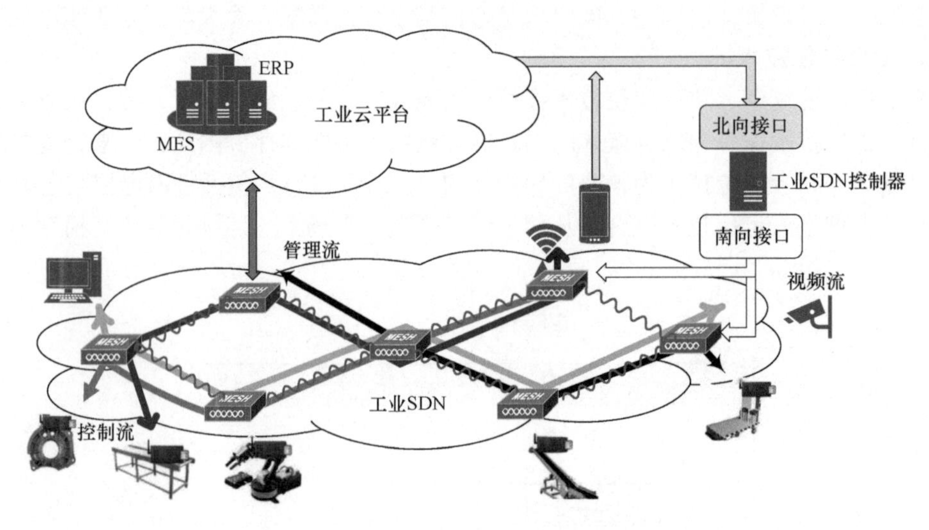

图 1-22　工厂内的软件定义网络

工业 SDN 的核心是通过软件定义的方式，对交换机等网络设备进行管理和配置，同样也可以支持面向未来的 TSN 设备。工业 SDN 能够支持 IT 设备和 OT 设备的统一接入和灵活组网，为 IT 业务提供高带宽的传输保障，并为 OT 业务提供端到端实时性的保障。通过工业 SDN，可以对 IT 和 OT 设备和流量进行统一的监控和管理。

（2）主要特点和优势

工业 SDN 技术支持多种协议的 IT 和 OT 设备的统一接入。目前的 IT 设备普遍适用标准的 IP 和以太网协议，OT 设备则使用经过修改的以太网协议，工业 SDN 技术能够通过可编程序的交换机识别和区分这些协议，并按照这些协议规定方式转发数据报文，实现多种协议设备的统一接入。

工业 SDN 技术支持设备的灵活组网。当生产过程根据原料、订单或环境的变化发生改变时，设备之间的联网和通信关系也会发生改变。工业 SDN 使用软件定义的方式重新修改交换机中的转发规则，使之能够快速适应新的联网方式和通信关系，实现设备的灵活组网。

工业 SDN 技术同时满足 IT 和 OT 业务的传输需求。工厂内的 IT 业务一般需要比较高的带宽，而 OT 业务往往对实时性和可靠性有明确的要求。工业 SDN 集中式的控制器能够按照不同的传输需求，对整个网络中的资源进行统一调配，通过带宽限制和优先级配置等方式进行管理，满足不同业务的传输需求。

工业 SDN 技术有助于实现工厂全网的可视化管理。工业 SDN 构建了扁平化的工厂内网络架构，网络终端设备和网络转发设备能够被统一高效地管理起来，工业 SDN 控制器能够

在线检测设备入网情况；通过流量的跟踪，分析网络故障；通过异常流量监控，提高网络安全性；为整个 IT&OT 融合网络提供统一的拓扑管理、警报管理、性能管理、审计管理、报表管理等功能。

（3）适用场景

工业 SDN 在能够保证工业控制业务实时性与可靠性的前提下，提高了网络的灵活性，适合在生产设备经常发生变化的场景中使用，如个性化定制或批量定制生产。

在个性化定制或批量定制生产中，生产过程会根据订单的切换而发生变化，导致生产设备的管理和控制逻辑发生变化，进而影响设备之间的通信关系。与传统工业控制网络往往需要重新组态不同，工业 SDN 可以支持设备的灵活组网，重新组网之后的管理和控制业务同样可以得到相应的传输保障。同时，工业 SDN 具备网络的统一接入和管理能力，能够快速发现设备重新组网时出现的问题，指导现场人员快速进行处理。

1.2.2 工厂外网

1. 现状

由于工业中不同行业和领域信息化发展水平不一，对工业化数据信息开发利用的广度、深度不尽相同，因此存在着工厂外网络建设和发展不均衡，部分工业企业仅申请了普通的互联网接入，部分工业企业的不同区域之间仍存在信息孤岛的现象。

2. 发展趋势

随着工业网络化、智能化的发展，工厂内的系统与应用逐步向外扩展，工业互联网工厂外网络的服务呈现普遍化、精细化、灵活化的趋势。

工厂外网络服务普遍化。传统工厂外网络主要提供商业信息的沟通，企业的信息系统也都部署在工厂内网络上，工厂外网络连接对象少、服务单一。随着云平台技术的发展，一些企业信息系统（如 ERP、CRM 等）正在外网化，越来越多的 IT 软件也都基于互联网上的云提供服务。随着工业产品和装备的远程服务业务的发展，未来海量设备的远程监控、维修、管理、优化等业务都将基于工厂外网络开展。

工厂外网络服务精细化。工业互联网工厂外网络将实现全产业链、价值链的泛在互联，复杂多样的连接场景促进了服务的精细化发展：一方面，海量设备的连接需求，推动了工厂外移动网络的建设和广覆盖服务的快速发展；另一方面，企业上网需求向上云需求的转变，促使专线服务精细化，新的企业专线技术将针对企业上网、业务系统上云、公有云与私有云互通等不同场景提供细分服务。

工厂外网络服务灵活化。网络虚拟化、软件化的发展，提高网络服务的灵活性，使得工厂外网络将能够根据企业要求快速开通服务，快速调整业务；大量移动通信网络技术的应用，提高了网络接入的便捷程度和部署速度，为企业实现广泛互联提供更灵活的方式选择。

3. 企业专线

（1）现状及趋势

工业实体的广域互联网业务需求主要包括以下几个方面：

- 工业实体的互联网接入需求。
- 工业实体跨区域之间的互联与隔离需求。
- 工业网络与混合云互联的需求。

- 工业互联网对广域承载网络的差异化需求（QoS、安全/保护等）。

当前，满足以上需求的运营商专线业务主要包括，MPLS VPN 专线、基于 OTN 的光网专线。

MPLS VPN（见图 1-23），为用户在公共 MPLS 网络上构建企业的虚拟专网，满足不同城市（国际、国内）分支机构间安全、快速、可靠的工业化通信需求，并能够支持办公、数据、语音、图像等高质量、高可靠性要求的多媒体业务。

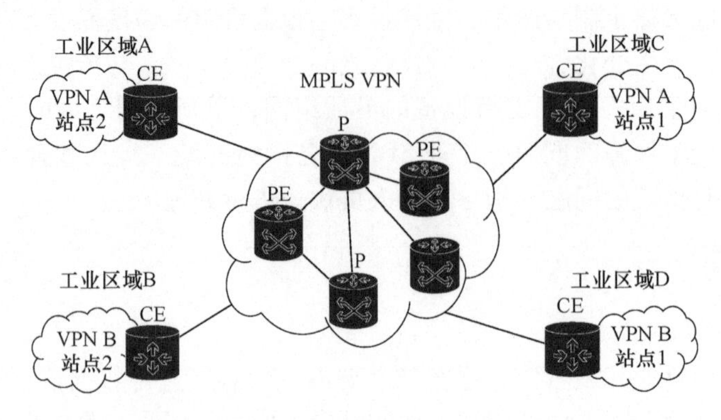

图 1-23　MPLS VPN

MPLS VPN 基于 IP、高速标签转发技术实现，可以通过 QoS 位的设置，实现业务等级的区分及质量服务保障。

基于 OTN 的智能光网络是大颗粒宽带业务传送的理想解决方案，如果企业外部专网的主要调度颗粒达到 Gbit/s 量级，可以考虑优先采用 OTN 技术进行网络构建。

随着企业网应用需求的增加，大型企业也有了大颗粒的电路调度需求，引入 OTN 技术可以实现大颗粒电路的调度灵活性。相比 MPLS VPN，OTN 技术可以实现端到端的物理专网，在大带宽承载（Gbit/s 量级以上）、对数据和业务的可靠性及安全性要求更高的特定企业更具备吸引力。

此外，新兴的 SD-WAN、CloudVPN 等技术，可以与已有技术互补，整合各类专线资源，并通过统一的能力开放调用平台，对用户形成透明、一体化的，能屏蔽部分技术复杂性的工厂外网解决方案，更经济地满足企业对专线业务快速变化的需求。

（2）云化虚拟专用网络（CloudVPN）

CloudVPN 是新一代企业专线网络解决方案，以云服务为中心重新定义了企业互联，将业务部署工作最大地进行了简化。CloudVPN 可以将传统上以周或月为单位的开通及调整 VPN 的时间，降低到分钟级，从而可提供便捷灵活的业务选择，实现即需即用的企业互联。

CloudVPN 的云专线解决方案包括基础网络设备层、管理控制层、协同层及用户界面。运营商专线接入能力封装为简单的 OpenAPI，支持开发者应用通过直接调用接口实现企业专线服务、因特网接入专线等业务的快速订购、开通、按需调整。

CloudVPN（见图 1-24）按需实时开通和弹性扩容：支持工业环境中远程教育、数据互通、视频会议等专线网络带宽的实时调整。

（3）软件定义广域网（SD-WAN）

SD-WAN 是一种将新型 SDN 技术，应用于广域网场景所形成的一种外网互联服务。这

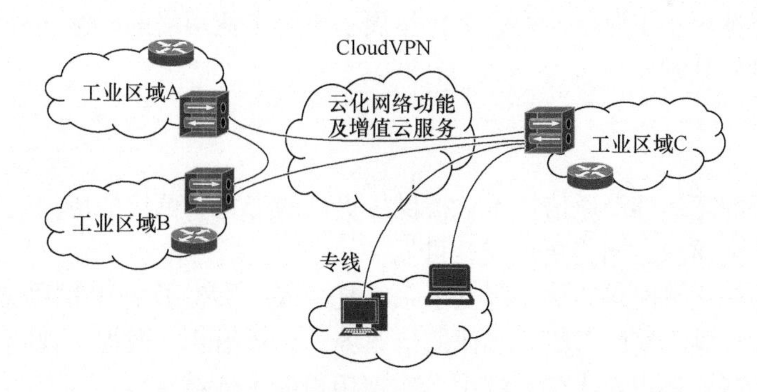

图 1-24 面向即需即用的 CloudVPN

种服务用于连接广阔地理范畴上的企业网络（见图 1-25）、数据中心、互联网应用及云服务。

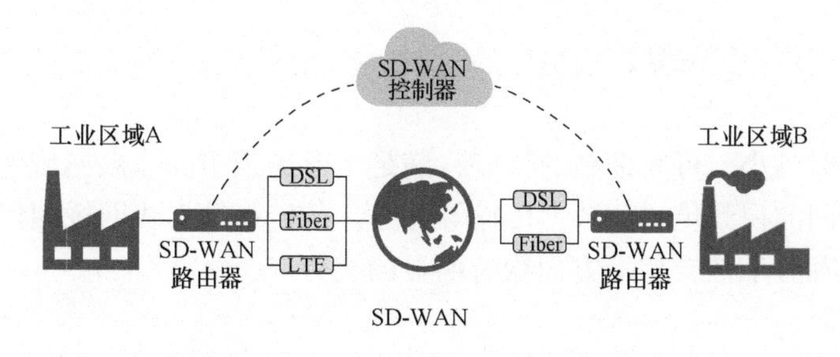

图 1-25 基于 SD-WAN 技术的企业专线

SD-WAN 的技术特点包括以下 4 点：

- SD-WAN 将硬件网络的控制能力通过软件方式进行云化，从而支持用户可感知的网络能力开放。
- 引入 SD-WAN 技术，降低了用户侧广域网运营维护的复杂度和技术门槛。
- SD-WAN 技术具备高度自助服务能力，用户可自助开通、修改、调整专网互联的参数。SD-WAN 的核心理念是用户的组网需求与组网意向，可以通过通信服务商提供的集中控制编排器进行翻译并实现管理，屏蔽了底层网络技术的复杂性。
- SD-WAN 支持网络随选（可以采用包括互联网在内的多种不同方式进行接入，其他接入方式如 OTN、其他专线等），接入设备一般在用户侧，业务区分点在用户侧；支持用户通过自助界面进行灵活业务调整。

SD-WAN 技术具备网络随选和运维灵活的优点，但由于其虚拟专网可能基于互联网接入实现，导致存在受到网络攻击和数据安全方面的一些隐患，需要通过加密协议实现端到端的加密。

4. 移动通信网络

随着工业互联网的发展，工业生产过程已不仅局限在工厂内，开始逐步通过工厂外网络，将工业生产与互联网业务模式、工厂和产品及客户之间进行深度融合。在一些生产过程中，工厂与厂外设备、传感器间的通信需求也大幅增长。

在这些场景中，移动通信网络由于广覆盖、高速率、网络可靠性高和产业链成熟等特点，已经越来越多地用于工业生产中，极大拓展了传统工业网络的内涵和外延，为工业互联网的发展提供了良好基础。

（1）LTE

1）技术介绍

LTE 是新一代的宽带移动通信技术，提供了更高的带宽和更快的传输速度。LTE 网络可以保证各种业务服务质量，网络更加安全可靠。

LTE 网络架构简化了网络架构，降低了系统复杂度、实现了全 IP 网络架构。

LTE 网络可以提供丰富的无线多媒体通信服务，包括语音、数据、视频等业务，让用户可以在任何时间、任何地点接入到系统中，实现用户的永远在线。

2）主要特点和优势

LTE 已具备从终端、系统及核心网较完善的商用产业链布局。LTE 是全球唯一主流的 4G 标准，全球约 200 个国家和地区的运营商提供 LTE 网络服务，实现网络无缝漫游，具备成熟的产业链支持。

LTE 网络可以用较少的基站覆盖更广的区域，单站的覆盖范围最多可支持十几公里甚至几十公里。

LTE 网络具有时延小、可靠性高的特点，满足工业场景中高速数据传输要求，可以通过 LTE 网络实现工厂间的视频传输、数据传输等业务。与传统的无线网桥相比，LTE 网络在覆盖范围、传输带宽和移动的支持等方面均有明显的优势。

3）适用场景

以 LTE 网络为代表的移动通信网络，可满足工业互联网工厂外网络普遍覆盖和高速传输的需求，实现 IT 系统与互联网的融合、企业专网与互联网的融合等。

LTE 网络可以提供高可性、大带宽、低时延的连接，满足工厂与公有云之间的数据传输。此外，工厂间的信息系统，如 CRM、ERP 等，甚至 SCADA 等，也可以通过 LTE 网络实现互联。

（2）窄带物联网（NB-IoT）

1）技术介绍

NB-IoT 基于 LTE 核心网网络架构，通过对 LTE 网络架构的优化满足了物联网应用中大连接、小数据、低功耗、低成本、深度覆盖等需求。

为了提升小数据的传输效率，NB-IoT 系统对现有 LTE 处理流程进行了增强，支持两种优化的小数据传输方案，可以使用控制信令来传输 IP 数据或非 IP 数据，也可以通过简化信令过程快速重建连接来传输数据。

2）主要特点和优势

NB-IoT 系统，是 3GPP 根据物联网业务的特点，对 LTE 技术进行优化或简化而来的，以达到降低系统复杂度和终端功耗，节省开销，以及支持覆盖增强和更有效的小数据传输等一系列目的。

NB-IoT 系统主要对现有 LTE 系统的接口和功能进行了优化，并引入了业务能力开放单元优化小数据传输和支持非 IP 数据传输，根据物联网业务的特点，对 LTE 的机制进行了优化，增强了 NB-IoT 系统的安全控制。

NB-IoT 技术实现了低功耗设备在广域网的蜂窝数据连接，实现了对待机时间和覆盖有

较高要求设备的高效连接。具有覆盖广、连接多、速率低、成本低、功耗少、架构优等特点。

3）适用场景

在工业互联网中，及时了解工厂外设备或产品的运行情况至关重要。利用NB-IoT技术的低功耗和广覆盖特性，工厂可以收集工厂外设备或产品整个生命周期的操作情况、运行状态、工况状态、环境参数，通过进一步分析，实现对制造设备的实时监控、故障检测和诊断、预测性维护、整体设备效率、质量检测、能耗管理、人员安全监管等，从而可以对整个生产过程进行优化，还可以满足工厂对服务化转型升级的需求。

（3）5G

1）技术介绍

3GPP的5G定义了3类应用场景：增强型移动宽带（eMBB），大规模机器类通信（mMTC），低时延高可靠通信（uRLLC）。其中，eMBB场景可支撑工业互联网逐渐兴起的大流量业务，如虚拟工厂和高清视频远程维护等，大规模机器通信场景主要针对海量的现场设备通信。

5G网络是控制和转发分离的网络。转发面，更专注业务数据的高效路由转发，具有简单、稳定和高性能等特性，以满足未来海量移动流量的转发需求。控制面，则采用逻辑集中的方式，实现统一的策略控制，保证灵活的流量调度和连接管理。集中部署的控制面通过移动流控制接口实现对转发面的可编程控制。

5G核心网支持低时延、大容量和高速的各种业务，核心网转发平面进一步简化下沉，同时将业务存储和计算能力从网络中心下移到网络边缘，以支持高流量和低时延的业务要求，以及灵活均衡的流量负载调度功能。

2）主要特点和优势

5G网络是基于控制转发分离和控制功能重构的新型网络，提高了接入网在面向5G复杂场景下的整体接入性能，具有简化的核心网结构，可提供灵活高效的控制转发功能，能支持高智能运营，具备开放网络能力，从而提升全网整体服务水平。

控制面和转发面的分离，使网络架构更加扁平化，网关设备可采用分布式的部署方式，从而有效地降低业务的传输时延。

多样化的业务场景对5G网络有多样化的性能要求和功能要求。5G网络具备向业务场景适配的能力，针对每种5G业务场景提供恰到好处的网络控制功能和性能保证，实现按需组网的目标。

3）适用场景

5G为工业互联网提供更可靠、更开放、按需定制的网络。5G网络将更好地支撑工业互联网逐渐兴起的大流量业务，如虚拟工厂和高清视频远程维护等业务。5G网络还支持工厂内、外的大量设备监控，如各类设备的远程监控和控制、无线视频监控的远程控制，远程监测并上报环境参数和控制机械的数据，满足工业互联网应用需求。

1.2.3 工业互联网部署与演进

1. 总体原则

工业互联网的业务发展，对网络基础设施提出了更高的要求和需求。总体上，网络的部署与演进，需要匹配企业业务系统的部署与演进，需要遵循以下原则：

（1）网络作为基础设施，需要与业务系统统一规划，同时需要考虑未来的演进

一方面，网络为业务系统提供支撑；另一方面，网络并不依附于特定的业务系统，即一个网络可以为多个业务系统提供支撑，如一个覆盖厂区的无线网络，同时为安全巡检、设备监测、视频监控等业务应用提供支撑。

（2）网络部署需要整体规划，避免传统的网络物理隔离及碎片化

互联互通是工业互联网的基本要求，为了避免形成新的孤岛及技术绑定，在进行网络规划时应考虑，在条件允许的情况下，尽量采用面向未来的通用的网络连接技术。

（3）工厂内、外网络需要统一协调，但可以技术解耦，分开演进

不管是工厂内还是工厂外网络，都是为了端到端地支撑企业业务系统。不管是在企业业务系统上云的场景，还是总部集中部署的数据中心为所有分支机构提供服务的场景，都需要企业内外网络的统一协调。

2. 工厂内网

具体而言，工厂内网络，需要解决的是怎么建、怎么管的问题。

首先，建立工厂内骨干网络，搭建网络互联架构，使得各业务网络与数据中心，以及各业务网络间实现互联互通。伴随着分散在各网络中的企业业务系统服务器，集中部署到企业数据中心，工厂内网络架构也需要进行调整。

工厂内网的难点，在于工厂内边缘网络的演进，需要结合实际情况，制定针对性策略。总体而言，主要有以下两种模式：

新建模式。在已有网络难以满足新业务需求时，**新建支撑新业务流程的网络及相关设备**，如在已有的工业控制网络与办公网络的基础上新增安全监控网络。再比如，为了更深入地分析质量问题根因，需要更全面采集生产现场数据及动态调优，需要部署新的监测设备、传感设备、执行设备等，已有的控制网络可能难以满足需求，此时可以新建一个叠加网络连接新部署的设备。又比如，对在制品，通过内嵌通信模块或附加标签等方式，与工业系统进行信息交互。

升级模式。对已有设备进行升级，并相应地对已有网络进行升级。这种模式下主要问题是如何处理设备升级和网络升级两者间的关系。

对于现有工业装备或装置，如机床、产线等，如果当前网络连接技术能够满足业务需求，主要问题在于打破数据孤岛，可以采用在边缘网络部署网关，将传统的网络连接技术，转接为通过的网络连接技术，连接到工厂骨干网络。对于当前的网络连接技术已不能满足业务需求的，如已有的总线传输速度难以满足预测性维护的需求时，将设备的通信接口进行改造，并相应地将网络升级为以太网。此外，在对生产线设备进行升级换代，可根据新产线设备支持的网络接口，对网络进行升级。

进行网络升级时，选用何种网络技术，需要结合具体场景考虑，如通信需求、现场布线、电源供应等，并充分考虑工厂内网络的融合、开放、灵活等趋势：如针对生产装备或装置，可以利用现有已部署的双绞线升级为单对双绞线以太网，也可以考虑增加无线接口部署无线网络；针对监测设备，如果实时性要求不高，可以采用无线技术。

升级模式下，对设备的升级和网络的升级应该统一考虑：在设备升级时，应考虑新设备对更面向未来的网络连接技术的支持；相应的，根据业务需求及设备支持的接口情况，重新

部署网络。

不管是部署新的网络，还是对已有网络进行升级替换时，都需要考虑网络设备对 SDN 特性的支持。

3. 工厂外网

工厂外网络，通常基于公众通信网络，工业企业面临的是怎么用的问题。这主要有以下两方面：

随着工业互联网的发展，智能工厂与工厂外实体的联系日益密切，尤其是当工厂的部分业务系统上云后，**工业企业应该对上云专线更加重视**。

此外，出厂设备与工厂的连接，是服务化转型的基础，当前的蜂窝移动技术，已具备覆盖完善、产业链成熟等优点。**对于出厂设备的上网连接，工业企业可以优先考虑采用移动蜂窝技术**。

任务 1.3　数据互通知识认知

工业互联网中的数据互通，实现数据和信息在各要素间、各系统间的无缝传递，使得异构系统在数据层面能相互“理解”，从而实现数据互操作与信息集成。

工业互联网要求打破信息孤岛，实现数据的跨系统互通、融合分析。因此，数据互通的连接层，一方面能支撑各种工厂要素、出厂产品等产生的底层数据向数据中心的汇聚；另一方面能为上层应用提供对多源异构系统数据的访问接口，支撑工业应用的快速开发与部署。

1.3.1　现状、发展趋势

1. 现状

据不完全统计，目前国际上现存的总线/工业以太网协议数量高达四十余种。还存在一些自动化控制企业，直接采用私有协议实现全系列工业设备的信息交互。在这样的产业生态下，形成了一个个竖井型的业务系统，同一个系统内的数据可以一定程度地互通，但跨系统的数据互通非常困难。

为了解决数据互通的问题，很多行业企业已纷纷在自己的业务范围内，为用户提供一揽子解决方案，可以实现数据互通。但这种方式仍然只是将一个个小的竖井系统变成了稍大型竖井系统，并没有从根本上解决数据互通的问题。而且用户的所有业务系统，也很难全部依赖一两家供应商的产品来完成。

2. 发展趋势

随着工业互联网的发展，企业对数据互通的需求越来越强烈，呈现以下趋势：

一是，实现信息的标准化。在传统的工业控制系统中，为了满足最基本的工艺管理需求，数据被固化在明确的因果关系内。例如 PLC 控制过程，有明确固定的处理对象，数据信息只会在固定的设备间流动。而工业互联网对数据处理的主体更广泛，如采用大数据分析进行设备故障诊断，需要跨系统的对数据进行理解和集成，这就要求数据的存储与传输更加通用化与标准化。

二是，加强与云的连接。借助云平台，不仅可以利用专家经验共享、智能决策库，提高运维领域的装备管理水平、降低运营成本，还可以通过数据集的切分和规律查找，帮助实现人员投入及控制过程的节能提效；不仅可以利用大数据分析结果使能制造企业提供针对性营销、定向研发、智能维保等服务，还可以预测设备未来可能出现故障的时间，提供避免风险的解决方案、消除设备故障停机给客户带来的损失。

三是，强调与现场级设备的互通。在传统的工业生产过程中，设备与设备往往独立操作。而工业互联网智能工厂的核心，就是要打通现场设备层，将智能装备通过通信技术有机地连接起来，实现企业内资源的垂直整合。设备与设备之间的沟通与互联已成大势，未来设备与设备之间或物与物之间的互通互联的数量将远远超过人之间的互联。

因此，为了满足数据互通的需求，业界进行了一系列建立统一数据互通方式的努力，希望能使用一整套接口、属性和方法的标准集，提供工业互联网工厂系统中各系统、各单元数据的无缝集成。

1.3.2 典型技术

1. 面向工业现场设备的 OPC UA

（1）技术介绍

在现实的智慧工厂建设时，数据互通是不可忽略的第一个障碍。特别在工业现场的数据采集、传输与运营中，需要对运行的机器状态、生产能耗、质量及生产相关参数进行采集，不管上层架构如何能够进行智能分析与优化，如果缺乏统一的标准与信息模型就会陷入无米之炊的困境。

OPC UA 是一套安全、可靠且独立于制造商和平台，可使不同操作系统和不同制造商的设备之间可以进行数据交互，适用于工业通信的数据交互规范。OPC UA 的目的是为工厂车间和企业之间的数据和信息传递提供一个与平台无关的互操作性标准。

面对工厂中各种生产设备异构接口及信息模型异构的问题，OPC UA 通过地址空间建模及面向服务的架构为搭建智能工厂提供了解决方案。OPC UA 可以促进企业纵向集成，解决企业内部的信息孤岛，在实现信息网络与物理设备之间的连通方面具有十分广阔的应用前景。

目前，OPC UA 技术还正在积极考虑与 TSN 等技术进行结合，提高数据互联的实时性和可靠性，向现场设备端延伸。

（2）主要特点和优势

OPC UA 作为工业 4.0 参考架构模型中唯一推荐的通信层实现方法，可以解决智能设备研发及使用过程中面临的多数据源互通的集成问题。OPC UA 的基础是传输机制和数据建模，即如何兼容各种设备异构的接口及通信协议，以及如何统一异构设备之间的信息模型。

OPC UA 传输机制：解决复杂设备的互联互通。设备之间之所以难以实现互联互通，是因为数据总是在不同的系统、不同的语言、不同的通信协议之间流转。OPC UA 提供了一套安全、可靠的信息交换技术，独立于生产或提供具体应用程序的供应商和系统供应商。OPC UA 的通信独立于具体的编程语言，也独立于应用程序运行的操作系统，是一种不与专有技术或供应商绑定的开放式标准。OPC UA 在整体上使得工厂的各个环节的横向与纵向数据实现了透明交互，并且配置效率更高，程序与应用模块化更强，使得工厂组织更为便利，即使面对复杂的变化，也可以实现快速的切换。

OPC UA 信息模型：解决面向生产过程的信息模型异构。数据收集到了，如何使用呢？

例如，当想实现机器人与数控机床的协同工作时，首先需要清楚两者间需要哪些数据来保证它们之间的工作一致性。OPC UA 信息模型从应用层提供了一种解决方案。OPC UA 提供了生产过程中的数据及其语义，利用服务为其提供标准的接口，实现服务与设备的解耦。由于建立在一个基本模型上，OPC UA 信息模型具有很高的灵活性，包括标准化的信息模型或供应商特有的信息模型，不仅数据以互操作形式交互，而且还具有明确被定义的语义。

（3）适用场景

工业互联网需要在企业内部建立各环节信息的无缝链接，沿信息流实现底层设备、控制层、MES 至 ERP 的纵向集成。纵向集成主要解决企业内部的信息孤岛问题，解决信息网络与物理设备之间的联通问题。

如图 1-26 所示，信息通过级联的 OPC UA 组件，安全、可靠地从生产层传输到 ERP 系统中。现场设备层的嵌入式 OPC UA 服务器和企业层中 ERP 系统内的集成式 OPC UA 客户端直接相互连接。同时 OPC UA 可以将历史数据上传至云端，实现数据的远端管理。从而构建了一个具有工业 4.0 能力的系统或一个独立于存储数据位置的信息物理系统（Cyber-Physical Systems，CPS）。OPC UA 提供了一个具有无与伦比的统一性、跨层的安全性和可扩展的架构，从而确保了信息的双向联通。

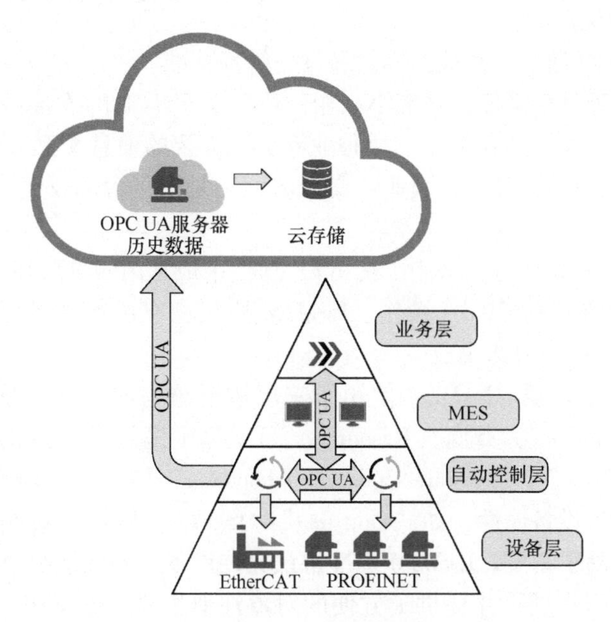

图 1-26　OPC UA 部署

2. 面向轻量级设备的 LightweightM2M

（1）技术介绍

LightweightM2M（简称 LwM2M），是一种轻量级的物联网设备管理协议，由国际标准组织开放移动联盟（Open Mobile Alliance，OMA）制定。协议定义了终端设备和物联网服务平台/业务应用之间的接口标准，尤其适合工业领域的各种计量设备或仪表。此类设备通常是资源非常受限的嵌入式终端，无 UI，计算能力和网络通信能力都有限，而且数量巨大、种类众多，尤其需要一种通用的轻量级设备管理协议。

LwM2M 协议架构被设计为客户/服务（Client/Server）模式，物联网服务平台/业务应用实现 LwM2M 服务器功能，LwM2M 客户端通常被部署于受限制的物联网设备之中，负责上报信息及执行服务器的命令。

LwM2M 协议定义了一系列通用的设备管理和服务管理的操作，如设备启动、恢复出厂设置、设备配置、固件/软件升级、设备诊断、设备锁定和数据擦除、远程命令的下发执行、连接管理等。

LwM2M 提供了请求/响应和订阅/发布两种业务交互机制，支持多样化数据上报方式：使用请求/响应机制，执行如平台读取设备数据、下发执行命令、设置设备参数等操作；使用订阅/发布机制，实现设备数据采用周期性或阈值触发的方式，进行自动上报。

LwM2M 将设备的能力属性，抽象为开放的对象模型，支持对于特定设备定义可扩展的管理对象。同时，LwM2M 还面向整个物联网产业，提供了“对象注册表”的方式，支持对第三方扩展的对象进行注册和维护。

LwM2M 属于应用层协议，基于由 IETF 所制定的受限应用协议（Constrained Application Protocol，CoAP）协议承载，可进行 DTLS 安全保护，通过 UDP/IP 或 SMS 传送。

LwM2M 作为一种轻量级的物联网设备管理协议，当前已被业界广泛采用，如微软公司 Azure 平台、华为公司 OceanConnect 平台，以及 ARM、三星公司的物联网芯片等。

（2）主要特点和优势

LwM2M 提供了一种通用、开放的轻量级设备管理标准。

轻量级，对设备硬件要求低，功耗小。相比传统基于 TCP 的连接协议，LwM2M 在传输层基于 UDP，协议业务交互机制简洁，每种业务交互需要的消息交互数都尽量缩减到最少。LwM2M 消息载荷格式简洁，且大多数业务交互流程都是由平台侧发起，可以最大限度地降低终端设备功耗。

易于系统集成。LwM2M 协议采用了在 WEB 通信中最常用的 RESTful 架构，所有对设备的访问均被抽象为对资源的 CRUD 操作。LwM2M 协议已有成熟的开源项目，开源许可证（License）商业友好，适合快速集成。

强大的对象和资源模型。LwM2M 使用了三层树形结构的数据模型：对象（Objects）、对象实例（Object Instance）、资源（Resource）。LwM2M 提供了通用的设备管理对象，如“Access Control”“Device”“Firmware Update”“Location”“Connectivity Monitoring”等，支持多样化格式用于描述设备属性，如“Pain text”“JSON”“TLV”“opaque”等。

协议设计开放，易于拓展。LwM2M 标准协议允许设备厂商或组织根据自己的设备属性，设计新的对象模型进行扩展，并提供了方便的对象注册工具，支持将自定义对象注册为标准。目前，由第三方注册的对象，已有一百多个，如“Digital Input”“Digital Output”“Analogue Input”“Analogue Output”“Temperature Sensor”“Actuation”“Light Control”等大量的工业领域常用设备的对象模型。现有很多工业现场协议定义的数据模型，也很容易移植和注册到 LwM2M 支持的对象列表中。

（3）适用场景

对于未来工厂，将各环节设备进行全面连接，支撑工业用户对设计、生产和运维等过程进行全生命周期管理，从而实现降低成本、提高效率、保障安全的目标，正逐步形成趋势。

为此，当前工业现场中正越来越多地使用各种计量设备或仪表，这些设备功能相对单一（如可能仅为了上报数据或示数），对设备硬件成本和功耗敏感。此外，工业企业面临生产

服务化的转型，未来的出场设备，可能广泛采用移动网络连接，对于通信流量敏感。LwM2M 的消息交互过程简洁、数据格式精炼，适合资源受限型的轻量级设备连接到平台。在未来工厂中，LwM2M 协议可以广泛应用在能耗监控、环境检测、物流跟踪、简单控制等生产辅助环节的受限设备上，完成数据采集、检测值上报、设备升级维护等。各领域的设备都能方便快速地采用 LwM2M 集成到平台进行数据汇聚及互通，从而使能全流程、全方位的运营优化。

3. oneM2M

(1) 技术介绍

oneM2M 是由全球 8 家 ICT 行业领先的标准制定组织（中国 CCSA、欧洲 ETSI、北美 TIA 和 ATIS 等）和 6 家行业联盟［宽带论坛（BBF）、康体佳（Continua）健康联盟、家庭网关组织（HGI）及开放移动联盟（OMA）等］联合制定的物联网标准。oneM2M 致力于不同行业及标准之间协作和沟通，如工业、车联网、健康医疗、智慧城市、家居等，主要目标是通过定义通用的业务能力规范，实现不同协议、不同类型 IoT 设备和应用间的跨行业的连接和互通。

oneM2M 定义了支持设备管理、数据模型和连接控制等在内的业务体系架构，以及基于该体系架构的开放接口和基于语义的互操作能力。

在 oneM2M 中，端到端物联网业务被抽象为层次化模型（见图 1-27），分别包含应用实体（Application Entity，AE）、公共业务实体（Common Service Entity，CSE）及网络业务实体（Network Service Entity，NSE）三层。oneM2M 聚焦于公共业务层与应用层。

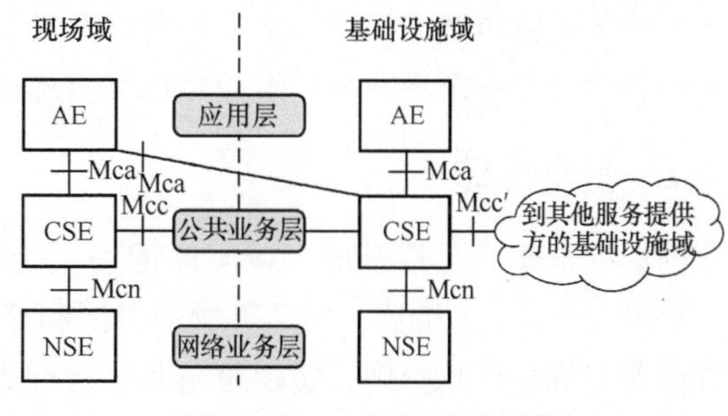

图 1-27　oneM2M 功能架构

AE 是应用层中实现业务逻辑的实体，如 AE 可以是工业远程监控、故障诊断、车队跟踪应用、功率计量应用等。CSE 部署在平台或网关，向应用（即 AE）提供访问能力。CSE 之间可以通过 Mcc 接口进行信息交互。

oneM2M 标准通过抽取不同 IoT 行业和场景中的公共部分，定义了 12 个 CSE 公共能力部件，包括数据管理和存储、设备管理、发现、群组管理、位置、注册、安全等。

(2) 主要特点和优势

便于应用开发。oneM2M 标准利用 CSE 提供的统一接口，可以屏蔽设备通信方式间的差异；在 AE 与 CSE 之间、CSE 与 CSE 之间，采用在 Web 中广泛采用的 RESTful API 访问。底层支持多样化的传输协议，如 HTTP、CoAP、MQTT 或 WebSocket，适配各行业的需求。

便于数据共享。oneM2M 基于语义 WEB 的方法，将工业互联网数据建模为标准的机器可识别、可互操作的方式，实现跨设备、跨应用、跨行业的信息共享，从而支撑工业互联网在全面数据分析和业务逻辑驱动方面的需求，如柔性制造、预测性维护等。

强调跨行业连接和数据的互通性。oneM2M 通过定义统一的资源模型以及标准协议互通技术，实现非 oneM2M 设备服务到 oneM2M 资源的双向映射。oneM2M 引入了 14 项跨多行业的互操作规范，如 OMA LwM2M、OCF、OSGi、OPC-UA、ModBus、3GPP、DDS、W3C WoT

等，实现对汽车、医疗、智慧城市、智能家居和工业领域的使能。

(3) 适用场景

在工业互联网场景中，如柔性制造、用户直连制造（Customer to Manufactory，C2M）、数字主线（Digital Thread）等，除了工厂内控制系统设备间的互联互通外，还要求工厂内不同系统间乃至不同工厂间、产业链上下游的互通。例如，在智能电网的场景中，因为未来用电量的无法预测性，造成发电企业很难预估精确发电量，这样容易造成用电高峰到来时的电力供应不足，或者因用电量不足造成的浪费甚至安全问题。跨行业的数据互通可以很有效地解决这一问题。通过收集大量用电行业的数据，如充电汽车的行驶情况、制造企业的排产情况、智能家居的供热情况、天气数据等，可以根据这些跨行业的数据分析未来一段时间内的用电量，如电动车充电、家庭取暖、制造业大规模集中生产或新增产线，进而预测应有的发电量，避免电力不平衡的情况发生。

oneM2M 通过定义统一的信息模型，以及不同行业协议和信息到 oneM2M 的映射，实现跨行业的互通。应用可以通过调用 oneM2M 提供的公共能力，实现对不同行业数据的访问、查询、订阅等业务。对单个行业来讲，可以借助 oneM2M 实现对周边相关跨行业的数据采集和分析，从而极大地丰富该行业可以提供的业务。

任务 1.4　标识解析知识认知

本任务主要讲解标识解析基本概念、意义及发展现状。标识解析赋码流程、标识解析系统架构设计、标识解析安全风险和标识解析标准化参见本书**项目 3 标识解析系统**。

1.4.1　基础概念

标识解析体系，是全球工业互联网安全运行的核心基础设施之一；通过“统一编码”和“公共解析”，为机器、产品等物理资源和算法、工艺等虚拟资源赋予唯一“身份证”并进行快速定位和信息查询，实现跨企业、跨行业、跨地域的信息资源集成共享；可助力实现工业全要素、各环节信息互通共享，成为可跨地域、跨行业、跨企业信息互通的关键枢纽。

标识解析系统类似互联网领域的域名系统（Domain Name System，DNS），是全球工业互联网安全运行的核心基础设施之一（见图 1-28）。

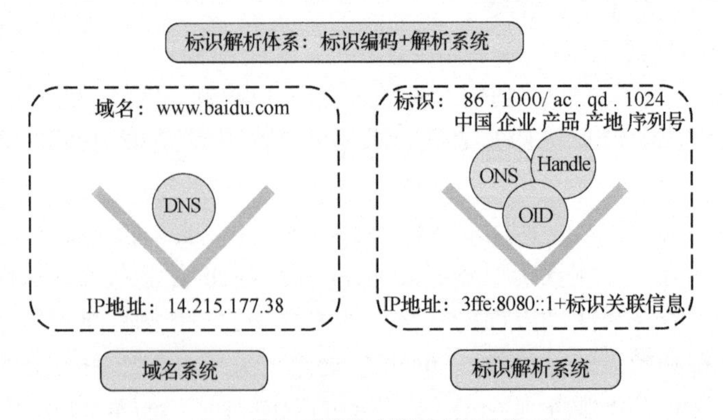

图 1-28　域名系统与标识解析系统对比

国际上主流的标识解析系统分为基于DNS的解析协议簇和非DNS的解析协议簇（见图1-29）。典型的基于DNS的解析协议簇包括，OID的ORS解析服务、EPC的ONS解析服务；非DNS的解析协议簇包括，Handle解析系统等。

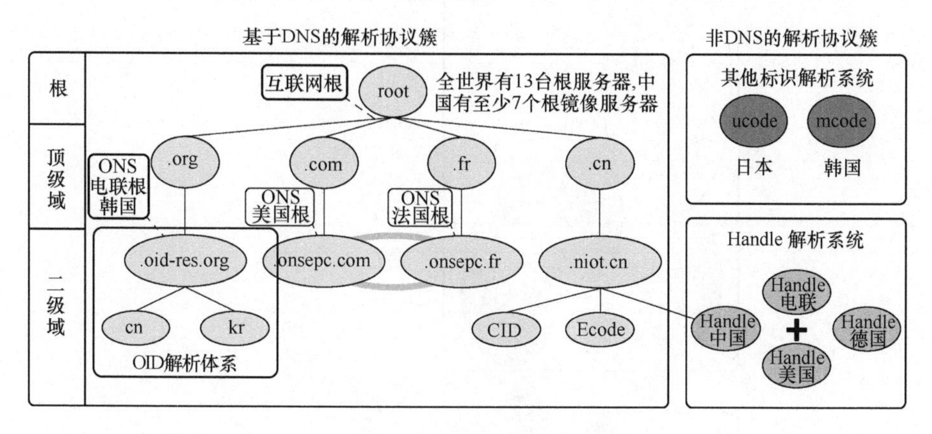

图1-29 物体标识解析协议簇

1. 标识解析的信息流动共享

通过“统一编码”和“公共解析”，标识解析平台能助力构建物理世界的数字对象互操作空间，实现工业全要素、各环节信息互通共享。在DNS解析基础上，标识解析打造了数字对象自主流动的基础平台。

在功能上，标识解析是DNS的延伸。标识解析细化了解析对象颗粒度，由DNS的域名解析，到标识解析的万物标识；丰富了解析内容，由DNS的解析得到服务器地址，到标识解析的得到对象ID、属性、网络地址、互操作接口等。同时，它实现了动态关联，包括地址与网页内容关联，并以标识为媒介实现整体与部分关联、链式环节间关联等全方位信息动态连接共享。

在工业4.0时代，需要进行不同企业、不同信息系统间的数据交互（见图1-30），而标识解析将能够契合这种更多元的数据流动需求。

2. 标识解析成为信息互通的关键枢纽

工业互联网标识解析系统，独立于各企业内部的信息系统。例如，设计类企业中的CAD、CAE系统，供应链企业中的供应链管理系统，制造类企业中的ERP、MES，销售售后企业中的销售、维修系统等，都可以通过与标识解析系统对接，对数据进行打通，从而实现企业内部系统间、不同企业间，跨系统的信息共享。标识解析系统实现的信息互通如图1-31所示。

3. 行业应用的规模化发展

当前，我国工业互联网标识解析基础平台初步建成，形成了“东南西北中”分布格局，建设了北京、上海、广州、重庆、武汉5个国家顶级节点。下一步将以二级节点建设带动标识解析应用创新和普及发展。

经过近年来的发展，我国工业互联网标识注册量迎来爆发。2019年10月，我国工业互联网标识注册量成功突破1亿大关，2020年12月突破100亿，2021年5月突破200亿。从1亿到100亿，产业界用了一年的时间，而从100亿到200亿，历时不到半年。

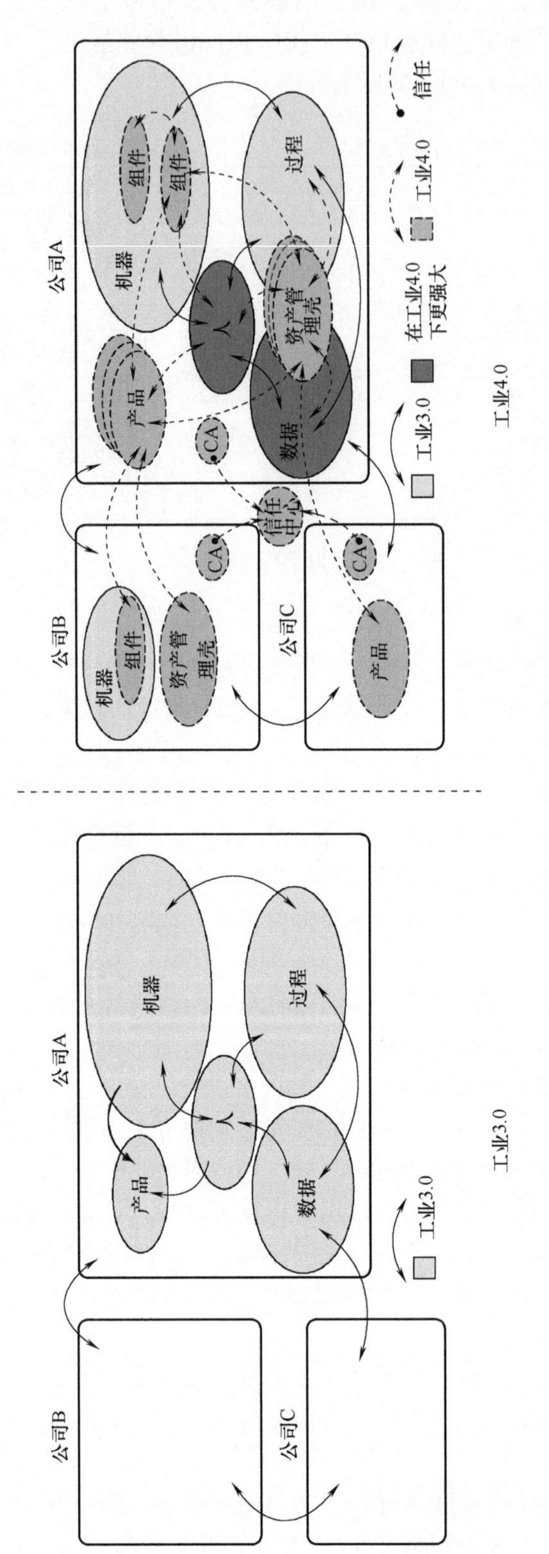

图1-30　工业3.0、工业4.0数据流动对比

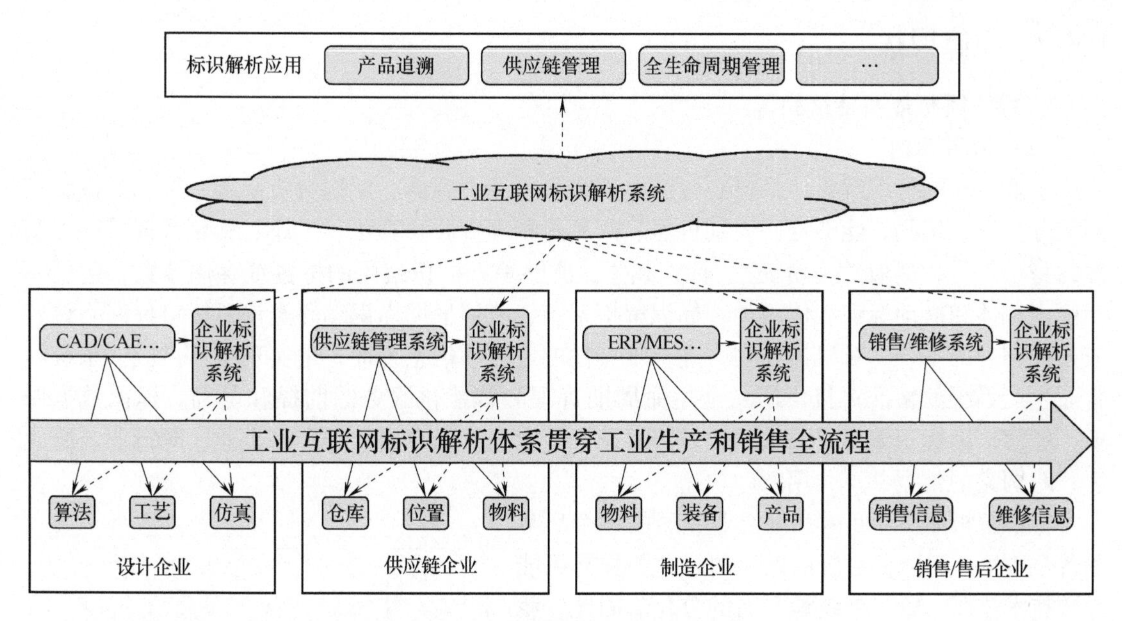

图1-31　标识解析系统实现的信息互通

工业互联网标识注册量的爆发式增长，得益于工业互联网融入更多行业。例如，新冠肺炎疫情发生后，冷链食品的溯源成为全社会关注的焦点，有的企业通过使用工业互联网标识技术，打造进口冷链产品安全码，保障冷链食品安全。而且在工业互联网赋能各行各业数字化转型中的效能开始凸显后，各地政府争相加快工业互联网建设步伐，出台相关政策，明确发展目标，推动产业探索实践。

1.4.2　重要意义

工业互联网标识解析体系是关键网络基础设施。在公共互联网上，用户借助DNS，可以通过输入网址来访问网站。在工业互联网中，政府、企业等用户可以通过解析系统，来访问保存机器、物料、零部件和产品等相关信息的服务器，并通过标识实现对异主、异地、异构信息的智能关联，为信息共享及全生命周期管理提供重要手段和支撑。

工业互联网标识解析体系是企业的迫切需求。目前，很多企业利用条形码、RFID电子标签、智能IC卡等标识注册，实现物料管理、生产管理、产品管理等。但企业以自有编码为主，不同企业采用的标识编码不统一，在物料、配件、产品等流通过程中，往往需要多次编码重新赋码贴标，既降低工作效率又难以实现信息的准确关联和自动获取。在工业互联网的发展中，企业上下游协作越来越紧密，对采用标识实现信息自动关联获取的需求越来越强烈，急需加快工业互联网标识解析体系建设。

工业互联网标识解析体系是我国工业互联网建设的重要任务。2017年11月27日，《国务院关于深化“互联网+先进制造业”发展工业互联网的指导意见》发布，明确指出要“构建标识解析服务体系，支持各级标识解析节点和公共递归解析节点建设”。2018年6月7日，工业和信息化部发布《工业互联网发展行动计划（2018—2020年）》提出“标识解析体系构建行动”的发展目标。在相关政策和措施的引导下，工业互联网标识解析体系相关系统建设、技术研究、标准研制、应用推广、产业生态正在加速发展。

1.4.3 发展现状

1. 标识解析体系持续完善

（1）体系架构

工业互联网标识解析体系核心包括标识编码、标识载体、标识解析系统、标识数据服务四部分。标识编码，能够唯一识别机器、产品等物理资源和算法、工序、标识数据等虚拟资源的身份符号，类似“身份证”。标识载体，能够承载标识编码的标签或存储装置，包括主动标识载体和被动标识载体两类。标识解析系统，能够根据标识编码查询目标对象网络位置或相关信息的系统，对机器和物品进行唯一性的定位和信息查询，是实现全球供应链系统和企业生产系统的精准对接、产品全生命周期管理和智能化服务的前提和基础。标识数据服务，能够借助标识编码资源和标识解析系统开展工业标识数据管理和跨企业、跨行业、跨地区、跨国家的数据共享共用。

标识解析涉及互联网和制造业领域的各个环节和各个主体，对标识解析认识和理解的差异有可能导致技术选择、标准路线等方面的分化。因此，我国建立了工业互联网标识解析体系架构，作为指导各级标识服务节点部署、产业生态构建的重要理论依据。体系架构包括业务视图、功能视图、实施视图、安全视图四个部分，如图 1-32 所示。业务视图明确了面向不同角色提供联网对象唯一标识、数据管理和信息共享服务的业务过程。功能视图给出了解析体系支撑标识服务需提供的功能。实施视图给出了企业端、公共平台端和应用端应当部署的标识软硬件设施及其相互关系。安全视图主要考虑标识服务过程的身份安全、数据安全和行为安全。

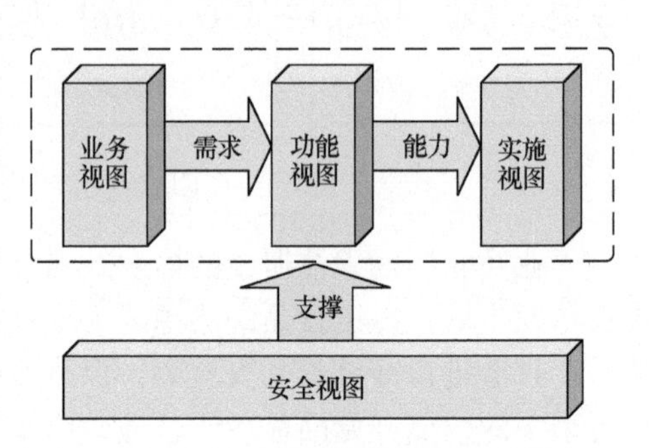

图 1-32　工业互联网标识解析体系架构

（2）编码规范

标识编码作为标识解析体系的核心基础资源，应建立符合我国工业互联网发展的规范化标识编码规则及管理体系。当前处于多标识体系并存的发展阶段，主流的公有标识编码方案可归纳为统一的逻辑结构，即最多包括前缀字段、后缀字段及可选的安全字段三个部分。将各类编码纳入工业互联网标识解析体系中，建立兼容并存的标识编码规范，可基于标识解析各级节点提供各类标识的解析寻址服务。工业互联网标识编码规则一般为两部分，标识前缀用于唯一标识企业主体，标识后缀用于唯一识别标识对象，如图 1-33 所示。

工业互联网标识编码规则用于规范不同行业对象的标识分类、编码规则、编码结构，指导二级节点、企业节点建立自身的对象标识编码体系。当前，根据“急用先行”原则，已面向能源、航空、船舶、药品等十几个领域研制行业编码标准，后续将统筹考虑国民经济分类建立全面覆盖制造业门类的编码体系。

（3）节点设施

我国的工业互联网标识解析体系架构采用分层、分级的部署模式，由国际根节点、国家顶级节点、二级节点、企业节点、递归节点要素组成，如图 1-34 所示。

国际根节点，是指一种标识体系管理的最高层级服务节点，提供面向全球范围公共的根

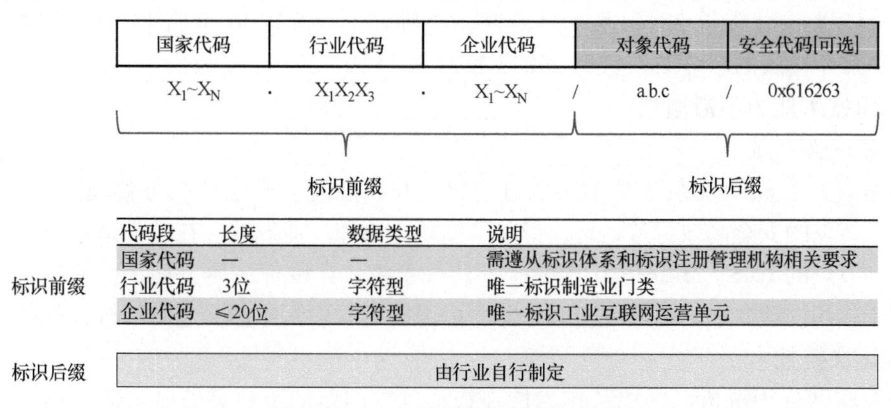

国家代码
行业代码
企业代码
对象代码
安全代码[可选]
X_1~X_N . $X_1X_2X_3$. X_1~X_N / a.b.c / 0x616263
标识前缀
标识后缀
代码段 长度 数据类型 说明
国家代码 — — 需遵从标识体系和标识注册管理机构相关要求
标识前缀
行业代码 3位 字符型 唯一标识制造业门类
企业代码 ≤20位 字符型 唯一标识工业互联网运营单元
标识后缀
由行业自行制定

图 1-33　工业互联网标识编码结构

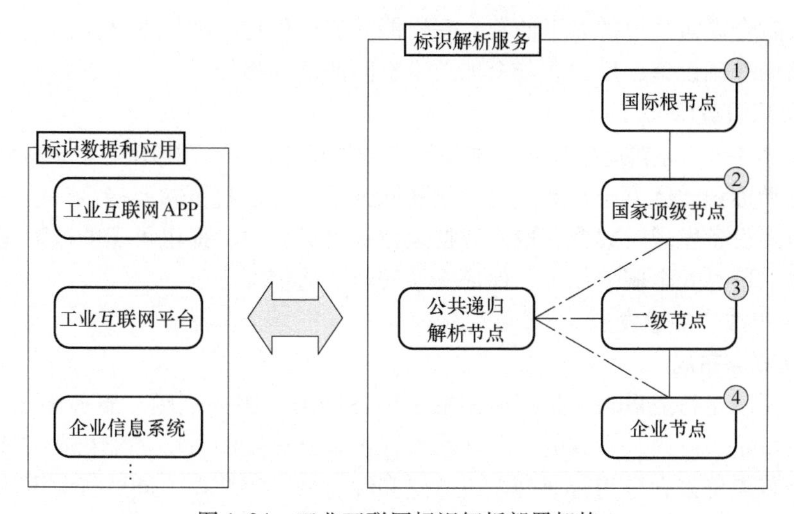

图 1-34　工业互联网标识解析部署架构

层级的标识服务，并不限于特定国家或地区。

国家顶级节点，是指一个国家或地区内部最顶级的标识服务节点，能够面向全国范围提供顶级标识解析服务，以及标识备案、标识认证等管理能力。

二级节点，是面向特定行业或多个行业提供标识服务的公共节点。二级节点既要向上与国家顶级节点对接，又要向下为工业企业分配标识编码及提供标识注册、标识解析、标识数据服务等，同时满足安全性、稳定性和扩展性等方面的要求。

企业节点，是指一个企业内部的标识服务节点，能够面向特定企业提供标识注册、标识解析服务、标识数据服务等，既可以独立部署，也可以作为企业信息系统的组成要素。

公共递归解析节点，是指标识解析体系的关键性入口设施，能够通过缓存等技术手段提升整体服务性能。

此外，标识解析服务的查询触发，可以是来自企业信息系统、工业互联网平台、工业互联网 APP 等多种不同形式。

目前，国家顶级节点部署于北京、上海、广州、武汉、重庆五座城市，节点之间数据互为备份，提供标识就近解析服务，以保障标识解析效率；二级节点和企业节点主要分布在我国东部、中部等工业发展程度相对较高的省市。截至 2021 年 10 月 13 日，全国已上线的二级节点达156个，分布于25个省（自治区、直辖市），涵盖30个行业，标识注册总量为498.7亿，累计接入的企业节点数量29077家。

2. 标识技术能力不断增强

（1）软硬件系统

标识解析核心软硬件系统基本实现自主化，并在性能、安全性、可管理性上持续提升，有力保障了节点的安全高效稳定运行，带动了创新应用和产业发展。在软件体系方面，已形成部署于不同节点的IDIS、Mirror、IDPointer等软件系统。在硬件体系方面，已形成软硬件一体化、适用于不同性能要求的权威解析服务器、标识解析专用服务器、递归解析服务器等。

（2）区块链技术

工业互联网标识解析以区块链作为核心技术自主创新的重要突破口，依托其分布式可信的特性，采用自主研发的许可公有区块链技术，既兼容公有区块链开放接入、灵活、可扩展性等特性，又融合联盟区块链易于监管、高性能、安全可控等特性的区块链技术系统，构建国家区块链新型基础设施，助力改善全球网络空间的治理格局。

（3）主动标识载体

结合5G、NB-IoT等新连接技术，推动标识载体从条形码、RFID等被动标识载体向SIM卡、模组等主动标识载体方向拓展。建立物联网设备与标识解析的连接接口，在可信状态下支持基于标识的设备发现、数据获取、数据运营等服务能力，提供可靠的数据支撑和传输保障。同时，提供信息安全服务能力，保证终端安全及通信安全。

3. 标识应用推广加速发展

（1）二级节点布局

二级节点是满足行业需求、扩展标识解析服务能力、服务范围、服务深度的重要设施，是构建安全、稳定、高效、可靠的工业互联网标识解析体系的重要基础和支撑环节。根据服务范围，二级节点可以划分为行业型二级节点和综合型二级节点，同一行业可建立多个行业型二级节点。目前，节点已覆盖30个行业，包含船舶、集装箱、石化、食品、医疗器械等领域，直接面向行业企业提供标识服务，初步形成标识应用体系，不断推进应用向更深层次、更广范围、更大规模的发展。

（2）行业应用模式

节点企业开展标识应用的前瞻探索，涌现出一批可复制的典型应用案例，基于现有应用成果提炼出智能化生产管控、网络化生产协同、全生命周期管理、数字化产品交付、自动化设备管理五大典型标识应用模式。江苏中天通过为预制棒、光缆、光纤及生产设备赋予工业互联网标识，不仅实现产品生命周期的信息关联，更将产品数据与设备运营数据打通，助力智能化生产管控，生产效率提高15%以上。浪潮和金蝶将工业软件数据交互设备与标识解析体系对接，实现数据自动化注册和异构标识转化、灵活设定数据管理权限、按需查询，实现上下游企业网络化生产协同。标识解析应用行业统计如图1-35所示。

（3）公共服务能力

打通公共客户端、物联网设备端、支付终端和标识读写设备端等多类“端”侧服务入口，进一步拓展标识应用场景，公共服务能力逐渐形成，为社会大众提供全面的应用服务。通过国家顶级节点与支付宝打通，“扫一扫”成为同时连通互联网域名和标识解析体系的服务入口，打造系列公共服务平台，推动标识解析体系向更广范围覆盖。

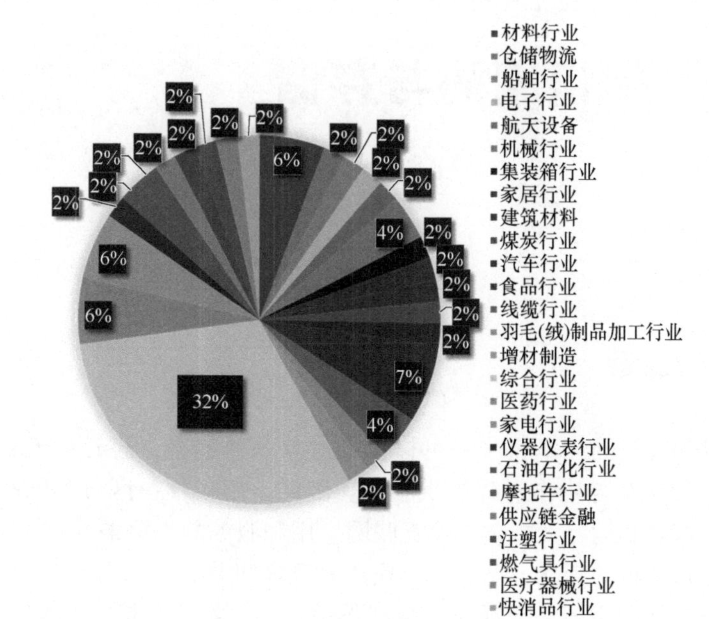

图1-35　标识解析应用行业统计

4. 标识产业生态加速构建

在政府引导市场主导的机制下，标识生态参与者角色不断丰富、规模不断扩大，在标识解析技术标准、标识软硬件研发、安全防护、测试验证、二级节点建设、公共应用支撑、国际合作、端到端生态八个方面，广泛团结标识解析服务机构、系统集成商、应用企业、开源组织等产学研用各方力量，开放共享、互利共赢的标识产业格局初步形成。

引导安全厂商切入标识安全市场，涵盖解决方案提供商、认证服务提供商、国密算法研究机构、加密芯片提供商等，协同构建标识解析安全保障；务实推进国际合作，参与国际标准制定，跻身国际发码机构行列，国际影响力进一步增强；构建标识解析测试验证体系，全面支撑标识技术、产品、系统研发和验证；工业和信息化部主导制定《工业互联网标识管理办法》及其配套制度，推动标识解析形成统一管理、协调发展的完善制度体系，有效凝聚各方力量达成共识，形成推进合力，指导各级节点的建设和运营。

项目 2 标识编码与存储

任务 2.1 标识编码

工业互联网利用互联网技术将唯一可标识的对象联通起来，同时基于联网对象（实体对象或虚拟对象）的交互与协作对外提供服务。因此，用来唯一区分不同联网对象的标识技术，成为开发、部署和运行大规模工业互联网应用和服务的先决条件。

对实体对象进行标识的理念，已经广泛应用到现实世界当中，如台式计算机、服务器、移动设备、联网设备（路由器、交换机、集线器等）、网络接口卡、智能仪表、传感设备、执行元件、RFID 读取器、应用网关等。这些实体都与某种标识相关联，如主机名、IP 地址或通用资源标识符（Universal Resource Identifier，URI）等。此外，标识当中还可能包含更多的属性信息，用于说明实体对象之间的关联性。

与此同时，其他一些技术则可以用来标识虚拟对象，如计算过程、软件、服务、数据等。例如，可以通过统一资源定位符（Uniform Resource Locator，URL）来标识网络服务，通过数字对象唯一标识符（Digital Object Identifier，DOI）来标识文档或其他数字出版资源。

未来，工业互联网服务和应用必将得到大规模的推广，实体对象和虚拟对象需要实现更加灵活、透明的交互，这就要求标识技术能够对上述联网对象进行更加便捷、有效的唯一区分。现有的标识技术已经能够提供一系列解决方案，并且在一定范围内进行了开发和部署。然而，面对大规模的工业互联网环境，为支持海量对象的互联互通，标识技术仍然面临诸多挑战。

基于识别目标、应用场景、技术特点等不同，标识可以分成对象标识、通信标识和应用标识三类（见表 2-1）：

对象标识，用于识别感知的物理或逻辑对象。

通信标识，用于识别具备通信能力的网络节点。

应用标识，用于对的业务应用进行识别。

表 2-1 物联网标识分类

物联网标识分类	举 例
对象标识	EPC，UPC，Handle/DOI，UUID，MAC，URI，URL
通信标识	IPv4，IPv6，E. 164
应用标识	URI，DOI

目前，上述标识已经得到许多应用。例如，基于 6LoWPAN 技术的能源管理应用使用 IPv6 地址作为通信标识，物流应用中广泛采用条码作为对象标识。因此，该分类方法不仅能够说明标识的适用范围，并且说明了各种标识的功能。

2.1.1　DID

DID 是一种新型的标识符，最早在 2015 年互联网身份论坛（Internet Identity Workshop，IIW）中出现，具有自主可控、永久存在、加密可解析等特征，可用于数字身份、数字资产管理、政务等多个场景。

1. DID 方案认证流程

DID 通常与加密材料（如公钥）和服务端点相关联，以建立安全的通信信道。DID 对于任何受益于自管理、加密可验证的标识符（如个人标识符、组织标识符和物联网场景标识符）的应用程序都很有用。例如，当前 W3C 可验证凭据的商业部署大量使用 DID 来标识人员、组织和事物，并实现许多安全和隐私保护保证。W3C 的 DID 标准下的 DID 系统主要包括以下层次要素：① 基础层，为 DID 规范（包括标识符和文档）；②应用层，为可验证声明（Verifiable Claims，VC）。

标识符，是一个全局唯一的表示身份的东西，类似人的身份证号码。DID 的标识符格式如图 2-1 所示。

DID的标识符格式

did:example:123456789abcdefghijk

前缀　DID方法　特定方法标识符

图 2-1　DID 的标识符格式

文档，包含 DID 的授权内容及 DID 授权的服务类型等。DID 文档中不直接包含任何个人信息（姓名、地址、电话等）。

DID 系统结构是一个全局键值对数据库，这个数据库是 DID 兼容的区块链，或者 DID 兼容的分布式账本，或者 DID 兼容的去中心化网络（这个数据库的位置就是标识符格式中的“example”字段，目前已经有 43 种合法地址）。在这个数据库中，标识符是键，而文档是值。

VC，是对用户发起的信息进行验证，验证的结果只是给出一个是或否的回复，并不包含用户具体的信息，这样能保证信息最小泄露。

DID 方案的技术基础框架如图 2-2 所示，包含以下组件：DID、去中心化系统、用户代理、全局解析器、DID 证明、身份中心、去中心化应用和服务。

DID：由用户独立于任何组织或政府创建、拥有和控制的身份标识。根据 W3C 制定的标准，DID 是全球惟一性的标识符，与去中心化公钥基础设施（DPKI）元数据链接。元数据由包含公钥材料、身份验证描述符和服务端的 DID 文档组成。

去中心化系统（如区块链和分布式账本）：DID 的可行性最终需要建立在去中心化系统之上，区块链技术为此提供了 DPKI 所需的机制和功能。这也是区块链技术出现后，DID 才真正在技术上变得可行。

用户代理：帮助创建 DID，管理数据和权限，并签名/验证与 DID 链接的声明。类似钱包的功能，可以作为管理 DID 和相关数据的用户代理。

全局解析器：利用一组 DID 驱动提供一个标准方法来跨越去中心化系统查找和解析各种 DID 的实现。例如 did:abt，其中的 abt 表明这是由 ArcBlock 提供的 DID，因此通过全局 DID 解析就能定位到 DID 的技术提供方。这是各家的 DID 可以互联互通的关键之一。

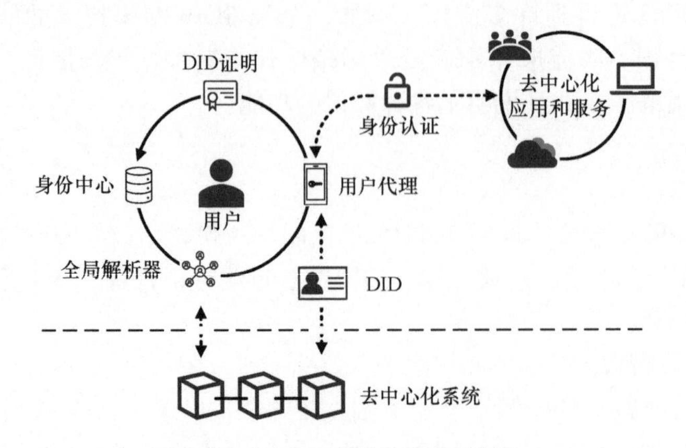

图 2-2　DID 方案的技术基础框架

身份中心：个人数据加密存储的可复制网格，由云和边缘实例（如移动电话、计算机或智能扬声器）组成，便于身份数据存储和身份交互。

DID 证明：DID 签署的证明基于标准格式和协议。它们使身份所有者能够生成、呈现和验证声明，这构成了系统用户之间信任的基础。

去中心化应用和服务：与个人身份数据存储中心相结合的 DID，可以创建全新的应用和服务，它们在用户身份中心存储数据，并在授权范围内进行操作。

2. 编码方案

以 W3C 规定的 DID 编码方式为规范，生成 DID 步骤如下：

步骤 1　公钥 = secp256k1（签名算法）{密钥}，根据私钥使用 secp256k1 签名算法生成公钥。

步骤 2　二进制 DID 字符串 = sh256（哈希）{DID 角色类型 + 公钥}，DID 角色类型和公钥结合的哈希作为二进制 DID 字符串。

步骤 3　标识符 = base58_btc（IPFS 编码类型）{二进制 DID 字符串}，使用 base58_btc 对上述二进制 DID 字符串进行重新编码时曾称为标识符。

步骤 4　组装生成，did:xty:标识符。

例如，某 abt 的 DID 为 did:abt:zNKtCNqYWLYWYW3gWRA1vnRykfCBZYHZvzKr。

DID 角色类型代表 DID 是应用程序、个人还是设备等，可选择的 DID 角色类型见表 2-2。

表 2-2　DID 角色类型

DID 角色类型	值	DID 角色类型	值	DID 角色类型	值
account	0	bot	5	tx	10
node	1	asset	6	tether	11
device	2	stake	7	swap	12
application	3	validator	8	delegate	13
smart_contract	4	group	9	any	63

3. 参与角色

方案的参与角色包括，实体、凭证、授权、认证。

实体对象（设备、机构或个人）拥有链上ID，可申请凭证并授权相关机构使用自己的身份数据。

凭证：每个标识对应一个身份文档，其中包含公钥信息、认证信息、授权服务信息等。实体通过私钥的数字签名管理文档，证明自己拥有且能够控制、管理该身份标识。

授权：为实体提供基于身份授权功能。一个数字身份可以授权多个秘钥进行验证签名，从而更灵活地匹配实际业务场景的需求。

认证：分布式认证管理系统具备更好的可扩展性，由于数字身份在区块链中存储，每个参与方都可以在不依赖中心机构或第三方的情况下进行身份验证，从而实现了DPKI体系。

对应上述参与角色的参与要素有，标识、用户代理、凭证发行方、凭证验证机构。

标识：为实体（设备、机构或个人）生成唯一的数字身份标识。

用户代理：为用户生成链上ID及提供KYC服务，一般为权威可信机构，实体通过该机构与链上身份或数据进行交互。

凭证发行方：对数据进行发行和认证的机构或个体，权威机构发行的数据具备权威性，个体发行的数据不具备权威性，权威机构的认定取决于具体应用场景及参与者角色。

凭证验证机构：使用数据的机构，可验证数据是否被篡改，是否经过凭证发行方认证。

4. 发布声明方案

发布声明方案的过程如图2-3所示。用户使用客户端注册数字身份账户，客户端向凭证发行方发出身份认证的请求。凭证发行方可以是政府机关、大学、银行、第三方认证服务机构（CA机构）或生物识别科技公司。凭证发行方根据提供的用户信息进行身份认证后，发布DID认证声明，将声明发回给客户端。第三方机构作为代理节点生成用户ID，并将DID文档存储在星际文件系统（IPFS）内容寻址存储系统，DID文档的寻址哈希上链存储。当DID验证机构或应用需要验证用户身份时，向客户端发送请求，客户端发布DID授权声明给应用方，将信息授权给机构使用。

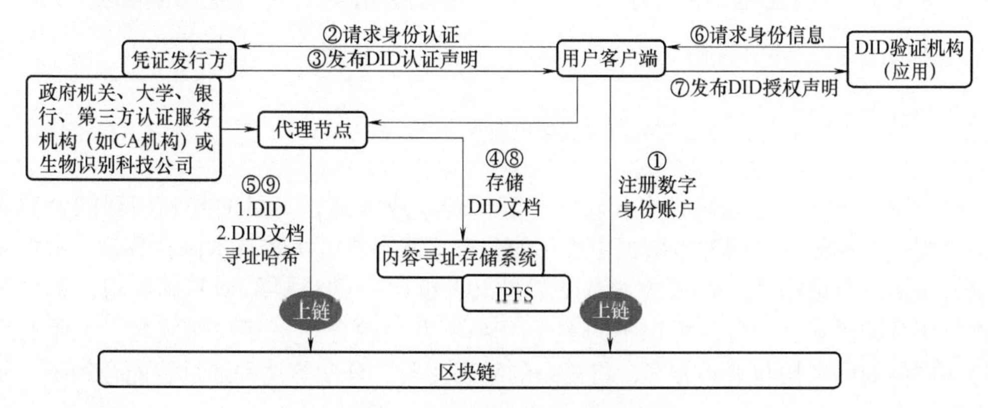

图2-3　发布声明方案的过程

5. 解析方案

DID 声明的解析过程如图 2-4 所示。DID 验证机构向代理节点发出请求解析 DID 声明，代理节点从区块链上查询 DID 文档的寻址哈希，得到文档的地址后，再向 IPFS 发送请求，通过文档的地址从 IPFS 读取 DID 文档。

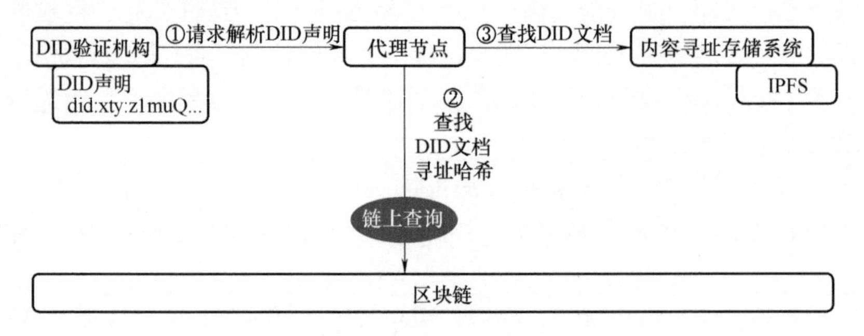

图 2-4　DID 声明的解析过程

6. VAA 方案

2020 年 6 月 23 日，我国研究机构中国信息通信研究院获得国际组织“自动识别与移动技术协会（AIM）”授权，成为与国际物品编码协会（GS1 Global）、美国电气和电子工程师协会（IEEE）、万国邮政联盟（UPU）等大型国际组织并列的国际发码机构，代码为“VAA”，具备全球标识编码分配能力，为推动我国工业互联网国际化发展打下良好基础。2020 年 8 月 7 日，VAA 方案成功纳入万维网联盟（W3C）分布式标识（Decentralized Identifier，DID）规范注册表（见图 2-5）。

did:sirius:	PROVISIONAL	ProximaX Sirius Chain	ProximaX Enterprise, Proximax Inc.	ProximaX SiriusID DID Method
did:dock:	PROVISIONAL	Dock	Dock.io	Dock DID Method
did:twit:	PROVISIONAL	Twit	DID Twit GitHub	Twit DID Method
did:near:	PROVISIONAL	NEAR	Ontology Foundation	NEAR DID Method
did:vaa:	PROVISIONAL	bif	China Academy of Information and Communications Technology (CAICT)	VAA Method
did:bba:	PROVISIONAL	Ardor	Attila Aldemir	BBA DID Method
did:morpheus:	PROVISIONAL	Hydra	Internet of People	Morpheus DID Method

图 2-5　W3C 分布式标识规范注册表中的 VAA 方案

VAA 方案是由中国信通院自主开发的一套标识生成方案，其目的是利用智能合约实现标识的分配、生成过程，同时借助去中心化的分布式账本或区块链技术储存数据，以保障信息的公开透明、可追溯性。VAA 方案基于“星火・链网”区块链新型基础设施，提供了一种新的标识分配思路。与传统标识不同的是，VAA 方案融合了集互联网域名、工业互联网标识等不同的编码结构与编码方案，将复杂的编码注册、分配等过程通过智能合约统一实现并服务于大众。

2.1.2　GS1

GS1 是由国际物品编码协会建立的一种标识体系。GS1 由三大体系构成，包括编码体系、载体体系、数据交换体系，可以对物品供应链全生命周期的各类数据信息进行标识。这套标识代码也用于电子数据交换（EDI）、可扩展置标语言（XML）电子报文、全球数据同步（GDSN）和 GS1 网络系统。通过统一的 GS1 标识编码，企业之间可以有效地实现供应链信息共享和交换，实现高效率、低成本的物流仓储管理和产品追溯。全球贸易项目代码（GTIN）是 GS1 编码体系中应用最广泛的标识代码。GS1 编码大致由指示符 + 厂商识别代码 + 商品项目代码 + 校验码等部分构成，为了应对互联网化的发展，GS1 提出超级链接的方案，采用域名 + 厂商识别代码 + 应用标识符的结构提供线上解析服务。

GS1 提供的产品/服务包括，标识编码、数据采集、数据交换等。其中，在标识编码方面，GS1 建立了一整套全球统一的编码体系，包含对流通领域中所有的产品与服务的标识代码及附加属性代码，包括贸易项目、物流单元、资产、位置和服务关系等；在数据采集方面，GS1 采用条码、RFID 等为载体，以数据自动采集技术为支持，为实物流和信息流的同步提供必要支撑；在数据交换方面，GS1 通过数据交换标准，在交易方之间共享信息，为电子商务交易、可视化和其他信息应用提供支撑。

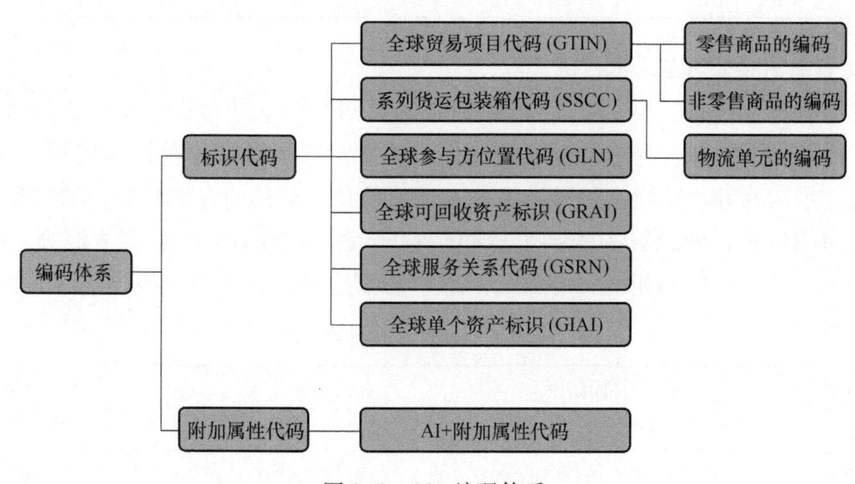

图 2-6　GS1 编码体系

1. 全球贸易项目代码（GTIN）

全球贸易项目代码（Global Trade Item Number，GTIN）为全球贸易项目提供唯一标识，如图 2-7 所示，有四种不同的代码结构：GTIN-14、GTIN-13、GTIN-12 和 GTIN-8。这四种结构可以对不同包装形态的商品进行唯一编码。对贸易项目进行编码和符号表示，能够实现商品零售（POS）、进货、存补货、销售分析及其他业务运作的自动化。

2. 系列货运包装箱代码（SSCC）

系列货运包装箱代码（Serial Shipping Container Code，SSCC）的代码结构见表 2-3。SSCC是为物流单元（运输和/或储藏）提供唯一标识的代码，具有全球唯一性。物流单元标识代码由扩展位、厂商识别代码、系列号和校验码四部分组成，是 18 位的数字代码。它采用 UCC/EAN-128 条码符号表示。

GTIN-14代码结构

包装指示符	包装内含项目的GTIN（不含校验码）	校验码
N_1	$N_2N_3N_4N_5N_6N_7N_8N_9N_{10}N_{11}N_{12}N_{13}$	N_{14}

GTIN-13代码结构

厂商识别代码　　商品项目代码	校验码
$N_1N_2N_3N_4N_5N_6N_7N_8N_9N_{10}N_{11}N_{12}$	N_{13}

GTIN-12代码结构

厂商识别代码　　商品项目代码	校验码
$N_1N_2N_3N_4N_5N_6N_7N_8N_9N_{10}N_{11}$	N_{12}

GTIN-8代码结构

商品项目识别代码	校验码
$N_1N_2N_3N_4N_5N_6N_7$	N_8

图 2-7　GTIN 的四种代码结构

表 2-3　SSCC 的代码结构

结构种类	扩展位	厂商识别代码	系列号	校验码
结构一	N_1	$N_2N_3N_4N_5N_6N_7N_8$	$N_2N_3N_4N_5N_6N_7N_8N_9N_{10}N_{11}N_{12}N_{13}N_{14}N_{15}N_{16}N_{17}$	N_{18}
结构二	N_1	$N_2N_3N_4N_5N_6N_7N_8N_9$	$N_{10}N_{11}N_{12}N_{13}N_{14}N_{15}N_{16}N_{17}$	N_{18}
结构三	N_1	$N_2N_3N_4N_5N_6N_7N_8N_9N_{10}$	$N_{11}N_{12}N_{13}N_{14}N_{15}N_{16}N_{17}$	N_{18}
结构四	N_1	$N_2N_3N_4N_5N_6N_7N_8N_9N_{10}N_{11}$	$N_{12}N_{13}N_{14}N_{15}N_{16}N_{17}$	N_{18}

3. 全球参与方位置代码（GLN）

全球参与方位置代码（Global Location Number，GLN）是对参与供应链等活动的法律实体、功能实体和物理实体进行唯一标识的代码。法律实体是指合法存在的机构，如供应商、客户、银行、承运商等。功能实体是指法律实体内的具体的部门，如某公司的财务部。物理实体是指具体的位置，如建筑物的某个房间、仓库或仓库的某个门、交货地等。GLN 由厂商识别代码、位置参考代码和校验码组成，用 13 位数字表示，代码结构见表 2-4。

表 2-4　GLN 代码结构

结构种类	厂商识别代码	位置参考代码	校验码
结构一	$N_1N_2N_3N_4N_5N_6N_7$	$N_8N_9N_{10}N_{11}N_{12}$	N_{13}
结构二	$N_1N_2N_3N_4N_5N_6N_7N_8$	$N_9N_{10}N_{11}N_{12}$	N_{13}
结构三	$N_1N_2N_3N_4N_5N_6N_7N_8N_9$	$N_{10}N_{11}N_{12}$	N_{13}

GS1 具有系统性、科学性、全球统一性、可扩展性等特点，广泛应用于制造业、医疗卫生、生鲜食品生产、加工、运输、存储、零售过程。

2.1.3　Handle

Handle 是一套由国际数字对象编码规范机构（Digital Object Numbering Authority，DONA）基金会组织运行和管理的全球分布式管理系统。Handle 是数字对象架构（Digital Object Architecture，DOA）的主要实现形式，采用分段管理和解析机制，实现对象的注册、解析与管理。Handle 采用两段式命名机制，结构为权威域（Naming Authority）/本地域（Local Name），权威域和本地域命名之间用“/”分隔。具体表示为

<Handle> = <NamingAuthority> "/" <LocalName>

权威域下可管辖若干子权威域，自左向右用“.”隔开。具体表示为

<NamingAuthority> = *(<NamingAuthority> ".") <NAsegment>

通过 Handle 解析系统可以将 Handle 的标识码进行解析，映射到具体的 IP 地址及相关的标识信息。

Handle 采用分级解析模式：全球 Handle 注册机构（Global Handle Registry，GHR）提供权威域查询；本地 Handle 服务（Local Handle Service，LHS）提供本地命名查询。在 Handle 中，只有 GHR 才有通过管理 Handle 来管理命名授权的权限。GHR 的注册表服务信息示例如图 2-8 所示，LHS 的服务消息示例如图 2-9 所示。

```
<index>:     3
<type>:      HS SITE
<data>:
  Version:          1
  ProtocolVersion:  2.1
  SerialNumber:     1
  PrimaryMask:
          MultiPrimary:    TRUE
          PrimarySite:     TRUE
  HashOption:       HASH BY HANDLE
  HashFilter:       {empty UTF8-String}
  AttributeList:    1
      Description:  Service site at US East Coast
  NumOfServer:      3

    ServerID:         1
    Address:          :FFFF:132.151.2.150
    PublicKeyRecord: HS_DSAKEY, iQCuR2Rnw...
    ServiceInterface
        ServiceType:        Resolution & Admin
        TransmissionProtocol: TCP & UDP
        PortNumber:          2641

<TTL>:        24 hours
<permission>: PUBLIC_READ, ADMIN_WRITE
<reference>:  {empty}
```

图 2-8　GHR 的注册表服务信息示例

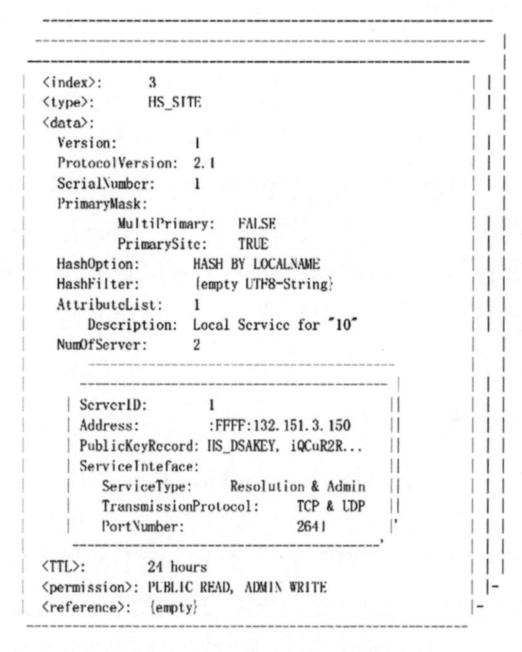

```
<index>:     3
<type>:      HS_SITE
<data>:
  Version:          1
  ProtocolVersion:  2.1
  SerialNumber:     1
  PrimaryMask:
          MultiPrimary:   FALSE
          PrimarySite:    TRUE
  HashOption:       HASH BY LOCALNAME
  HashFilter:       {empty UTF8-String}
  AttributeList:    1
      Description:  Local Service for "10"
  NumOfServer:      2

    ServerID:         1
    Address:          :FFFF:132.151.3.150
    PublicKeyRecord: HS_DSAKEY, iQCuR2R...
    ServiceInteface:
        ServiceType:        Resolution & Admin
        TransmissionProtocol:     TCP & UDP
        PortNumber:               2641

<TTL>:        24 hours
<permission>: PUBLIC READ, ADMIN WRITE
<reference>:  {empty}
```

图 2-9　LHS 的服务信息示例

每个 Handle 均关联一组值，系统维护每个 Handle 的数值集合，并将 Handle 的数值集合作为返回值回应解析请求。Handle 包括一组数据字段，如索引、数据类型、数据、权限、TTL、时间戳和参考等。Handle“10.1045/may99-payette”的数值集合如图 2-10 所示。

客户端与 Handle 服务组件之间进行解析服务的流程如图 2-11 所示。客户端对“ncstrl.vatech_cs/tr-93-35”进行解析，首先和 GHR 进行通信，查找待查询 Handle 所属的命名机构。GHR 返回管理命名机构下全部 Handle 的 LHS 的信息。客户端根据服务信息查询到相对应的 Handle 服务器，发送查询请求。Handle 服务器会启动一个会话对客户端进行认证鉴权以保证安全性，认证通过后，Handle 服务器返回查询结果。若客户端需要，Handle 服务器也会对返回查询结果进行数字签名以保证可信性。

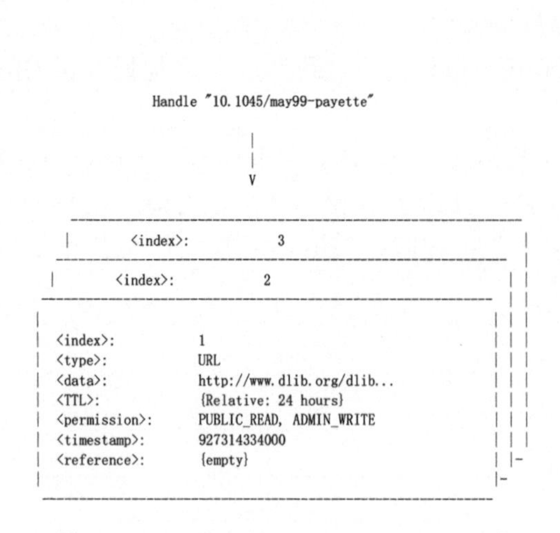

图 2-10　Handle“10.1045/may99-payette”的数值集合

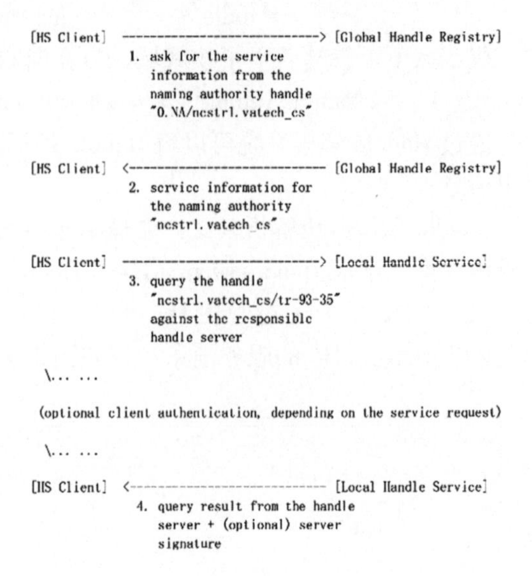

图 2-11　客户端与 Handle 服务组件之间进行解析服务的流程

目前，DONA 已经在全世界部署了 9 +1 个全球根节点（MPA），分别部署在美国、中国、德国、英国、沙特、南非、卢旺达、突尼斯、俄罗斯，以及国际电信联盟（ITU）。部署在不同区域的 MPA 拥有对本区域 Handle 系统运营服务的自主权，可制定和执行本区域相关管理政策并分配管理 Handle 前缀资源，既能保证国际接轨，又实现了自主可控。Handle 总体架构如图 2-12 所示。

2.1.4　OID

对象标识符（Object Identifier，OID）是由 ISO/IEC、ITU 共同提出的标识机制，用于对任何类型的对象、概念或事物进行全球统一命名，一旦命名，该名称终生有效。因此，OID 具有“唯一标识”和“注册”两个特性。OID 制定初衷是要实现开放系统互联（Open System Interconnection，OSI）中对象的唯一标识。OID 采用分层、树状编码结构（见图 2-13），不同层次之间用“.”来分隔，即××.××.××.××…，每个层级的长度没有限制，层数也没有限制。例如，我国农业部的节点由 OID（1.2.156.326）表示，每个数字分别代表的含义为 1（ISO）-2（国家）-156（中国）-326（农业部）。

OID 可广泛地标识某个组织、通信协议、标准中的某个模块、密码算法、数字证书及文档格式等。随着信息技术在其他领域的广泛应用，OID 已广泛应用于 RFID、生物识别、网络管理、移动通信等技术中，OID 也应用于医学影像等其他领域。

1. OID 的特点

OID 编码空间充足。OID 编码层级和长度均可灵活扩展，因此具有足够的编码空间。

OID 编码结构灵活。OID 具有分层的树形结构，可以灵活地扩展 OID 的层级，以适应不同层级对象的标识需求。

OID 与不同网络技术之间的独立性。在物联网环境中，许多对象可以使用不同的网络技术连接彼此，OID 独立于网络技术，不受底层设备影响。OID 已广泛用于识别在不同的网

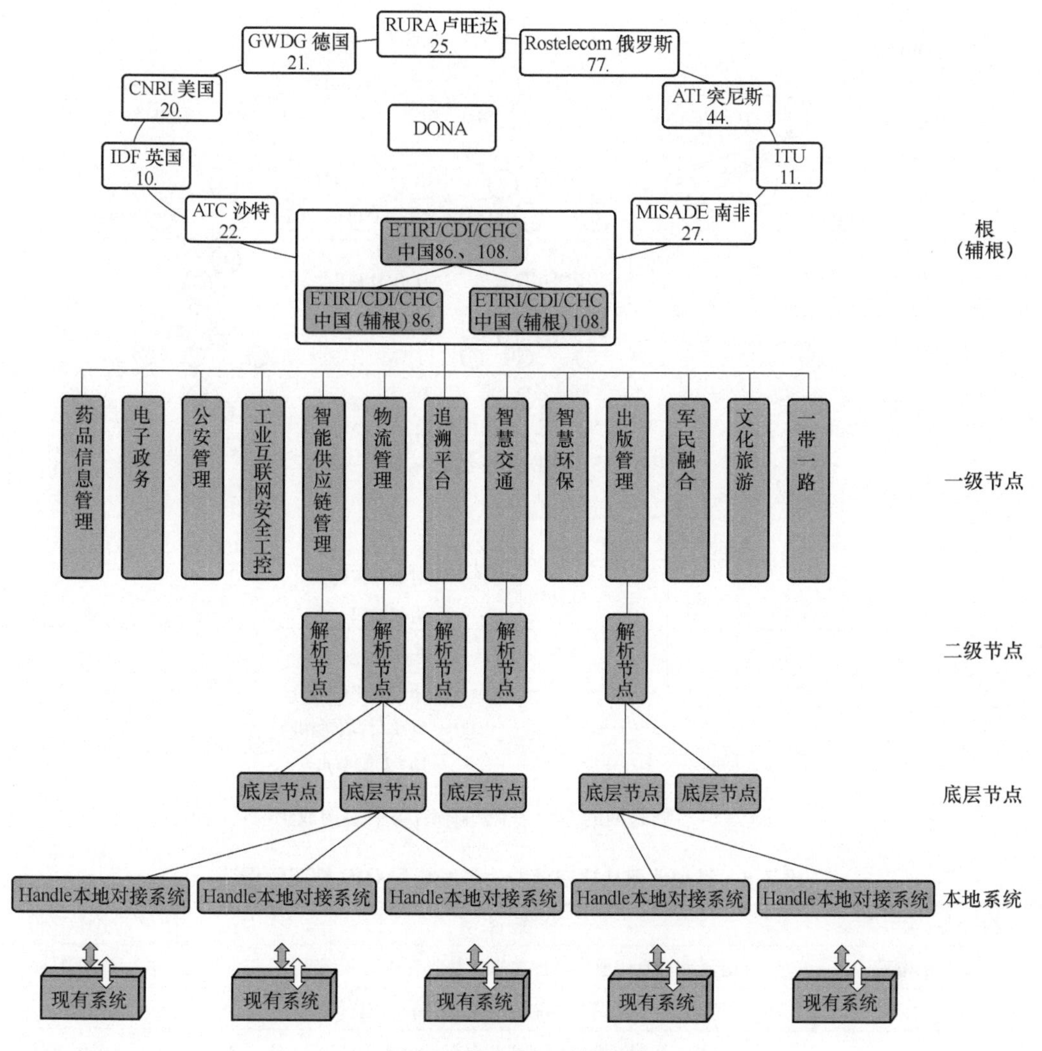

图 2-12 Handle 总体架构

络环境中的对象，如数据库里的数据结构、云计算中的云存储对象。

对象标识符兼容性。 OID 是一种可以用来分辨不同层次事物的通用标识符，可以标识不同种类的标识体系，兼容不同的标识方案，对企业的现有标识体系和信息化系统不需进行大规模改造。

2. OID 编码基本结构

如果在物联网应用中，对象没有标识体系，则 OID 基础编码结构应包括行业/管理机构码、企业码、内部编码、对象标识码等，如图 2-14 所示。

行业/管理机构码、第三方平台码和企业码为注册主体码，申请单位在申请 OID 编码时，由国家 OID 注册中心分配其中一种。内部编码依据企业需求可能包含分类码、批次码等，为非必选项。对象标识码为单品码，在编码结构中为必选项。

【示例】

某企业壁挂式空调的生产线分配 OID 编码示例，见表 2-5。

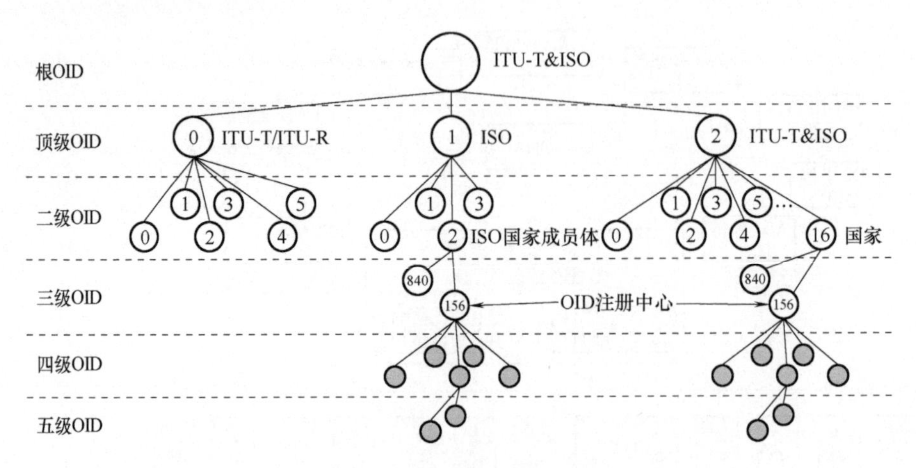

图 2-13　OID 树形编码结构

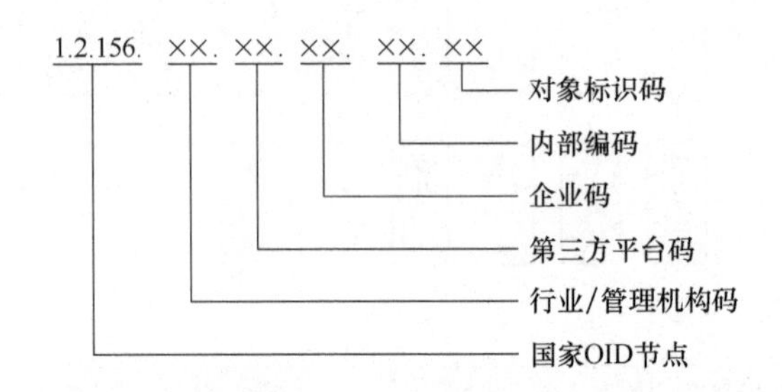

图 2-14　物联网的 OID 基础编码结构中的构成项

表 2-5　某企业壁挂式空调的生产线分配 OID 编码示例

构　成　项	分 配 说 明	分配数字值
行业/管理机构码	由国家 OID 注册中心批准的“智能制造”领域节点	3001
第三方平台码	由“智能制造”管理机构制定分配规则，家电行业为“05”	05
企业码	由“智能制造”管理机构分配，企业为“01”	01
批次码	壁挂式空调的生产批次	20171031
对象标识码	某台壁挂式空调	1245

因此，该企业生产的某台壁挂式空调所分配的 OID 编码为 1. 2. 156. 3001. 05. 01. 20171031. 1245。

2. 1. 5　Ecode

物品统一编码（Entity Code，Ecode）是中国物品编码中心提出的用于标识物联网标识体系中任意物品的统一的兼容的编码方案。该方案规范了 Ecode 标识的编码数据结构与分配原则。Ecode 标识的编码数据结构由版本、编码体系标识和主体代码三个部分组成。不同的版本决定了编码体系标识和主体代码的长度不同。

Ecode 标识编码数据结构的版本用于区分不同数据结构的物品统一编码，版本长度为 4bit。版本由物联网统一编码管理机构统一分配。

Ecode标识编码数据结构的编码体系标识用于指示某一标识体系的代码。根据版本的不同，编码体系标识长度可以为二进制8bit、十进制4位、十进制5位等。编码体系标识由物联网统一编码管理机构统一分配。

Ecode标识编码数据结构的主体代码用于指示某一行业和应用系统中的标识代码。主体代码的结构及分配由某一编码体系的管理机构自行管理和维护。某一编码体系的管理机构在申请编码体系标识时应向物联网统一编码管理机构备案。

Ecode的编码结构由V、NSI、MD三部分组成，选择不同的V、NSI和MD的长度不同。Ecode的代码字符类型包括二进制、十进制、字母数字型和Unicode编码型等。

- V（Version），版本，用于区分不同Ecode编码结构的代码。
- NSI（Numbering System Identifier），编码体系标识，用于指示某一标识体系的代码。
- MD（Master Datacode），主码，某一行业或应用系统中主数据的代码。

表2-6　Ecode的编码结构

物品编码Ecode			最大总长度	代码类型
V	NSI	MD		
$(0000)_2$	8bit	≤244bit	256bit	二进制
1	4位	≤20位	25位	十进制
2	4位	≤28位	33位	十进制
3	5位	≤39位	45位	字母数字型
4	5位	不定长	不定长	Unicode编码
$(0101)_2 \sim (1001)_2$	预留			
$(1010)_2 \sim (1111)_2$	禁用			

注：1. 以上5个版本的Ecode依次命名为Ecode-V0、Ecode-V1、Ecode-V2、Ecode-V3、Ecode-V4。
2. V和NSI定义了MD的结构和长度。
3. 最大总长度为V的长度、NSI的长度和MD的长度之和。

2.1.6　CID

通信标识符（Communication Identifier，CID）是一套面向公众用户的物联网标识命名管理系统，提供了CID的分配、管理、存储和查询等服务。CID的标码结构由兼容域、类型域、信息域三个部分组成（见表2-7）。其中，兼容域和类型域为可选字段，信息域为必选字段。

表2-7　CID编码结构

CID编码结构		
兼容域	国家和组织码（8bit）	
	标识体系编码（8bit）	
类型域	编码类型（4bit）	资源类型（4bit）
	行业类型（8bit）	
信息域	信息域	

CID编码结构的兼容域可以实现对国内外现有各种物联网标识服务方案的兼容，并有效

区分不同的物联网标识服务体系。其中，国家和组织码占8bit，用于区分不同的国家或标准化组织；标识体系编号占8bit，用于区分同一个国家或标准化组织内存在的多种不同标识服务体系。

CID编码结构的类型域有利于对物联网标识的高效管理和统计分析，可有效区分标识在实际使用中的编码结构、标识对象及应用领域。其中，编码类型占4bit，用于指定CID信息域部分所采取的数值进制和编码长度；资源类型占4bit，用于指定被标识的物联网资源的类型，如条码、RFID、传感器、M2M设备等；行业类型占8bit，用于指定标识的应用领域，如农业、制造业、信息产业等。

CID编码结构的信息域用于指定被标识物联网资源的身份、属性等详细信息。

任务2.2　标识载体

标识载体，是指承载标识编码资源的标签。根据标识载体是否能够主动与标识数据读写设备、标识解析服务节点、标识数据应用平台等发生通信交互。标识载体可分为主动标识载体和被动标识载体两类。

主动标识载体，一般是指可以嵌入在工业设备的内部，承载工业互联网标识编码及其必要的安全证书、算法和密钥，具备联网通信功能，能够主动向标识解析服务节点或标识数据应用平台等发起连接，而无须借助标识读写设备来触发。如图2-15所示，通用集成电路卡（UICC）、通信模组、微控制单元（MCU）等都是主动标识载体的例子。

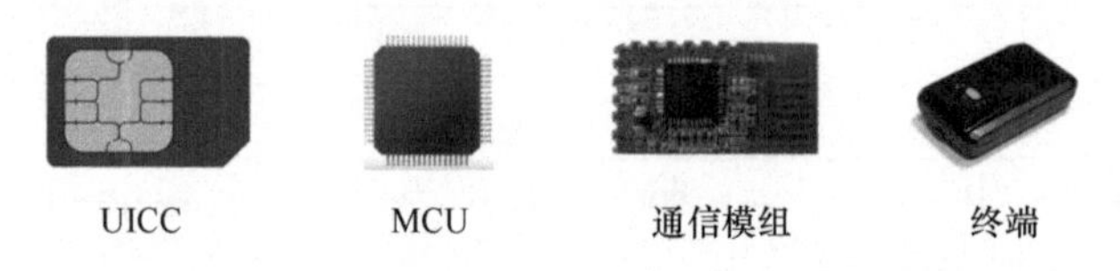

图2-15　常见的主动标识载体示例

主动标识载体的主要特征如下：

- 嵌入在工业设备内部，不容易被盗取或误安装。
- 具备网络连接能力，能够主动向标识解析服务器发起标识解析请求；同时，也支持被其承载的标识及其相关信息的远程增删改查。
- 除了承载工业标识符，还具有安全区域存储必要的证书、算法和密钥，能够提供工业标识符及其相关数据的加密传输，能够支持接入认证等可信相关功能。

被动标识载体，一般是附着在工业设备或产品的表面以方便读卡器读取。在工业互联网中，被动标识载体一般只承载工业互联网标识编码，而远程网络连接能力缺乏（某些被动标识载体，如RFID、NFC，只具备短距离网络连接能力），需要依赖标识读写器才能向标识解析服务器发起标识解析请求。如图2-16所示，常见的被动标识载体有条码标签（一维条形码、二维条形码）、RFID、NFC等。

被动标识载体的主要特征如下：

- 一般附着在工业设备/耗材表面，标识信息易被读取、被复制、被盗用和被误用。
- 网络连接能力受限，需要借助读写器向标识解析服务器发起标识解析请求。

• 安全能力较弱，缺乏证书、算法和密钥等所需的必要安全能力（如安全存储区）。

• 成本低，适用于承载低价值、数量大的工业单品标识。

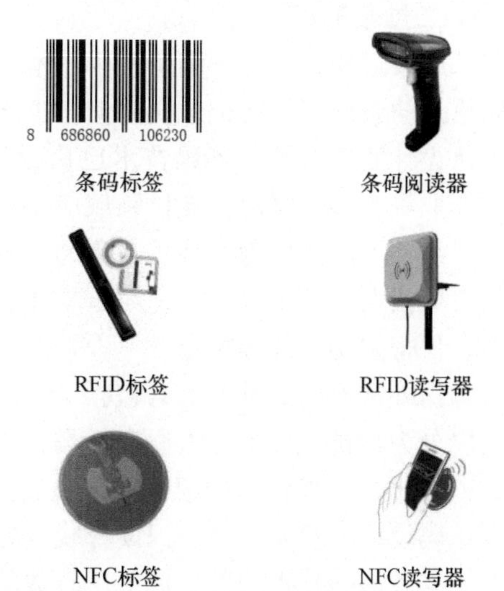

图 2-16　常见被动标识载体及其读写设备

2.2.1　被动标识载体

被动标识载体技术，包括但不局限于一维条形码、二维条形码、RFID、NFC 等，本节仅对这四类在工业互联网中大量使用的技术进行研究和总结。

1. 一维条形码

一维条形码，只在一个方向（一般是水平方向）表达信息，而在垂直方向则不表达任何信息，由黑白相间的条纹组成的图案，如图 2-17 所示。黑色部分称为“条”，白色部分称为“空”，“条”和“空”代表二进制的 1 和 0，对其进行编码，从而可以组合不同粗细间隔的黑白图案，可以代表数字、字符和符号信息，反映某种信息。一维条形码广泛应用在商业零售、仓储、邮电、运输等许多领域。一维条码技术是实现销售终端系统、EDI、电子商务和供应链管理的技术基础，是实现物流管理现代化、提高企业管理水平和竞争能力的重要手段。

一维条形码可以识别商品的基本信息如商品名称、价格等，但并不能提供商品更详细的信息，要调用更多的信息，需要数据库的进一步配合。一维条形码的应用可以提高信息录入速度、减少差错率；同时，一维条形码也存在容量较小（只有 30B 左右），内容只能包含字母和数字，遭到损坏后不能阅读等缺陷。常用的一维条形码有，UCC/EAN-128 条码、ITF-14 条码、EAN/UPC 条码，见表 2-8。

图 2-17　一维条形码示例

表 2-8　常见一维条形码

条码类型	主要用途
EAN/UPC（包括 EAN-13、EAN-8、UPC-A 和 UPC-E）	用于对零售渠道销售的贸易项标识，同时也可用于标识非零售的贸易项目
ITF-14	只能用于标识非零售的商品
UCC/EAN-128	用于标识物流单元，不能用于 POS 零售结算

从载体自动识别技术的角度讲，符号会越来越小型化，占用面积越来越小；载体形式也更加多样化，性能也更加智能化。彩虹码作为一种“升级”的码制，在国际通用的 GS1 商品条码符号的基础上，增添了蓝绿两种颜色维度，可承载额外的信息。理论上可以实现每个物品拥有唯一的单品 ID，从而实现物品的“一物一码”，这在标识载体编码技术领域是一种新的探索和尝试。

2. 二维条形码

二维条形码，是在一维条形码技术的基础上衍生而来的，在水平和垂直方向的二维空间存储信息的条形码，既记录横向信息也记录纵向信息，也是按照“0”和“1”的比特流原理进行设计的。二维条形码技术已广泛应用在国防、公共安全、交通运输、医疗保健、工业、商业等领域，目前在支付领域应用最多。

二维条形码是较为经济、实用的一种自动识别技术，除具备一维条形码的优点外，还具有信息容量大、信息密度高、纠错功能、可表示各种多媒体信息及多种文字信息、译码可靠性高、保密防伪性强等特点。

国内外常见的二维条形码包括 PDF417、QR、Data Matrix、MaxiCode 等。从技术角度分类可以分为行排式二维条形码和矩阵式二维条形码两种类型。**行排式二维条形码**（又称堆积式或层排式二维码）的编码原理是建立在一维条码基础之上，按需要堆积成两行或多行。它在编码设计、校验原理、识读方式等方面继承了一维条码的一些特点，识读设备和条码印刷与一维条形码技术兼容。但由于行数的增加，需要对行进行判定，其译码算法与软件也与一维条码不完全相同。有代表性的行排式二维条码有 PDF417、Code 16K、Code 49 等。典型行排式二维条形码如图 2-18 所示。

PDF417　Code 16K　Code 49

图 2-18　典型行排式二维条形码

矩阵式二维条形码，是平时最常见的二维条形码，通过黑白（其他颜色也有）像素在矩阵中不同的分布进行编码，在矩阵元素区出现的点（方、圆等形状）表示二进制的“1”，不出现则表示“0”，通过点排列确定其信息。矩阵式二维条形码分为若干个小区域，每个区域有一定信息，角上有三个色块，可以保证无论从哪个方向扫描都可正确定位信息，中间色块可以存放个性化图标。有代表性的矩阵式二维条形码有 MaxiCode、QR、Data Matrix、Aztec 等，如图 2-19 所示。

MaxiCode　QR　Data Matrix　Aztec

图 2-19　典型矩阵式二维条形码

随着二维条形码生成技术的不断完善，越来越多的推广场景中使用到二维条形码，一张创意十足富有个性的二维条形码能迅速引起用户关注和兴趣。因此，二维条形码也逐渐由普通方形、黑白颜色二维条形码向形状更具个性化的彩色二维条形码转变。彩色二维条形码是一种特殊的二维条形码，具有普通黑白二维条形码的所有功能，同时又能呈现出彩色的外观。两者最大的区别在于外观，彩色的外观更吸引人，两者承载的信息量是同样的，或许以后会有彩色二维条形码独有的识别技术可以增大彩色二维条形码信息存储量，但现阶段没有本质区别。

目前，激光蚀刻在基础零部件上有一定的应用，但存在扫码识读困难、技术成本高、打

码后无法更改、信息难以读写等技术难题，发展相对缓慢。随着相关技术的发展成熟，激光蚀刻应用前景十分广阔。

3. 射频识别（RFID）

RFID，是一种非接触式的自动识别技术，可通过无线电信号识别特定目标对象并读写相关数据，而无须识别系统与特定目标之间建立机械或光学接触，适用于各种恶劣环境。RFID技术是条形码技术的进一步延拓，可识别高速运动物体并可同时识别多个标签，操作快捷方便。目前该技术已广泛应用于多个领域，典型的应用包括仓库物流、防伪识别、智能交通、身份识别、食品安全溯源等。

RFID与一维条形码、二维条形码是不同的。一维条形码和二维条形码都可以认为是打印在纸片上的标识图案，编码在图案上的黑白条或黑白格子里，没有芯片。然而，RFID是电子标签，信息保存在芯片里，芯片可以读写，使用的打印机也是专门的打印机。

RFID系统通常由标签、识读器和计算机网络系统三部分组成，如图2-20所示。RFID系统工作过程中，天线与RFID电子标签进行无线通信，通常由识读器在一个区域内发射射频能量形式的电磁场，标签通过这一区域时被触发，发送存储在标签中的数据，或者根据识读器的指令改写存储在标签中的数据。识读器可接收标签发送的数据或向标签发送数据，并能在解码后通过标准接口与计算机网络进行通信。

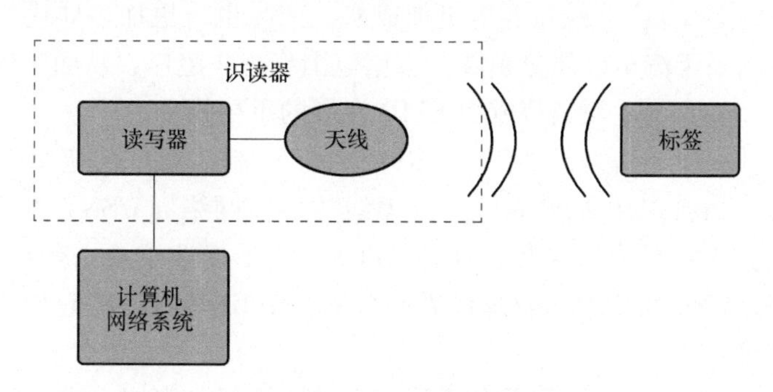

图2-20　RFID系统原理图

目前，RFID的工作频段有低频、高频和超高频，不同频段的RFID产品会有不同的特性及应用场景。不同频段RFID产品的特点及主要应用领域见表2-9。

表2-9　不同频段RFID产品的特点及主要应用领域

RFID频段	相关标准	工作频率	工作方式	阅读距离	数据传输	应用领域
低频	ISO 11784/11785	30～300kHz。典型工作频率为125kHz和133kHz	电感耦合，标签需位于阅读器和天线辐射的近场区域内	一般情况下小于0.1m	低速，数据少	低端应用，动物识别
高频	ISO/IEC 14443，ISO/IEC 18000-3	3～30MHz。典型工作频率为13.56MHz	电感耦合，标签需位于阅读器和天线辐射的近场区域内	一般情况下小于1m	中速数据传输	门禁、身份证、车票等

（续）

RFID频段	相关标准	工作频率	工作方式	阅读距离	数据传输	应用领域
超高频	ISO/IEC 18000-4～7	433MHz，862～960MHz，2.45GHz，5.8GHz	电感耦合，标签位于阅读器和天线辐射的远场区域内	一般情况下大于1m，典型情况为4～6m，最大可达10m以上	数据传输速度高，更适合快速、大容量高效的物品识别	移动车辆识别、电子身份证、仓库物流应用等

RFID技术对于工业制造有着明显好处，可以控制生产过程、监控生产状态、形成一个闭合的制造生态圈，在物流、仓储上也能够发挥重要作用，甚至能够对工业制造企业的供应链进行整合。但是，由于受成本、技术等因素限制，目前RFID在工业制造领域中的应用很有限，应用RFID技术的工业制造企业大概只有10%左右，且多以大型的汽车整车制造、汽车零部件制造等汽车相关企业为主，如丰田、尼桑、大众、江森自控等公司。该技术主要用于解决整个供应链中与制造过程相关内外资源进行实时综合协调控制和精细化管理等问题，以便及时响应顾客的个性化需求和实现产品增值，并为顾客提供更好的服务。随着RFID成本、技术等限制因素得以解决和RFID技术的持续发展，硬件制造技术、中间件技术、系统集成应用等所构成的RFID产业链将变得更加成熟，产品也将更加多样化，其在工业制造业的应用范围将不再局限于汽车等部分领域，应用范围将越来越广，从而实现其在工业制造领域需求的较快增长，工业制造领域将成为RFID发展的重要推动力。

RFID技术与其他技术的融合，有利于RFID在工业制造领域的应用扩张，也是未来可能存在的一种趋势。如将采用ZigBee协议的无线传感器网络（WSN）与RFID进行有机结合，利用WSN高达100m的有效半径，弥补RFID的抗干扰性较差、有效距离较短的不足，构成一种新的网络。WSN负责获取物理世界的数据，RFID负责搭建起物理世界与信息世界的桥梁，应用前景将更加广阔。

在RFID的标准化工作方面，目前各个国家标准间还没有形成一致，尚未形成全球统一的国际标准体系。但是从技术和标准的发展来看，多个国际标准并存还将长期持续，如何实现不同国际标准间的兼容和互联互通是未来发展的趋势。

RFID的发展趋势除增加标签的存储容量以携带更多的信息、缩小标签的体积以降低成本、提高标签的灵敏度以增加适度距离外，未来的发展方向将在超低功耗电路、安全与隐私技术、密码功能与实现、低成本芯片设计与制造技术、新型存储技术等方面。

4. 近场通信（NFC）

NFC又称近距离无线通信，是一种短距离的高频无线通信技术，允许电子设备之间进行非接触式点对点数据传输（在10cm内）交换数据，主要用于手持设备的短距离数据通信，其通信方式如图2-21所示。它由非接触式RFID演变而来，并向下兼容RFID。NFC与RFID看似相似，但其实有很多区别，因为RFID本质上属于识别技术，而NFC属于通信技术。

NFC的三个特点：① **安全性高**，相比蓝牙或Wi-Fi这些远距离通信连接协议，NFC是一种短距离通信技术，设备必须靠得很近，从而提高数据传输过程的安全性。② **连接快、功耗低**，相比蓝牙连接速度更快，功耗更低，支持无电读取。NFC设备之间采取自动连接，

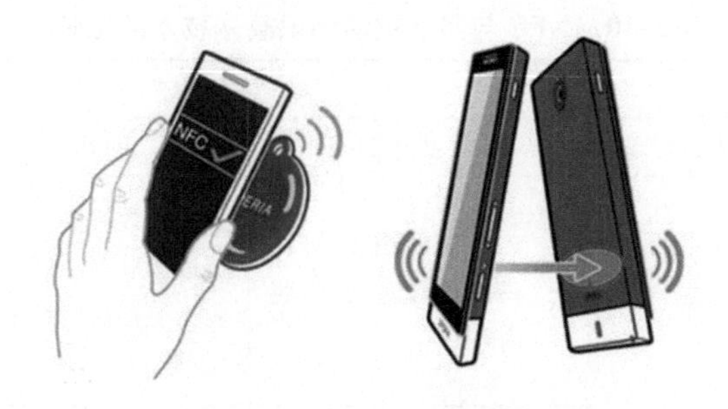

图 2-21　NFC 通信方式

无须执行手动配置，只需晃动一下，就能迅速与可信设备建立连接。③ **私密性好**，在可信的身份验证框架内，NFC 技术为设备之间的信息交换、数据共享提供安全。

NFC 技术的主要应用包括以下几个方面：

- **手机支付领域**。手机移动支付是 NFC 最有前景的一项应用，消费者在购买商品时，采用 NFC 技术通过手机等设备即可完成支付，支付可在线下进行，不需要使用移动网络，使用 NFC 射频通道实现与 POS 机或自动售货机等设备的通信，是一种新兴的移动支付方式。
- **交通领域**。将城市交通卡的功能集成到 NFC 设备上，通过卡模式实现公交卡的功能，只需 NFC 设备触碰闸机口的读卡区域，即可自动打开闸机。
- **防伪领域**。NFC 防伪技术突破了以往防伪技术的思路，采用了一种新的举措，使其具有难以伪造性、易于识别性、信息反馈性、密码唯一性及保密性、使用唯一性等特点。目前，已在白酒、茶叶等企业得到了广泛应用。通过具有 NFC 功能的手机靠近商品的 NFC 标签，即可显示出产品的一系列信息。
- **广告领域**。NFC 标签因其可重复读写、可记录读取次数等特点，相比传统广告，在互动性、读取数据、收集数据、广告效果等方面具有明显的优势。

基于 NFC 技术的业务支持以下三种固定模式：

- **卡模式**。将 NFC 芯片安装到一个卡上，这个模式其实就相当于一张采用 RFID 技术的 IC 卡。它可以替代大量的 IC 卡应用场合，如商场刷卡、门禁卡、公交卡等。此模式下的优点是卡片通过非接触式读卡器的 RF 域来供电。
- **读卡器模式**。读卡器模式的 NFC 通信作为非接触读卡器使用，可以从 NFC 标签上读取相关信息。读卡器模式的 NFC 手机可以从标签中采集数据资源，按照一定的应用需求完成信息处理功能，有些应用功能可以直接在本地完成。
- **点对点模式**。这个模式和红外差不多，任意两个具备 NFC 功能的设备都可以连接通信，实现点对点数据传输，只是传输距离较短，传输创建速度较快，功耗低。可以实现电子名片交换、数据通信、蓝牙连接等功能。

NFC 通信在发起设备和目标设备间发生，任何的 NFC 装置都可以为发起设备或目标设备。两者之间是以交流磁场方式相互耦合，并以 ASK 和 FSK 方式进行载波调制并传输数字信号。发起设备产生无线射频磁场来初始化，目标设备则响应发起设备所发出的命令，并选择由发起设备所发出的或是自行产生的无线射频磁场进行通信。NFC 与其他被动标识载体技术的比较见表 2-10。

表 2-10　NFC 与其他被动标识载体技术的比较

性　能	识别方式			
	一维条形码	二维条形码	RFID	NFC
信息识别	读取效率低，一次只能读取一个标签内容	读取效率低，一次只能读取一个标签内容	读取效率高，一次可以读取多个标签内容，但存在信息干扰（屏蔽）	读取效率高，但读写器和标签是一对一的关系，识别环境要求低
信息存储	存储量有限	存储量较一维条形码较大	存储量很大	存储量很大
适应环境	易损、易脏	易损、易脏	抗摔、抗油、抗污、可穿透	抗摔、抗油、抗污、可穿透
运营成本	成本低廉	成本低廉	成本较高	成本较高
环保方面	一次性	一次性	可重复使用	可重复使用
信息载体	纸或物表面	纸或物表面	存储器	存储器
读写性	读	读	读/写	读/写
读取方式	光电转换	光电转换	无线通信	近距离无线通信
保密性	低	中	高	最高
抗干扰能力	强	强	一般	最强
识读距离	0～0.5m	0～0.5m	0～2m（超高频）	小于 10cm
基材价格	低	低	高	高
扫描器价格	低	中	高	高

虽然，NFC 是在 RFID 技术基础上发展而来的，但 NFC 的通信距离在 10cm 内，数据传输的保密性与安全性可以得到保障。面向不同的应用场景，两者并不存在替代关系。况且现在 RFID 的应用场景还是非常多的，NFC 已经无法比拟。即使在支付领域和近距离物体识别领域，相对于二维条形码，我国 NFC 支付用户较少，市场普及率较低，主要原因是其应用场景较少造成的。同时，目前对智能手机来说 NFC 还不是一个必需的通信接口。随着商户端 POS 机的覆盖率逐渐提升，以及用户端支持 NFC 功能的手机市场占有率不断扩大，再加上市场对 NFC 支付的大力推动，我国 NFC 支付市场进入迅速崛起阶段。同时，NFC 在一些新领域也开始崛起，如温度控制 NFC 卡，将 NFC 标签（Tag）设计在名片式大小的产品中，与包装箱随运，全程记录监控箱内商品的温度及 GPS 定位。只需用手机轻触就可以读取商品在过程中的温度和 GPS 定位等资料，且误差很小。例如 NFC 穿戴项链，将 NFC 标签内嵌在项链中，用于记录幼童健康的资料，可以通过手机应用程序即时更新储存的健康资料，使幼童健康履历随身携带，方便后续进行个人健康状况分析。

尽管 NFC 技术在一些领域得到了广泛应用，但仍存在诸多问题。例如兼容性问题，目前不同厂商的 NFC 设备兼容性问题还比较突出，如何实现 NFC 设备间兼容互通是未来要解决的重点问题。同时，NFC 应用领域还比较局限，仍有很多新领域有待探索。

2.2.2　主动标识载体

在移动场景下，移动终端可承载主动标识编码。工业互联网标识编码及其相关信息（如证书、密钥、算法等）可以保存在移动终端的部件中。以下三种移动终端部件可作为工业互联网主动标识载体，如图2-22所示。

- UICC
- 移动通信模组
- MCU芯片

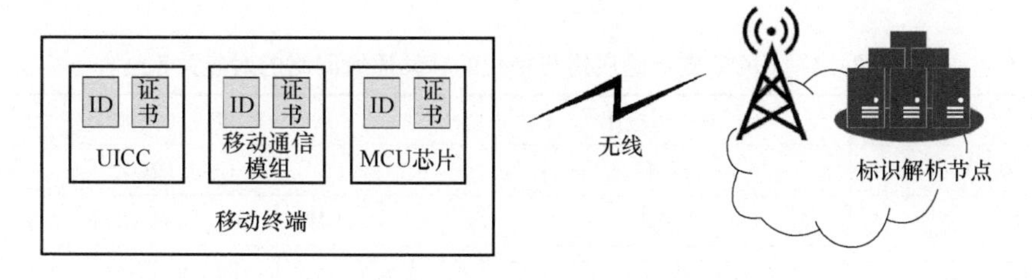

图2-22　移动场景下的工业互联网主动标识载体

在固定场景下，固定终端可承载主动标识编码。工业互联网标识编码及其相关信息（如证书、密钥、算法等）可以保存在固定终端的部件中。以下两种固定终端部件可作为工业互联网主动标识载体，如图2-23所示。

- 通信模组
- MCU芯片

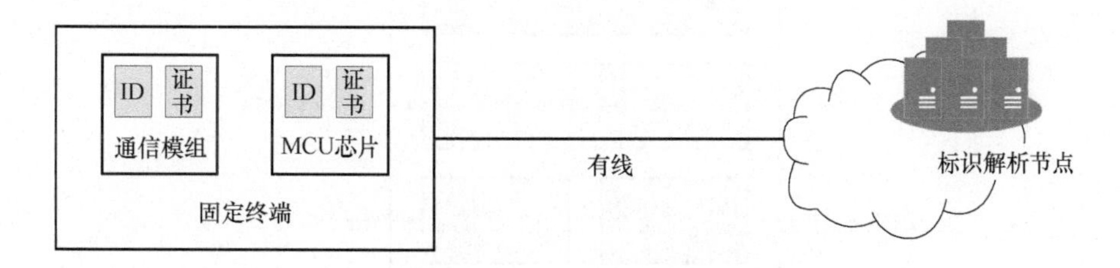

图2-23　固定场景下的工业互联网主动标识载体

下面对UICC、芯片、模组和终端四类主动标识载体分别进行介绍。

1. 通用集成电路卡

通用集成电路卡（Universal Integrated Circuit Card，UICC）是在全球移动通信系统中使用的智能卡，主要用于存储用户信息、鉴权密钥、短消息、付费方式等信息，还可以包括多种逻辑应用，如用户标识模块（SIM）、通用用户标识模块（USIM）、IP多媒体业务标识模块（ISIM），以及其他如电子签名认证、电子钱包等非电信应用模块。UICC中的逻辑应用可以单独存在，也可以多个同时存在。不同移动用户终端可以根据无线接入网络的类型，来选择使用相应的逻辑模块，如图2-24所示。

UICC支持的卡应用与相应的移动通信网络的对应关系见表2-11。

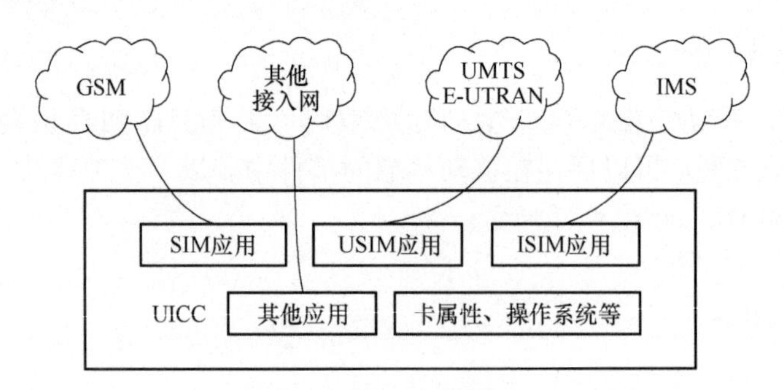

图 2-24　UICC 及其卡应用

表 2-11　UICC 支持的应用与相应的移动通信网络的对应关系

序　　号	UICC 卡应用	接入网技术
01	SIM	GSM（2G）
02	USIM	UMTS（3G），E-UTRAN（4G）
03	ISIM	IMS（NGN）
04	CSIM	CDMA 2000（3G）
05	R-UIM	CDMA，GSM，UMTS

UICC 相关标准主要由 ISO/IEC、3GPP、ETSI、GSMA 等组织制定。UICC 相关标准与标准化组织如图 2-25 所示。

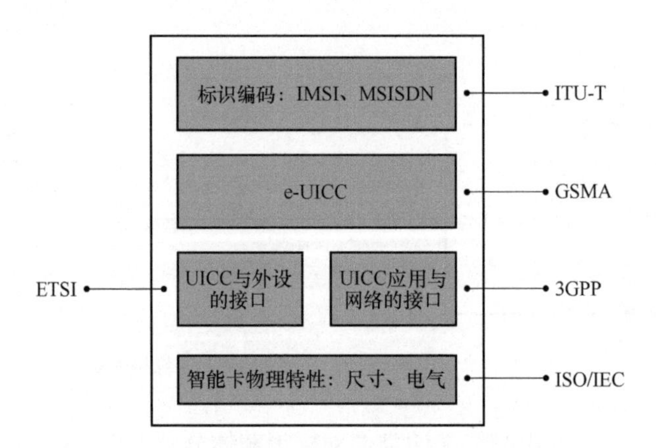

图 2-25　UICC 相关标准及其标准化组织

- ISO/IEC 7816-1（1987）、ISO/IEC 7816-2（1988）分别定义了标识集成电路卡的物理特性、物理尺寸和触点位置，关注智能卡的物理电气层面，是 UICC 标准的规范性引用文件之一。
- ETSI UICC 系列标准主要关注 UICC 与终端的接口，包括 UICC 应用可编程接口、UICC 终端接口、卡应用工具包一致性、SIM 应用工具包等。
- 3GPP 制定 SIM、USIM 及智能卡测试规范、终端与 SIM/USIM 的测试规范等。
- GSMA 主要制定 eUICC 及其管理平台的规范。

• ITU-T 制定了 UICC 可承载的全球移动用户编码 IMSI、MSISND（即电话号码）等编码规范等。

将工业互联网标识解析系统的接入能力封装为 UICC 的一种卡应用，将有利于工业互联网标识的规模化使用，同时也有利于工业终端通过工业互联网标识及其相关数据安全接入到工业互联网应用中。如图 2-26 所示，类似其他卡应用，工业互联网标识的相关应用可打包成工业标识应用，并部署在 UICC 的卡应用区。

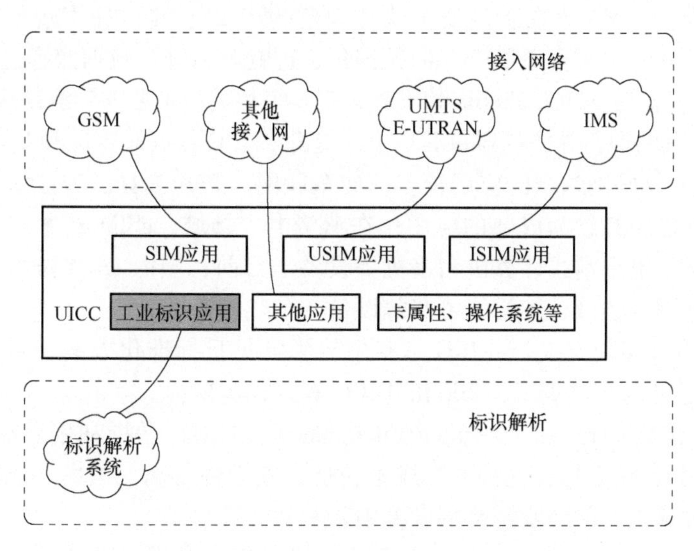

图 2-26　UICC 在工业互联网标识中的应用

考虑到工业互联网（面向企业，如野外监控设备）和消费互联网（面向消费者，如手环）的需求，目前 UICC 正朝着嵌入式 UICC（eUICC）的方向发展，不可插拔的 eUICC 更加适合工业环境下的使用。eUICC 能满足更宽泛的不同等级的工作温度、湿度、持续工作时间的需求，在物理可靠性、功耗和尺寸等方面性能优于传统插拔式 UICC，同时远程写卡应用的能力也更加适合工业业务流程与运营商卡流程融合，具有支持丰富商业场景的条件。eUICC 逻辑架构如图 2-27 所示。

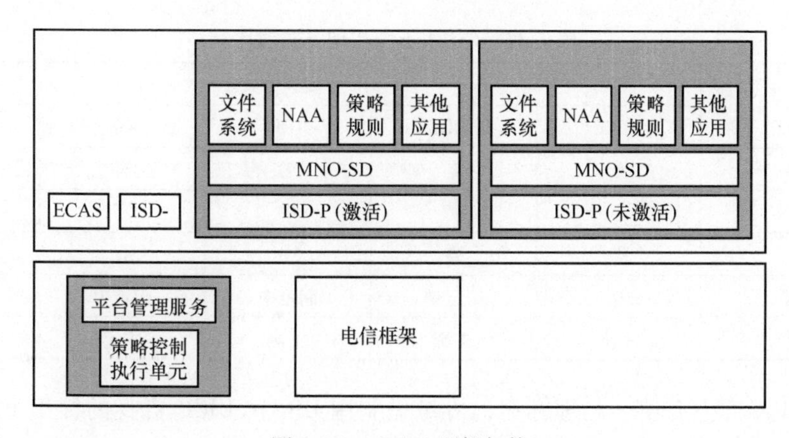

图 2-27　eUICC 逻辑架构

国际标准组织欧洲电信标准化协会（ETSI）率先面向物联网领域提出了M2MeUICC的概念。eUICC，可为贴片式（SMD）或直接封装于通信模块中（SIP），主要特征是物理形态上由传统的可插拔式变为内嵌式，具有与终端不可分离的特性。GSMA在原eUICC的物理特性基础上，又提出了“可自由切换卡文件”的定义，补充并丰富了eUICC的软件特性，即eSIM技术。GSMA面向物联网M2M领域和消费电子（Consumer）领域分别制定了eSIM架构规范、技术和测试规范，定义了eSIM框架结构、传输协议和接口、消息构成及远程管理流程和方式。此外，GSMA正在制定安全认证规范SGP.25、测试证书规范SGP.26。eUICC会下载来自不同远程管理平台提供Profile数据包，这就对eUICC数据兼容性提出了较高的要求，SIMalliance负责制定eUICC Profile的下载、安装等相关技术要求和测试规范，验证Profile数据是否能够被正确的解析并加载到eUICC上，提升eUICC数据兼容性和互联互通性能。

国际上eSIM在物联网领域的应用较多，如车联网、智能表具、智能家居等，尤其是在跨境网联汽车方面已经有较为成熟的应用；在消费电子领域，eSIM技术被应用于可穿戴设备、平板式计算机、笔记本式计算机和手机等设备。目前，国内eSIM技术应用主要集中在物联网和工业互联网等领域，如智能可穿戴设备、车载设备等。

eSIM技术有多种实现方式，eUICC是其中较为常见且标准化方案相对完善的一种。除eUICC外，eSIM还可以通过TEE、eSE和iUICC等方式实现：

- 可信执行环境（Trusted Execution Environment，TEE）是指利用终端可信执行环境，使用特定软件调用eSIM数据，这种方案成本较低，安全性不高。考虑其成本优势，可应用在一些对安全性要求不高的物联网终端设备中。
- 嵌入式安全单元（embedded Secure Element，eSE）是指利用通用安全芯片实现eSIM功能，安全级别较高，成本也很高，可应用在金融支付等对安全级别要求较高的场景。
- 一体式通用集成电路卡（integrated UICC，iUICC）是一种SoC解决方案，直接将SIM卡封装入通信模块，安全处理器内核与其他内核直接集成在一起，安全性高，成本也相应较高。
- Soft SIM是指采用纯软件方案实现eSIM功能，没有实际的物理安全芯片作为依托，容易部署，但易受到攻击，安全级别非常低。

eSIM不同实现方式对比见表2-12。

表2-12　eSIM不同实现方式对比

特　点	实现方式				
	eUICC	iUICC	TEE	eSE	Soft SIM
硬件载体	有	有	无	有	无
安全级别	高	高	中	高	低
成本	高	高	中	高	低
标准依据	有	制定中	制定中	制定中	无
应用演进	主流	主流	主流	主流	不成熟

UICC/eUICC都具备唯一物理标识，可考虑利用UICC/eUICC自身的标识ICCID/EID作为工业互联网终端标识。集成电路卡标识符（Integrate Circuit Card Identity，ICCID）是UICC的唯一标识符，共有20位数字。EID（eUICC ID）是eUICC芯片的全球唯一物理标识符，

为32位数值，存储在eSIM芯片的控制权限安全域（ECASD）中，主要用于eSIM卡管理和远程配置。EID可以被读取但不能被更改，在远程配置中关联某个卡文件信息。eUICC的发卡形式由于更适应高温高湿、无人值守、震动等环境，未来在物联网领域广泛采用的可能性非常高。EID在生产环节被置入卡芯片，作为工业互联网eSIM终端唯一标识是对各垂直行业产品生产环节进行追溯非常有效的手段。卡文件的下载、激活、删除和远程维护都要运营商核心网后台通过EID来实现，EID在运营商网络内有记录和追溯，方便调用和远程管理、生命周期管理，不需要标识读取设备采集数据，也不需要与运营商网络再匹配。

总体来看，随着工业互联网标识解析体系的建设和发展，以UICC/eUICC作为工业互联网标识及其相关保密数据（包括证书、密钥、算法）的载体更适合工业互联网终端接入工业互联网标识解析系统及工业互联网应用，具有广阔发展前景，其自身的原有标识ICCID/EID也具有较高的利用价值。

2. 芯片

芯片又称集成电路、微电路、微芯片。芯片是终端的中央处理器，负责整个终端的正常运行。呈现在大众面前的芯片经过了一系列复杂的工艺过程。首先，采集应用需求，将具体需求用实际电路实现。然后，通过超高速集成电路硬件描述语言（VHDL）等硬件描述语言在现场可编程门阵列（FPGA）这样的可编程器件上进行仿真和模拟。最后，通过前端设计和后端综合等一系列步骤，设计出能够用于生产芯片的掩模，芯片封装厂通过掩模在直径为12in[⊖]左右的大硅片上雕刻出成百上千颗最终的芯片。一颗芯片就是一个集成了多种电子元器件的小硅片，应用范围涵盖了生产和生活中几乎所有的消费电子产品。

芯片包括基带芯片、射频芯片、存储芯片等。其中的基带芯片（通信芯片）是核心，主要负责信息的处理。射频芯片指的是将无线电信号通信转换成一定的无线电信号波形，并通过天线谐振发送出去的一个电子元器件。存储芯片技术主要集中于企业级存储系统的应用，为访问性能、存储协议、管理平台、存储介质，以及多种应用提供高质量的支持。基带芯片作为整个终端中最重要的部分，是系统的大脑，内部通过数字信号处理器和控制器对外界输入信息进行加工处理，包括终端各种功能执行控制、各种数据的采集控制、采集数据的处理和运算等。

基带芯片内部包括两个模块——主功能模块和扩展功能模块，如图2-28所示。主功能模块包括CPU处理器，编解码器、数字信号处理器等，负责基带的信息处理等，完成基带芯片的主要功能；扩展功能模块用来承载工业标识及密钥等信息。

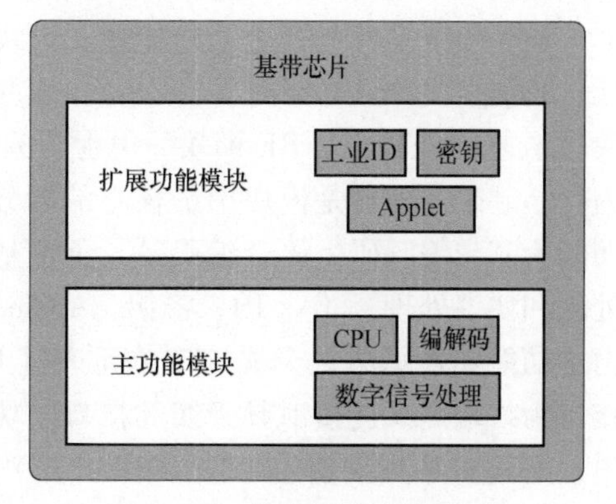

图2-28　基带芯片功能模块

芯片架构主要以x86和ARM为主。相比基于复杂指令集的x86架构，ARM架构由于采用精简指令集，其芯片更为精简、功耗更低。工业互联网的特性和应用场景要求其使用的芯片必须考虑

⊖ in：英寸，1in = 2.54cm。

功耗和集成度，这使得基于 ARM 架构的芯片在万物互联的时代占据着先天优势。当前市面上高通、华为、三星、联发科等厂商芯片均为基于 ARM 架构的，市面上基于 x86 架构的工业互联网或物联网芯片较少。

3. 模组

模组是连接感知层和网络层的关键环节，属于底层硬件，具备不可替代性，无线通信模块与终端存在一一对应关系。无线模组按功能分为“通信模组”与“定位模组”，如图 2-29 所示。相对而言，通信模组的应用范围更广，因为并不是所有的终端均需要有定位功能。本节接下来描述中的模组均指通信模组。

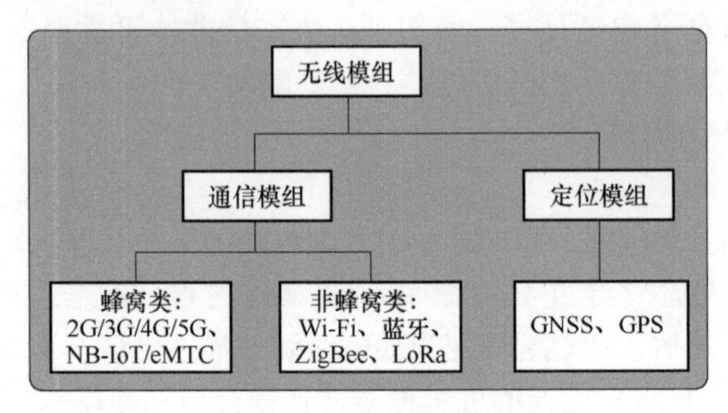

图 2-29　无线模组分类

通信模组是指硬件加载到指定频段，软件支持标准的无线蜂窝协议，软硬件高度集成模组化的一种产品的统称。硬件上将射频、基带集成在一块小 PCB 上，完成无线接收、发射、基带信号处理功能。软件支持语音拨号、短信收发、拨号联网等功能。

通信模组的功能是承载端到端、端到后台的服务器数据交互，是用户数据传输通道，是工业互联网终端的核心组件之一。通信模组的基本功能包括接口功能和通信功能。同时，提供标准接口功能，满足各种终端的数据传输需求；具备远程数据传输功能，将工业互联网终端接入广域网或授权的专用私有网络。随着工业互联网应用的丰富及半导体技术、数据处理技术的快速发展，新型通信模组集成了感知、前端数据处理、适度远程控制等多种功能。

通信模组主要包括主功能模块、天线接口单元、功能接口单元，如图 2-30 所示。其主功能模块包括基带处理器、RF 模块、电源管理模块及内存。基带处理器是模块中最核心的部分，主要功能为基带编解码、语音编码等，负责基带信号处理和协议处理。工业 ID、密钥、Applet 等可以由主功能模块承载。天线接口单元通过 RF 天线接口为终端提供连接射频天线的接口。功能接口单元通过一系列引脚（或者 SMT 方式）与终端主板连接，提供各种信号的输入输出。

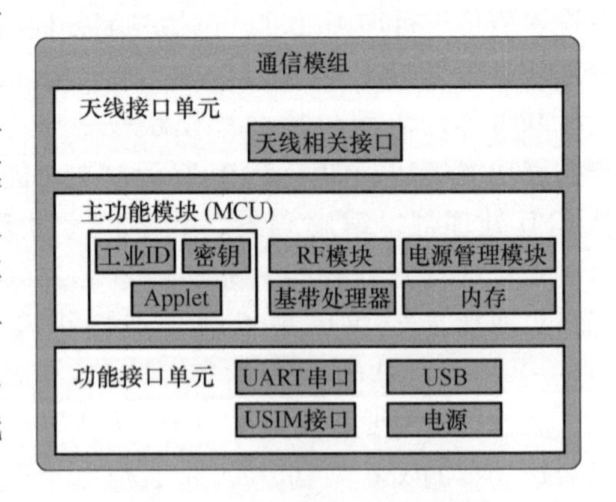

图 2-30　通信模组的基本组成

相比于通信芯片，模组具有以下特点：

- 模组需要重新设计与集成，主要针对各种芯片和器件，如通信协议、网络标准、体积、干扰、功耗、特殊工艺等，以及工业级高低温电阻、抗振动、抗电磁干扰等。

• 模组具有定制化的特点，需要满足不同客户和不同应用场景的具体需求，同时满足下游用户多样化的通信需求。

当前，用户已经不满足于模组只承担联网功能，还要求模组能够有集成感知、前端数据处理、适度程度控制等综合功能，甚至将安卓（Android）、Wi-Fi、蓝牙、GNSS 等集成在一起。面对下游终端不断变化的需求，上游芯片制造商无法直接向下游终端制造商提供定制服务，下游终端由于其技术能力和研发成本而难以直接采用通信芯片，因此模组已成为上游芯片和下游终端的关键连接点。

4. 终端

工业互联网终端，是工业互联网中连接感知延伸层和网络层，实现数据采集（或汇聚）及向电信网络发送数据的设备，担负着数据采集、预处理、加密、控制和数据传输等多种功能。从通信技术的角度，终端是网络的端节点，是消息传递的末端。从行业应用的角度，终端提供行业所需的功能，因此形态和功能差异很大。工业互联网终端架构包括主控模块、电信网接入模块、数据采集与控制模块、数据汇聚模块、电源模块、外设接口模块等，如图 2-31 所示。

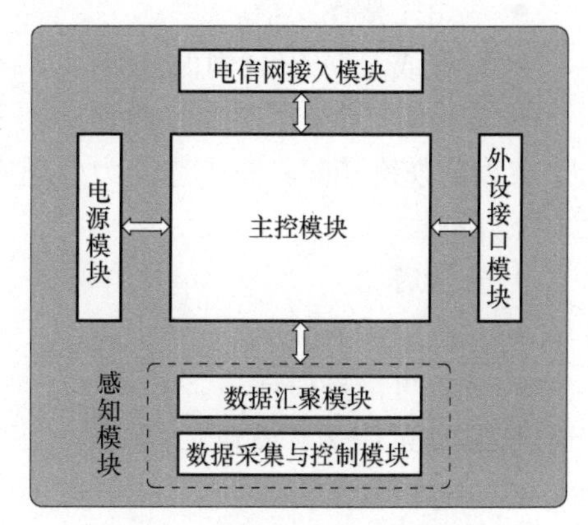

图 2-31 工业互联网终端架构

主控模块主要实现协议转换、预处理、管理和安全等各方面的数据处理和存储；电信网接入模块采用有线或无线接入方式将工业互联网终端接入广域网或授权的专用私有网络，提供与工业互联网综合运营管理平台及工业互联网业务平台或应用之间的数据传输；有线接入方式包括 DSL、PON 和有线宽带等，无线接入方式包括 GSM、WCDMA 和 LTE 等；数据采集与控制模块负责数据的采集与封装，以及上层下达的控制命令的执行。根据不同的应用场景，数据采集与控制模块，可以是传感器、摄像头、RFID 读卡器和专业数据采集器等；数据汇聚模块，负责将数据采集与控制模块获取的数据，通过 USB、RS-232、RS-485、数字 I/O、模拟数据接口或Wi-Fi、蓝牙、ZigBee 等短距离通信接口，进行数据交互，完成物理信息数据的汇聚及远程控制功能；电源模块，负责系统供电及节能管理，可能的供电方式包括市电、太阳能、蓄电池等；外设接口模块提供外设的统一接入接口。

不论何种类型的行业终端，按网络技术的差异性，可分为移动终端和固定终端两类。移动终端一般指支持蜂窝无线通信技术（如 2G/3G/4G/5G、NB-IoT/eMTC 等）的终端，如安装了 4G 移动通信模块的挖掘机。固定终端一般指支持有线通信技术或近距离/短距离无线通信技术的终端，如监控摄像头。

移动终端和固定终端的基本功能架构是类似的，差别在于移动终端有 UICC/eUICC，固定终端没有 UICC/eUICC，如图 2-32 所示。

其中，工业互联网标识可在硬件驱动和安全组件等通用功能层实现，为工业互联网应用提供基于标识的身份认证等安全服务。结合工业互联网发展应用环境，工业互联网终端从运算能力和抗风险能力角度可被分为两类：强终端和弱终端。其中，强终端在工业互联网网络中是运算能力相对较强的终端，成本较高，如网关类或工控类终端产品，其承载的业务场景相对丰富，且所面临的安全风险相对较大，因而对其抗攻击能力要求也较高；而弱终端是工业互联网网络中运算能力相对较弱的终端，成本较低，如数据采集或预处理设备、传感器等，其承载的业务场景相对单一，且面临的安全风险相对较小，因而对其抗攻击能力的要求也相对较低。

从信息安全角度而言，弱终端应具备的安全能力包括但不限制于以下几个：

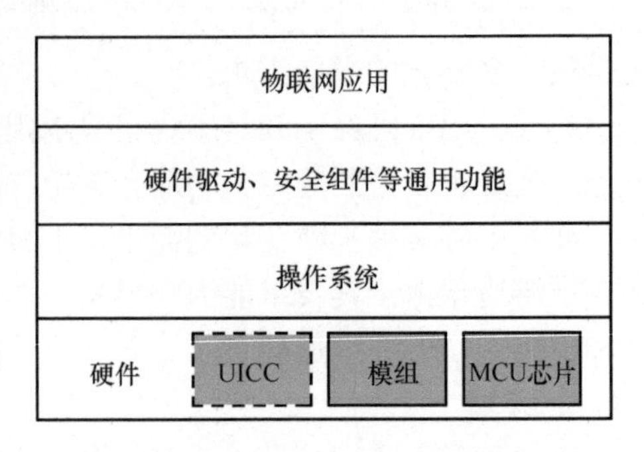

图 2-32　终端基本功能架构

- 与云端的双向认证。
- 密钥/码管理。
- 应用完整性安全。
- 远程或 OTA 安全固件升级。
- 支持类 SE 安全芯片部署等。

典型的强终端除具备上述能力外还应考虑自身对于来自网络或物理的攻击抵抗能力，包括以下几种：

- 安全启动。
- 系统加固或隔离。
- TEE 可信操作环境。
- TPM 可信运算模块。
- 病毒检测能力。
- 端口裁剪等。

典型的工业终端包括工控网关、摄像头等。

5. 标识载体技术演进趋势

标识的使用，最初是用来辨认商品和商品的种类的。将商品加上一维条码，就可以避免人为的错误，如进货、销售、盘点等都能利用条码判别商品，还能加快工作速度，提高效率。作为标识载体，一维条形码价格便宜且容易获得，能够满足这一需求。

随着条形码的使用，人们对条形码中所能承载的信息量有更多需求。例如，厂商希望能够通过条形码判别商品来源、商品类别、价格等，以服务相应商业活动，如防止跨区窜货。二维条形码能够承载更多信息，所以逐渐成为更受欢迎的标识载体。一维条形码、二维条形码等技术虽然成本低，但是数据不能重写、不能批量读写，在需要对商品进行批量管理的场景下作用显得局限，于是就出现了 RFID、NFC 等可重写、可无线读写的标识载体技术。不过，RFID、NFC 等被动标识载体在网络连接能力、防伪和身份认证上有局限。

主动标识载体与运营商的公共网络能力相结合，网络覆盖范围大，具有加密、身份认证等安全能力，除了承载标识，还能承载与标识相关的应用，标识载体能够主动发起与标识相关的服务，更加具有自动化和智能化。主动标识载体是新型的工业互联网标识载体，在当前阶段尚未有商用产品。随着通信技术设施和工业产业的发展，具有广域网络覆盖、良好安全能力及具有智能化基础的主动标识载体将是发展方向。

任务2.3 标识载体产业链分析

产业链的本质是一个具有某种内在联系的企业群结构，是一个相对宏观的概念，存在结构属性和价值属性。产业链中大量存在着上下游关系和相互价值的交换，向上游延伸一般使得产业链进入到基础产业环节和技术研发环节，向下游环节输送产品或服务及市场拓展环节。

为更好地研究标识载体技术体系架构，本节对二维条形码、RFID、NFC技术产业链进行了研究分析。

1. 二维条形码产业链分析

二维条形码（以下简称二维码）的产业链主要涉及码制技术、编码、通信硬件、码生成和打印设备、读取和解析设备等领域，产业链构成如图2-33所示。

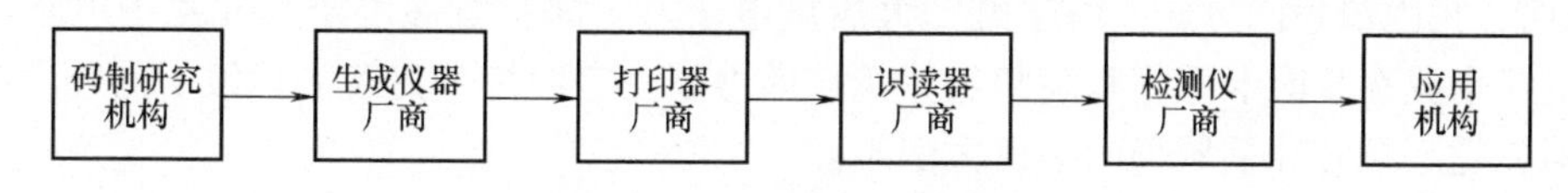

图2-33 二维码产业链构成

从全球市场来看，当前世界上90%的二维码个人用户在我国，我国已成为名副其实的二维码大国，但并不是二维码强国。目前，全球二维码设备市场的主要提供商大多集中在美国、日本等发达国家。

- **码制研究机构**：目前我国使用最广泛的二维码是日本电装（Denso）公司的QR码和美国讯宝（Symbol）公司的PDF417码；我国自主研制的汉信码在整个市场中仅占据不到5%的份额。
- **生成仪器厂商**：主要包括草料二维码、微微二维码等。
- **打印器厂商**：主要包括日本东芝和我国大族激光、华工科技公司等。
- **识读器厂商**：主要包括美国斑马（Zebra）、霍尼韦尔（Honeywell）公司和意大利得利捷（Datalogic）公司等国外厂商，以及我国华为、中兴公司等手机终端厂商。

2. RFID产业链分析

一条完整的RFID产业链主要包括标准的制定、芯片设计和制造、天线设计和制造、标签封装（把天线和芯片封装到一块）、读写设备开发与生产、中间件、应用软件、系统集成等。其中最关键的技术是芯片的设计与制造。其产业链构成如图2-34所示。

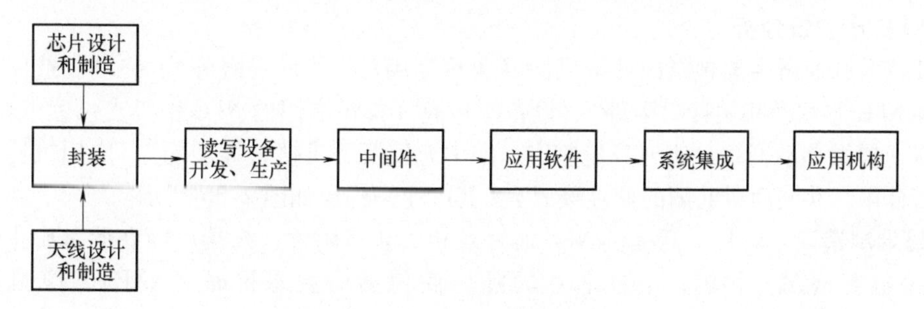

图2-34 RFID产业链构成

从全球产业格局来看，目前RFID产业主要集中在RFID技术应用比较成熟的欧美市场。荷兰飞利浦、德国西门子、意法半导体（ST）、美国德州仪器（TI）公司等半导体厂商基本垄断了RFID芯片市场；美国国际商业机器（IBM）、惠普（HP）、微软、Sybase、太阳微系统（Sun）公司和德国思爱普（SAP）公司等国际巨头抢占了RFID中间件、系统集成研究的有利位置；美国意联（Alien）、易腾迈（Intermec）、讯宝、TransCore、英频杰（Impinj）公司等则提供RFID标签、天线、读写器等产品及设备。相较于欧美国家，我国在RFID产业上的发展还较为落后。虽然我国RFID企业总数已超过一百家，但是缺乏关键核心技术，特别是在超高频RFID方面。另外，由于超高频RFID技术门槛较高，我国发展较晚，技术相对欠缺，且从事超高频RFID产品生产的企业很少，更缺少具有自主知识产权的创新型企业。在低频领域，由于低频RFID技术门槛较低，国内发展较早，技术较为成熟，相关芯片、天线、标签和读写器等硬件产品已得到广泛应用，目前处于完全竞争状况。

- **芯片设计制造**：芯片在RFID的产品中占据着重要地位，大概占到RFID标签成本的1/3。目前，我国清华同方、上海华虹、大唐微电子、上海复旦微电子、北京中电华大电子等集成电路企业在智能卡低频和高频芯片领域取得了一定的技术突破，打破了国外厂商垄断地位，但在超高频芯片领域仍面临巨大困难。

- **标签封装技术**：目前，我国已涌现出如深圳华阳、中山达华智能公司等一批封装技术较成熟的企业，但大多企业多是做标签纯封装，缺乏制作嵌体（Inlay）的能力。在防水、抗金属等柔性标签封装方面面临巨大困难。

- **读写器设计制造**：目前，我国低频领域读写器生产加工技术已较完善，生产经营的企业很多且实力较强，大致有三四百家，主要有北京航天金卡、深圳市明华澳汉、广东德生、深圳市先施科技、北京蓝卡公司等；高频领域读写器生产加工技术基本成熟，但具备制造能力的企业还比较少，只有深圳市远望谷、深圳市先施科技、上海秀派、江苏瑞福公司等数家。

- **系统集成商**：国内集成商大致分为两类。一类是国外厂商（如IBM、HP等）与我国集成商和硬件厂商的合作企业；另一类是我国较有影响力的集成商，大多为中小企业服务，如中兴、航天信息、实华开、北京维深、广州倍思得等。

- **RFID中间件**：当前我国的RFID中间件市场还不成熟，应用较少而且缺乏深层次上的功能。目前，比较有影响力的中间件企业基本为国外企业，如美国曼哈特（Manhattan Associates）、甲骨文（Oracle）、保点系统（Checkpoint Systems）公司和德国思爱普公司等。国内一些规模较大的软件公司也相继投入了RFID中间件的研究，形成了一批中间件专业厂商，如金蝶软件、北京东方通、中关村科技等，我国市场基本形成了国内外厂商激烈争夺的局面。

3. NFC产业链分析

NFC技术产业链主要包括内容提供商（为移动用户提供所需服务）、终端制造商（芯片厂商提供NFC芯片及相关接口附件）、设备制造商（提供专用的NFC手机支付读卡器）、电信运营商（提供移动网络，实现身份鉴定、空中充值及手机搜索等功能）、应用机构（与移动运营商合作，共同商讨共赢的商业模式）。其产业链构成如图2-35所示。

- **终端制造商**：芯片厂商提供NFC芯片及相关接口附件，终端厂商在此基础上研发制造NFC手机等终端。目前，NFC芯片国际厂商包括荷兰恩智浦（NXP）、德国英飞凌（Infineon）、意法半导体、日本瑞萨（Renesas）、美国高通（Qualcomm）公司等；我国厂商

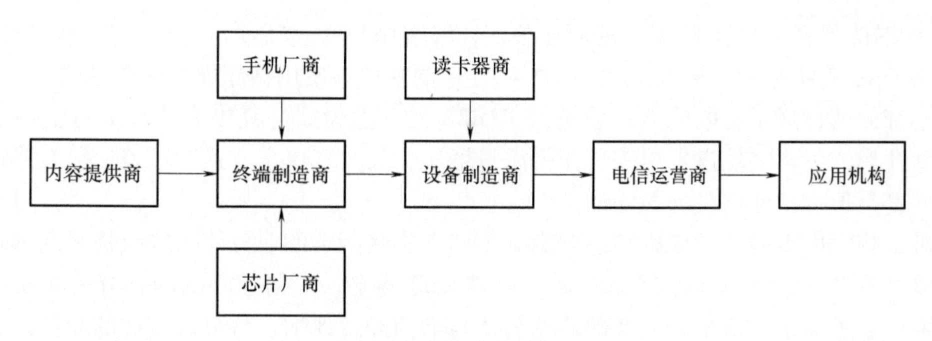

图2-35 NFC产业链构成

则有上海华虹、紫光同芯微电子（同方微电子）、上海复旦微电子、大唐电信公司等。NFC天线主要供应商有日本TDK、村田公司等，以及我国的深圳顺络电子、深圳市信维通信、惠州硕贝德、瑞声科技公司等。NFC手机厂商主要有我国华为、中兴、小米和美国苹果公司等。

- **设备制造商**：地铁、公交和电影院等地方安装的专用NFC手机支付识读设备，这些设备由NFC设备制造商提供，如我国深圳市西莫罗智能科技、东莞市心意通电子、华为、小米、美国苹果、和韩国三星公司等。
- **电信运营商**：为用户提供移动网络，实现身份鉴定、空中充值及手机搜索等功能。

4. 物联网卡产业链分析

物联网卡产业链构成可分为三部分，最上游是运营商，中游是渠道商，下游是终端使用者，如图2-36所示。

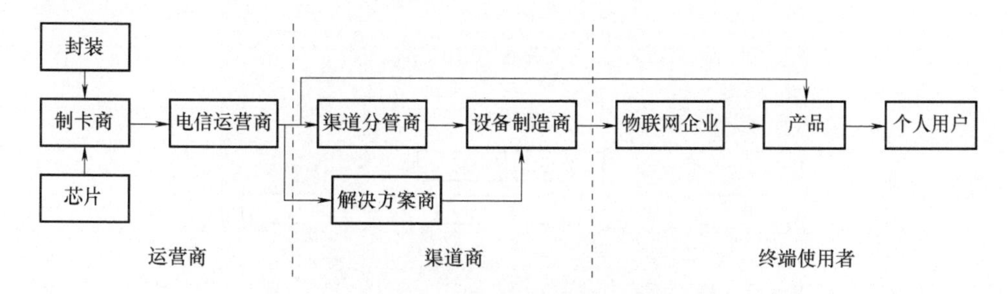

图2-36 物联网卡产业链构成

- **运营商**：运营商是网络的提供者，也是物联网卡的最初发售者。运营商搭建通信网络，同时向如大唐、金雅拓公司等制卡商定制物联网卡，即所有的物联网卡都在运营商的定制下进行生产。运营商再将物联网卡在物联网平台上进行录入，此时物联网卡就具备了使用功能。值得注意的是，这里的运营商并非仅仅是电信运营商，能够搭建LoRa、SigFox网络的运营商也在其列。
- **渠道商**：物联网产业是B2B2C的商业模式，从运营商的连接、平台与应用出发，主要用户都不是C端的最终用户，而是B端的商业用户。这些商业用户主要包括，行业合作伙伴，如通信模组、定位模组厂商、代理商等；物联网系统集成商，如物联网项目软硬件设计、开发、实施企业等；行业运营企业，如共享单车、车联网企业；硬件制造商，如智能锁厂、燃气制表厂等；物联网产品生产企业，如手机、手环、智能家居企业等；物联网产品销售企业，如智能后视镜销售商、渠道商、分销商等。

- **终端使用者**：经过 B2B2C 的商业模式，终端用户将包括项目与产品两类。项目面对的 C 端客户为政府或企业级项目，产品面对的 C 端客户为使用智能硬件的产品或个人。

这三部分就构成了物联网卡产业链的 B2B2C 的商业模式。其中有些环节将会由于技术创新或商业模式创新突然爆发出来，获得海量增长，如共享单车、远程抄表、智慧路灯等应用，这些都是值得产业链各方关注的。

当前，物联网卡的运营以电信运营商为主体，物联网卡的业务流程按照物联网卡物理形态的不同略有差异，如图 2-37 所示。对于传统物联网卡，电信运营商的省分公司从用户收集物联网的业务需求，电信运营商的终端公司与卡商经过评估，将可以实现的业务需求制定规范并交由卡商生产物联网卡，物联网卡生产完成后由运营商负责发卡。用户在省分公司办理物联网卡后插入物联网终端使用，运营商物联网运营公司负责后续物联网卡的业务运营。eSIM 的业务流程与传统物联网卡类似，区别在于 eSIM 没有实体物联网卡，卡商在 eSIM 时代消亡，运营商终端公司直接和物联网终端厂商完成基于 eSIM 的物联卡生产，生产完成后 eSIM 的运营主体依然为电信运营商的物联网运营公司。

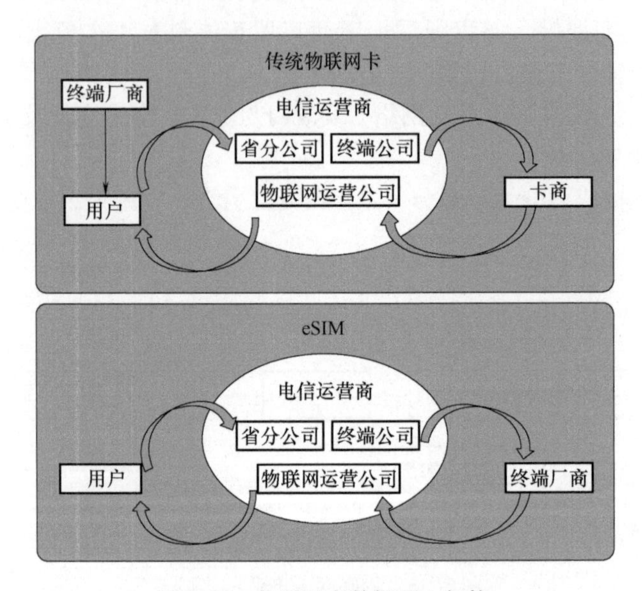

图 2-37　物联网卡数据写入架构

物联卡的数据写入，无论是传统物联网卡还是 eSIM，当前阶段均由发卡主体（电信运营商）完成，如图 2-37 所示。未来，物联网卡可能承担更多的业务应用（如标识业务），这部分应用数据（标识信息）的写入可经运营商授权，由终端厂商或用户写入。

任务 2.4　面向工业互联网的标识载体技术典型应用

2.4.1　可信数据采集

1. 可信数据采集需求分析

工业数据采集作为物理世界到数字世界的桥梁，是智能制造和工业互联网的基础。工业

数据采集基本功能框架，如图 2-38 所示。其基本功能包括设备接入、协议转换、边缘数据处理、中心云四部分。

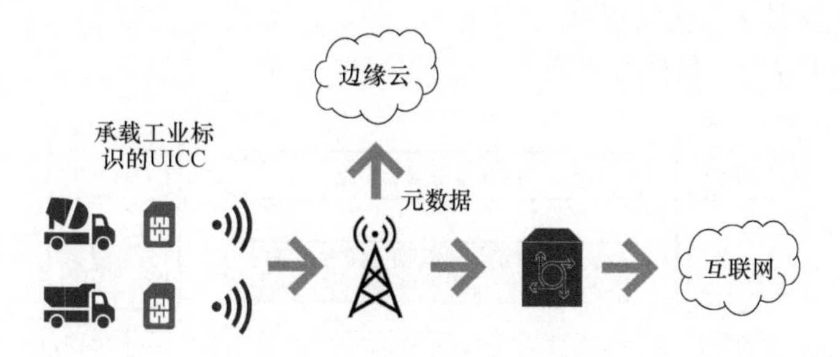

图 2-38　工业数据采集基本功能框架

- 设备接入是指，通过工业以太网、工业总线、蜂窝网络（2G、3G、4G、NB-IoT 及 5G）等各类有线和无线通信技术，接入各种工业现场设备、智能产品。
- 协议转换是指，通过中间件等兼容不同的工业协议，实现数据格式的统一。
- 边缘数据处理，通过在靠近设备侧或数据源头的网络边缘侧对数据进行分析处理和存储，以达到降低数据响应时延、降低网络拥塞等目的。最常见的一种边缘计算处理采用的是边缘云的形式，边缘云位于基站和核心网之间，在本地向用户提供功能强大的云计算服务。
- 根据应用需要，中心云接收来自端侧和边缘云的数据，向用户提供更大范围的服务。

2. 可信数据采集应用场景

目前，工业互联网领域的数据采集场景分为以下两类：

- 数控机场/专用智能设备。这类设备通过工业总线、以太网等与工业数据采集系统通信，通常为有线传输方式。此类方式成本较高、灵活性差，但安全性高。
- 物料标识读取设备。物料身份标识主要采用一维条形码/二维码、NFC、RFID。这类方式成本低，适用于低值单品识别。可信数据采集方案主要适用于第一种场景。

3. 典型案例：中国联通可信数据采集解决方案

传统上工业数据采集模型包括工业终端和工业平台，以及连接工业终端和工业平台的网络，如图 2-39 所示。

图 2-39　传统的工业数据采集模型

在这种模型下，工业终端与平台之间的数据采集等互操作主要依靠用户名 + 密码的方式进行访问控制与权限管理。

该模型的优点是，结构简单、技术实现容易、成本低。其缺点是，当工业终端的数量较大时，用户名和密码的管理难度变大。为了便于实际操作，部署人员往往对批量终端采用相同的用户名和密码，从而导致安全问题爆发，使终端成为“肉鸡”，为工业互联网的安全埋下重大隐患。

针对工业数据采集安全隐患，有必要建立基于 UICC 建立可信数据采集系统，赋能工业产品从生产到使用贯穿通信服务商、网络运营商、模组生产商、工业企业等多个参与方接入认证，为工业企业数据安全提供保障。

基于 UICC 的可信工业数据采集模型，如图 2-40 所示。

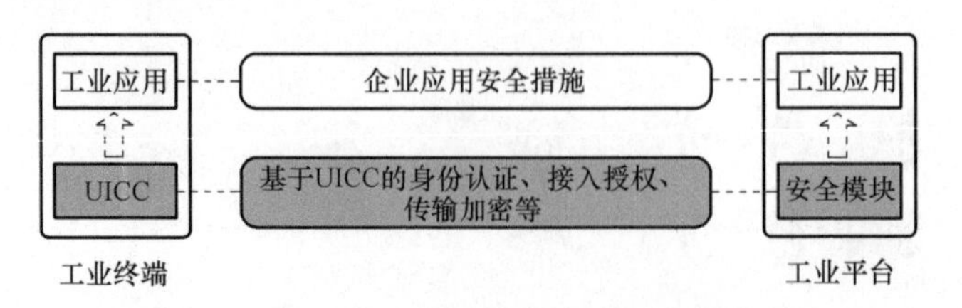

图 2-40　基于 UICC 的可信工业数据采集模型

图 2-40 中，在工业终端侧采用 UICC 保存工业互联网标识及其相关的证书密码。UICC 对工业互联网标识及其相关的证书密码进行安全保护。

UICC 及其业务系统将网络层的终端身份识别、接入授权、传输加密等能力赋能给应用层的企业相关应用。

工业平台可根据 UICC 的终端身份识别结果接收/拒绝来自终端的数据写入。

要实现图 2-40 所示的模型，需要在工业终端和工业平台之间增加工业标识 UICC 验证平台，同时还需要构建对应的 UICC 平台，如图 2-41 所示。

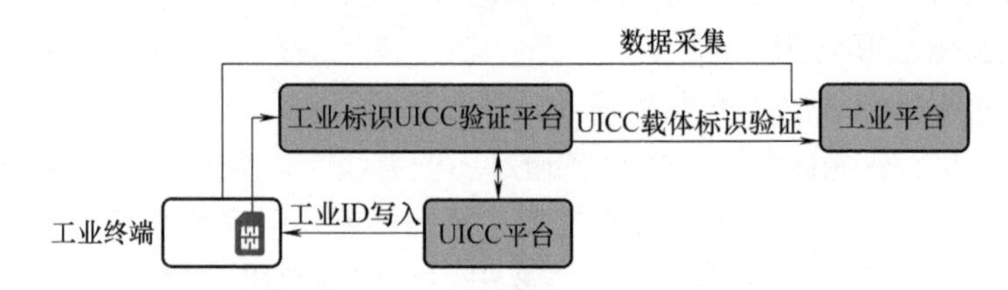

图 2-41　UICC 赋能工业可信数据采集

图 2-41 中，工业标识 UICC 验证平台：对工业终端中的 UICC 信息（即载体标识，包括工业标识符、相应的证书等）进行验证，可以验证 UICC 的合法性，进而验证 UICC 所绑定终端的合法性。

UICC 平台：负责将工业 ID（即互联网标识符、证书、密钥、Applet 等数据）写入 UICC 中，同时还需要对接工业标识 UICC 验证平台及其他管理平台等（如工业互联网标识符管理平台等）。

在基于 UICC 的可信工业数据采集模型中，UICC 可以充当安全锚点，企业应用的安全方案可以构建于 UICC 之上。企业应用的安全也可以独立于 UICC，可以根据需要灵活部署。

对图 2-41 所示的各个模块进行说明如下：

- 工业终端，需嵌入 UICC。其中 UICC 负责存储工业标识符、证书、密钥、Applet 等，具备通过 UICC 平台对 UICC 进行远程配置、远程激活并通过无线空中接口写入工业标识的能力。
- UICC 平台，可在运营商 SIM 卡平台基础上改造，需支持工业终端的工业标识写入，支持 Profile 下载、状态管理、信息查询等功能。

• UICC 验证平台，独立于现有运营商使用的 eSIM CA 系统，专门设计服务于工业互联网应用场景。因 eUICC 作为工业标识载体，可承载工业互联网标识身份认证卡应用及数据。

• 图 2-41 中，工业平台是一个抽象的概念，本节主要是指负责采集工业终端数据的平台，实际的数据采集能力可能会集成在不同的平台上。

将工业互联网标识灌装入 UICC 涉及复杂的业务流程，涉及多个利益相关方，如图 2-42 所示，需要多方共同协作。

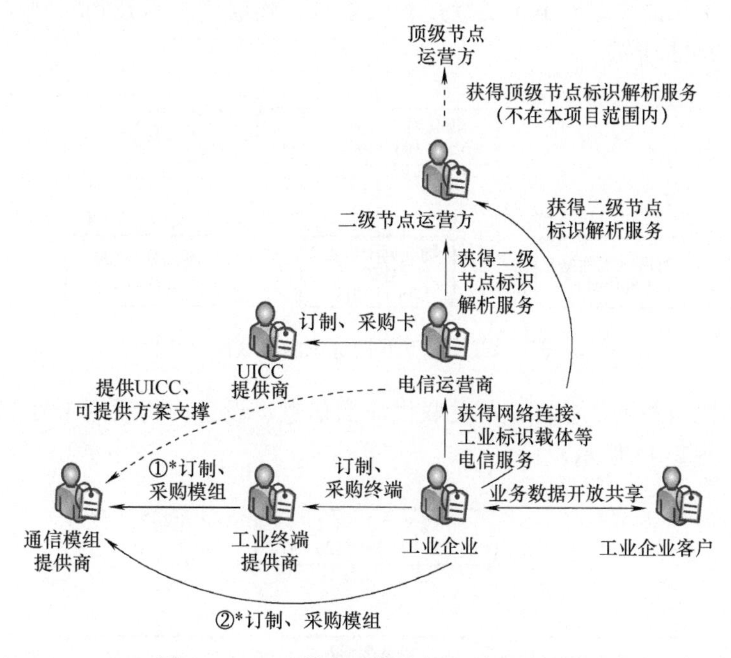

图 2-42 工业数据采集的部分利益相关方

2.4.2 数据融合

1. 数据融合需求分析

工业互联网的核心功能之一是工业数据的价值发现，即通过对工业产品在生产、销售、维护等环节数据的全面感知、实时交换、快速处理，实现智能控制。然而，由于历史原因，企业内部、企业间“信息孤岛”问题普遍存在，造成了大量数据未被采集或采集到而未被有效利用，严重制约了传统工业企业向以工业互联为基础的智能制造转变的进程。

面向工业互联网的数据融合，具体有以下三种实施方案：

1）通过采用同一标识，实现企业、行业内数据表达的统一。企业、行业采用同一种标识解析体系，实现本领域的标识数据互通。

2）通过云平台实现不同行业、不同标识体系间的数据互通。不同标识数据在云平台汇聚，经过标识解析后，根据需求完成标识之间的转换，实现基于标识的数据互通。

3）基于人工智能的工业数据融合。根据各类标识对应的物理实体和应用来汇聚相关的数据信息，采用人工智能、机器学习等技术对工业数据进行深层次挖掘。

本节主要针对采用同一种标识在行业内实现数据融合的方案进行介绍。

2. 数据融合应用场景

在实际应用中，企业间的数据关联、融合会产生新的价值。工业互联网标识可作为不同企业间进行数据关联的媒介，实现企业间数据的融合。

3. 典型案例：中国联通多维数据融合解决方案

以工业企业的数据与运营商数据进行融合为例，将物联网卡作为工业互联网标识载体，可实现工业企业数据与运营商数据的融合。下面介绍具体示例。

1）承载工业标识的物联网卡可关联运营商信息、物联网卡号及物联网卡相关数据存放地址 URL，如图 2-43 所示。

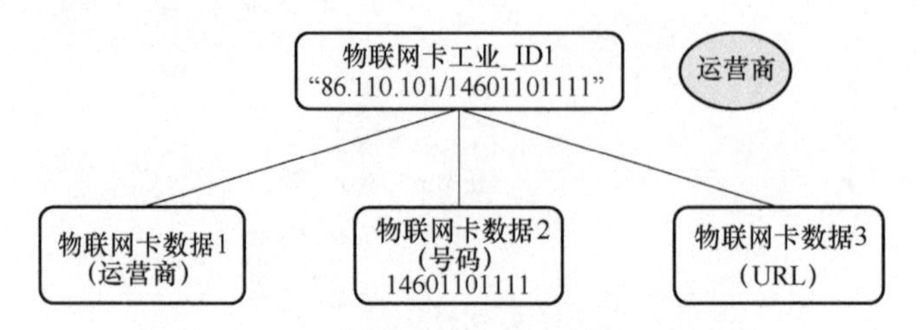

图 2-43　承载工业互联网标识的物联网卡数据

2）工业互联网设备的工业标识可关联供应商信息、设备内物联网卡号信息、设备数据地址 URL 等，如图 2-44 所示。

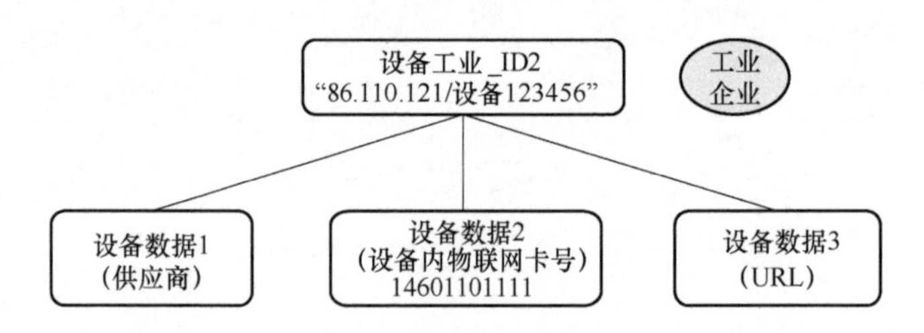

图 2-44　工业互联网标识所关联的设备相关数据

承载工业互联网标识的物联网卡数据和工业互联网标识所关联的设备相关数据都可以通过自己的工业标识在工业互联网标识解析系统中被解析出来，相关企业在合法的权限下可实现运营商数据与工业企业设备数据的融合，如图 2-45 所示。

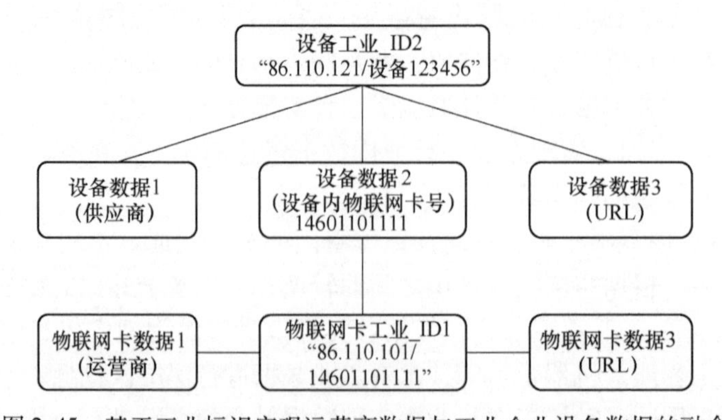

图 2-45　基于工业标识实现运营商数据与工业企业设备数据的融合

“设备123456”的供应商（某工业企业）通过服务平台查询“设备123456”的工业ID“86.110.121/设备123456”，除了获得设备的相关开放数据“设备数据1”“设备数据3”外，还能通过物联网卡卡号获得物联网工业ID1“86.110.101/14601101111”，以此获得更多物联网卡的相关信息，完成行业间工业数据融合。

3）eSIM应用涉及跨运营商之间的数据交换与融合，eUICC可承载工业互联网标识和EID标识信息，工业标识可关联供应商信息、设备内物联网卡号信息、设备数据地址URL等，EID标识可关联eSIM对应的Profile（IMSI、MSISDN、ICCID）及对应的卡清单服务信息。基于eSIM设备的工业互联网标识实现的跨运营商设备数据融合如图2-46所示。

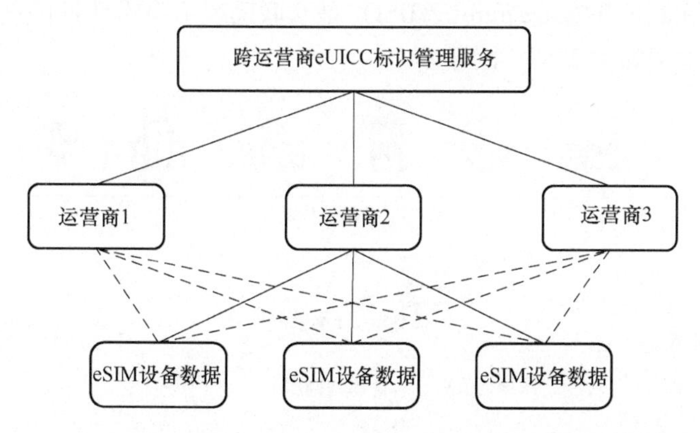

图2-46 基于eSIM设备的工业互联网标识实现的跨运营商设备数据融合

2.4.3 统一身份认证

1. 统一身份认证需求分析

网络世界经过了互联网、移动互联网、产业互联网三个阶段，但密码输入方式一直没有改变。移动互联网向产业互联网转型的今天，密码输入面临着极大的安全挑战。万物互联时代，产业互联网渗透到生活诸多方面，智慧城市发展已初具规模。门锁、公共交通、医院就诊等不同的场合，需要不同的身份认证实体，即针对每一个设施都要带一把“钥匙”。随着产业互联网的深入实施，未来人们每天可能要随身携带好几百把“钥匙”。之所以产生这种情形，是因为不同设施的身份认证协议并没有一个统一的全国标准。未来如果可以通过技术实现不同产业互联网设施之间的统一身份认证，通过一把“钥匙”实现所有智能设备的身份认证，那将大大便利人们的生产生活。

2. 统一身份认证应用场景

在被智能设备包围的未来世界，统一身份认证方案可满足用户在不同的生活场景下的鉴权需求，应用范围辐射制造、教育、交通、医疗、社区、公共服务等业务场景。

在日常生活动中，进入不同的大楼需要不同的身份识别设备，这给人们的生活和社区的管理都带来了一定的不便。结合生物识别、联网设备，利用统一身份认证方案可以解决身份交叉互信问题，协助物业更便捷高效准确地管理进入人员。

在交通领域，不同的小区、停车场采用不同的车辆身份信息（卡、车牌、公共ETC标签等）对车辆进行识别，这给管理和使用带来了很大的困难。基于统一身份认证方案，可以在全国范围内采用统一的汽车电子标识（如 RFID），科学高效地管理车辆。

3. 典型案例：腾讯公司腾讯用户安全基础设施（TUSI）解决方案

身份认证是产业互联网应用中必不可少的一个环节。通常的处理方式是，每个应用单独管理自己发行的身份证书、单独做身份认证。由于身份及其身份认证的方式不能互通，这种方式对数据的开放共享造成了一定的障碍。

互联网统一身份认证的基本思想是，在统一的技术框架下，各应用主体可以使用不同的 CA 中心发行标识及其证书，并用区块链来对已发行的标识及其证书进行验证。该方案兼顾了灵活性和可信性，为数据共享提供了统一身份认证使能。腾讯公司的腾讯用户安全基础设施（Tencent User Security Infrastructure，TUSI）是互联网统一身份认证的例子。腾讯 TUSI 方案的统一身份认证框架如图 2-47 所示。

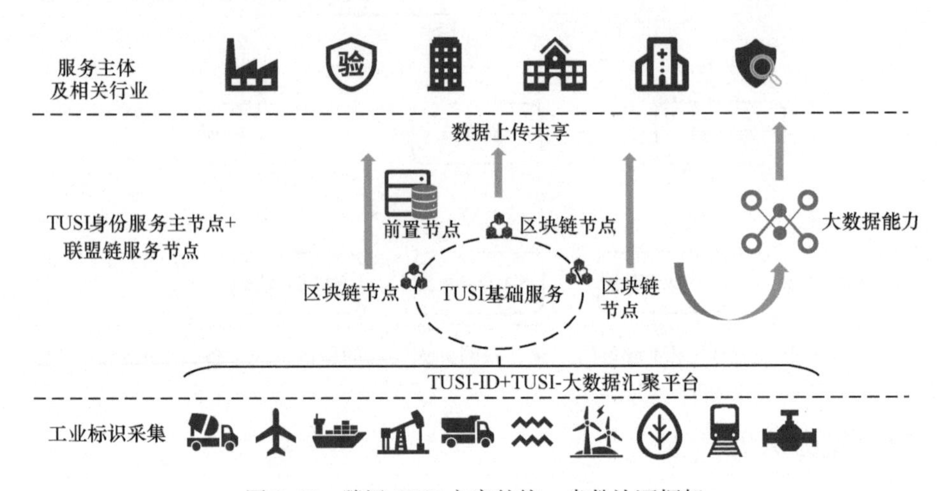

图 2-47　腾讯 TUSI 方案的统一身份认证框架

- 物联节点、装置等装有 TUSI 下发的可信 TUSI-ID，可以对设备的身份进行追溯及鉴权，通过现有物联网入口，将多维度的数据收集到 TUSI 前置。
- 通过 TUSI 身份区块链系统，把数据加密后上链，各个行业及相关管理部门有 TUSI 前置节点用于解密及数据上传、同步。
- 通过 TUSI-大数据汇聚平台，实现多维度多方面信息的筛选、汇聚、分类、清洗、建模等，输出可以供第三方使用的接口与能力。
- 相关的管理部门可以实时调取相应的物及装置的身份数据及敏感数据，如设备状态、信息、历史记录、操作权限、生命周期等。

TUSI 可信身份区块链，借助区块链的特性，实现隐私保护、信任传递、身份索引、交叉认证等安全特性。

统一身份认证涉及 4 类利益相关者，如图 2-48 所示。

- CA 中心，发行标识及其证书密钥等。
- 工业互联厂商，通过区块链身份验证平台，对接入的工业互联网设备进行认证。
- 区块链身份验证平台，加密存储了 CA 中心发行的标识、证书等信息，为工业互联网厂商提供身份验证等服务。
- 工业互联设备，作为标识的载体，加载了 CA 中心认证的安全模块。

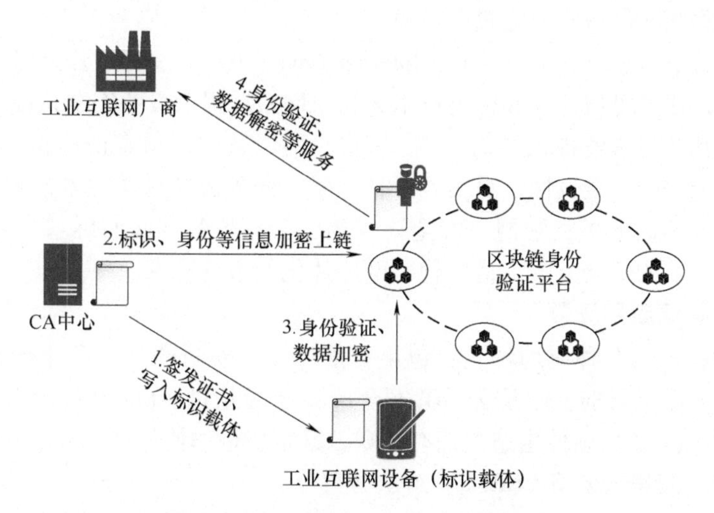

图2-48 互联网统一身份认证基本流程

由于需要具备联网能力和计算能力，互联网统一身份认证的标识载体采用UICC或模组或MCU芯片。

TUSI身份区块链完成了从物联网设备到云端的安全闭环，其优势包括，TUSI身份区块链是联盟区块链，相比公链更高效、更可控；TUSI身份区块链通过TUSI协议形成设备端到云端的安全闭环；TUSI身份区块链部署灵活，可封装在硬件载体亦可作为云端服务；TUSI身份区块链高度重视用户隐私，只留存脱敏的身份索引；TUSI身份区块链为同一用户不同场景提供交叉认证服务。

2.4.4 接入安全认证

1. 接入安全认证需求分析

当今时代，信息通信技术飞速发展。物联网作为信息通信技术的典型代表，在全球范围内呈现迅猛发展的态势。物联网应用涉及城市管理、智慧家庭、物流管理、智能制造、零售、医疗、安全等在内的众多领域，物联网应用的普及和物联网技术的成熟推动世界进入了万物互联的新时代，可穿戴设备、智慧家庭等数以百亿计的新设备将接入网络。

物联网终端设备的规模不断增大，随之而来的威胁也越来越大，如软件漏洞、不安全通信、数据泄露、恶意软件感染等。物联网设备已成为僵尸网络的主要载体，已可形成超高容量的DDoS攻击源，物联网DDoS攻击的规模、频度、复杂性、影响和损失正在快速增长。终端智能化在给人们带来方便的同时，也暴露出越来越多的安全问题，威胁到使用者的隐私、财产甚至生命安全，安全问题已成为阻碍物联网发展和用户接受度提升的一个重要因素。

同时，全世界范围内针对物联网终端的安全解决方案也在迅速发展当中，这些安全解决方案包括了硬件安全解决方案［如安全芯片（SE）］、软件解决方案（如软件沙箱）及软硬结合的方案［如可信执行环境（TEE）］等。其中部分方案的产生源于金融、移动通信等领域的安全诉求，在适配到物联网终端并进行大规模应用时，存在安全成本与应用场景匹配难的问题。终端厂商对安全方案的衡量指标缺失、消费者用户感知及可区分性差等，都造成了安全方案部署到物联网设备时面临较大挑战。

物联网设备身份认证方案 Link ID² (Internet Device ID)，是阿里云公司推出的物联网设备身份认证系统，通过可信计算和密码技术为物联网系统提供设备安全认证、安全连接、业务数据加密等端到端的可信接入能力。ID² 是物联网设备的可信身份标识，具备不可篡改、不可伪造、全球唯一的安全属性，是实现万物互联、服务流转的关键基础设施。ID² 支持多安全等级载体，合理地平衡物联网在安全、成本、功耗等各方面的诉求，为客户提供用得起、容易用、有保障的安全方案，适应物联网碎片化的市场需求。

2. 接入安全认证应用场景

Link ID² 已覆盖近 30 种应用场景，包括智能门锁、安防产品、可穿戴设备、网关、三表、无人货柜等。截至目前，阿里云 IoT 安全产品已为超过 4000 万台设备提供安全服务，已有 60 多款载体接入 ID² 硬件生态，拥有 100 多家生态合作伙伴。

3. 典型案例：阿里云公司 Link ID² 解决方案

阿里云公司的 Link ID² 方案提供 ID 分发中心和 ID 认证中心两个服务，如图 2-49 所示。

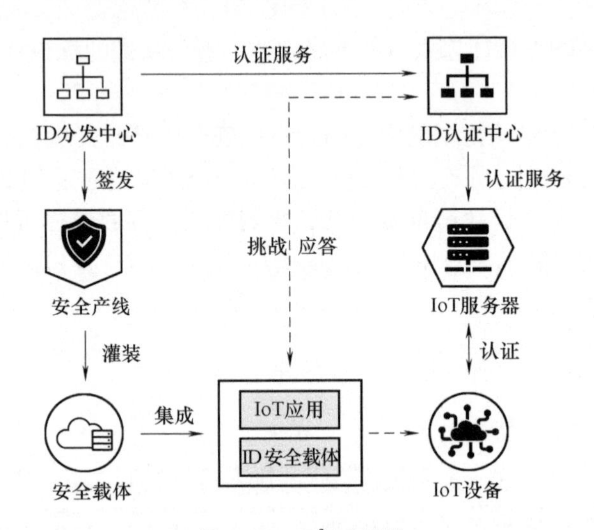

图 2-49　ID² 原理图

分发中心采用硬件加密机和安全存储技术，确保密钥云端生成和存储的安全；与合作伙伴的安全产线对接，确保密钥安全烧录到各种安全等级的载体上。

客户将安全载体（如 SE、SIM 卡、Secure MCU、TEE 及软沙盒）集成到物联网设备（即终端），基于设备端和云端的 SDK，调用 ID² 认证中心提供的设备认证、信息加密等接口，建立安全通道，保障业务数据的不可抵赖性、完整性和保密性。

其核心功能如下：

- 设备身份认证，为每个 IoT 设备提供唯一的身份标识，基于 ID² 提供双向身份认证服务，防止设备被篡改或仿冒。
- 安全连接，提供兼容 TLS 和 DTLS 的轻量级安全协议——iTLS/iDTLS。更适合 IoT 设备，在保障安全性的同时大幅减少 IoT 设备的资源消耗。
- 业务数据保护，基于设备可信根派生的密钥支持多种加密算法，为设备固件、业务数据、应用授权等敏感数据提供安全防护。

• 密钥管理：为 IoT 系统中的设备、应用、业务所使用的密钥提供集中管理，包括密钥生成、密钥销毁、端到端的密钥安全分发。

其核心特点如下：

• 轻量化，使用 ID^2 代替 CA 证书，既节省了存储空间又节省了网络资源的消耗。仅连接握手阶段就可以节省 70% 的网络资源消耗。

• 高安全，为 IoT 设备提供云端可信根，基于可信根为上层业务提供可信服务，从源头确保 IoT 设备的合法性和数据的安全性。

• 广覆盖，适用于多种安全等级的 IoT 应用场景，支持不同安全等级的载体（SE、SIM 卡、TEE、Secure MCU、软件沙箱）。

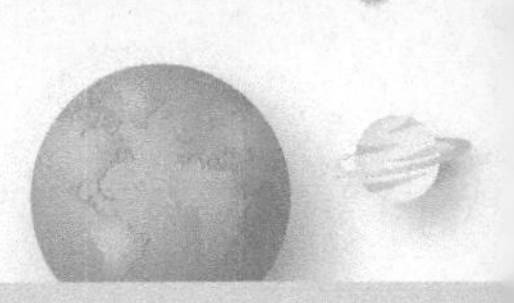

项目 3 标识解析系统

任务 3.1 标识解析赋码流程

赋码系统是标识解析的基础应用，主要提供物料、设备、成品等编码规则管理，并根据不同的应用环节生成多种形态的编码标签，如条形码、二维码、激光喷码、防伪码、RFID 等。赋码流程如图 3-1 所示。

赋码系统包括**编码管理**和**赋码管理**两大功能。

编码管理，包括字典管理、编码规则、赋码规则三个子功能；赋码管理，包括设备管理、赋码记录、数据管理三个子功能。

3.1.1 编码管理

赋码前设置流程见表 3-1。

表 3-1 赋码前设置流程

步 骤	名 称	功 能
1	设置字典	• 添加标识字典，输入字典名称及编码 • 设置字典展示字段 • 完成字典设置
2	设置编码规则	• 填写规则名称并选择规则编码组成 • 设置已选编码结构的编码规则 • 完成编码规则设置
3	添加赋码设备	• 添加设备名称及物理位置 • 选择设备连接方式并输入 IP 地址 • 选择设备连接方式 • 选择赋码类型及赋码方式 • 完成设备连接设置

1. 字典管理

在编码管理系统中，单击“字典管理”，进入图 3-2 所示的界面，在输入框输入字典名称、字典编码后单击“保存”即可新建字典。

2. 编码规则

在编码管理系统中，单击“编码规则”，进入图 3-3 所示的界面，包括默认规则和自定义规则两个子页面，当无自定义规则时，系统以默认规则进行编码。默认规则为，标识前缀/分类-产品代码 + 批次号 + 序列号 + 随机码。

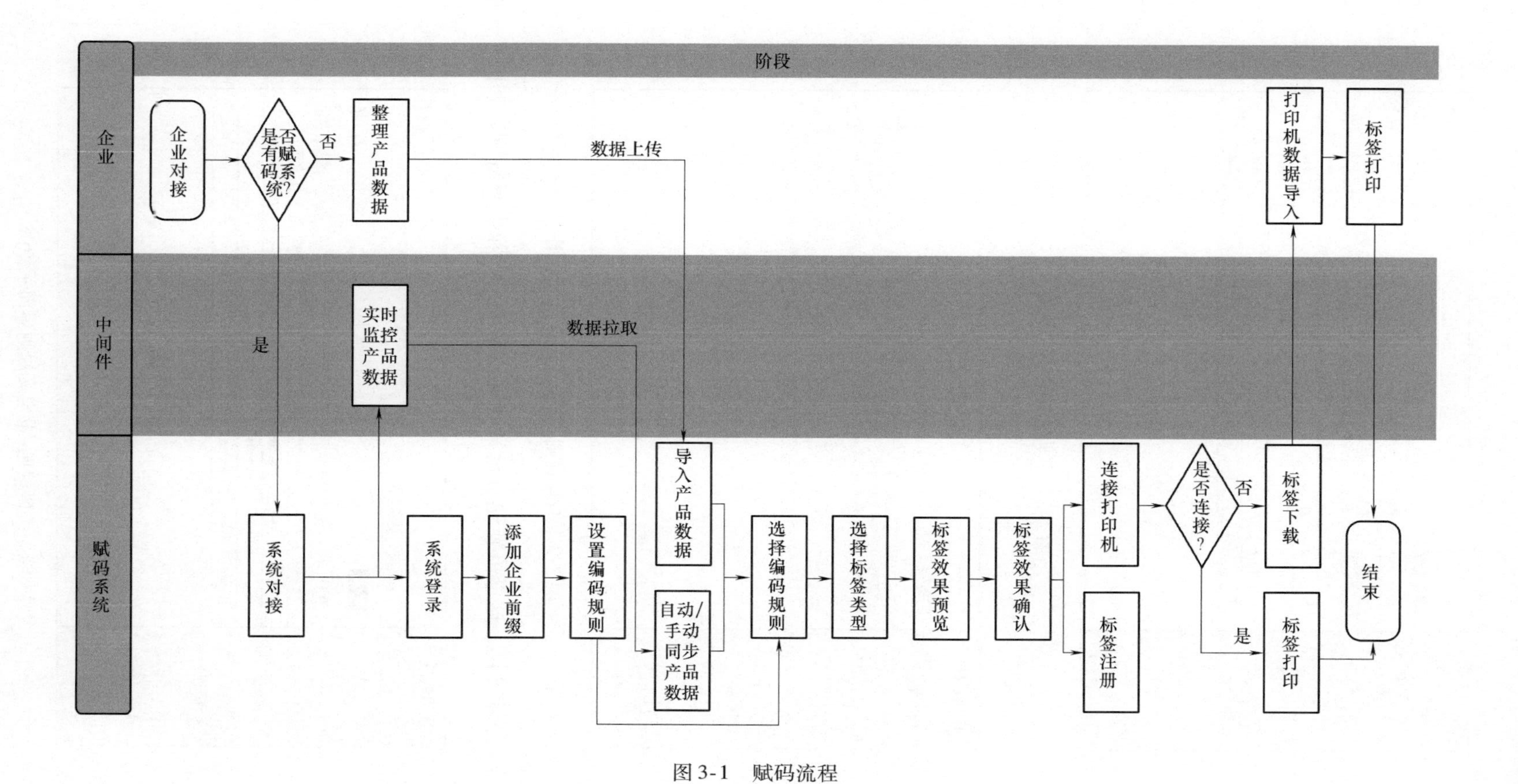

阶段
企业
中间件
赋码系统
企业对接
是否有赋码系统?
否
是
整理产品数据
数据上传
实时监控产品数据
数据拉取
系统对接
系统登录
添加企业前缀
设置编码规则
导入产品数据
自动/手动同步产品数据
选择编码规则
选择标签类型
标签效果预览
标签效果确认
连接打印机
标签注册
是否连接?
否
是
标签下载
标签打印
打印机数据导入
标签打印
结束

图 3-1 赋码流程

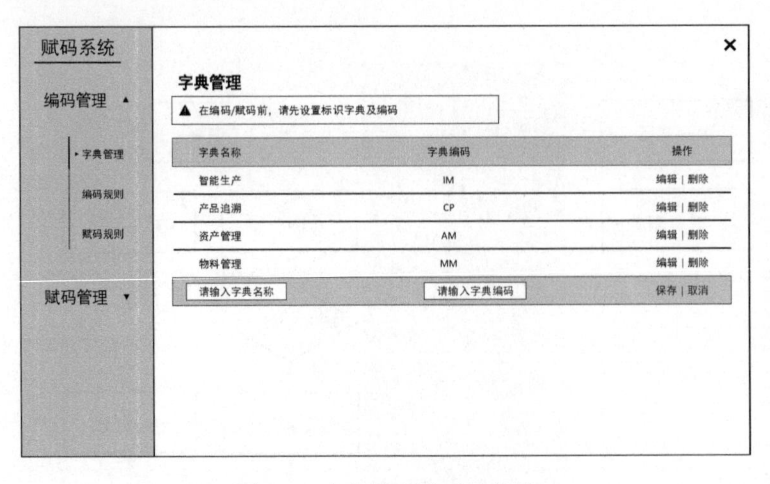

图 3-2　字典管理界面示意图

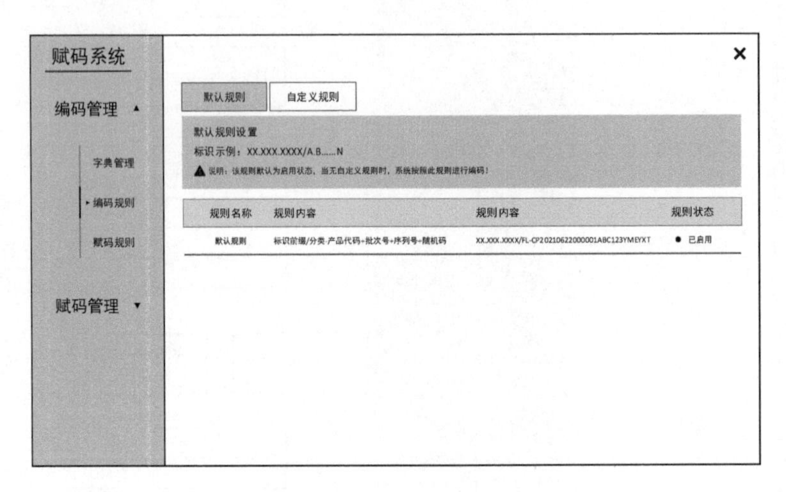

图 3-3　编码规则-默认规则界面示意图

单击“自定义规则”，这里可新建自定义规则或修改、删除现有规则，如图 3-4 所示。

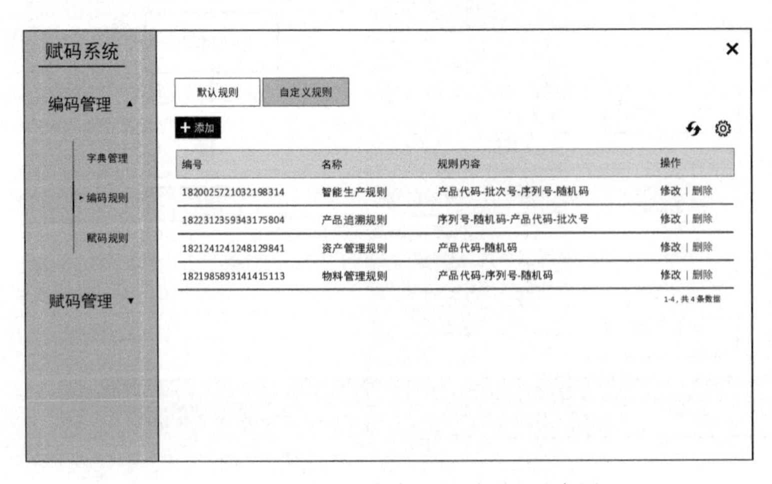

图 3-4　编码规则-自定义规则界面示意图

单击“添加”按钮新建规则，在新页面中填写规则参数。输入规则名称，在规则配置中拖动所需编码，可选“产品代码”“批次号”“序列号”“随机码”中的一个或多个进行组合；分隔符可选择“,”“-”“.”“·”，或选择停用分隔，如图 3-5 所示。

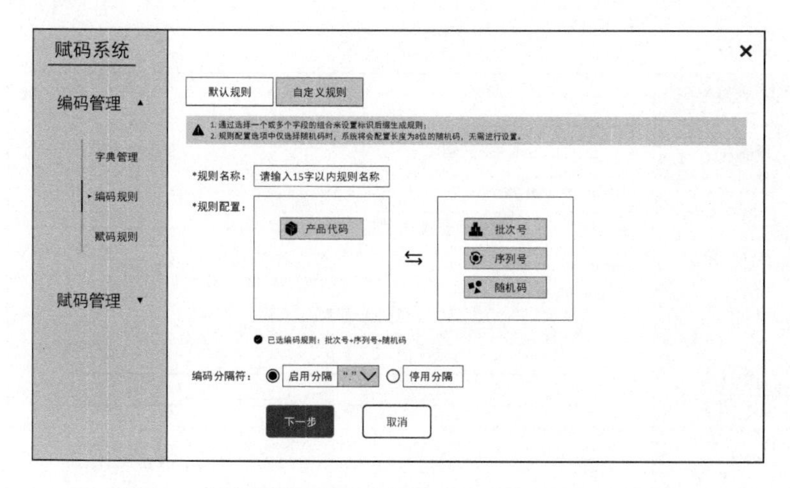

图 3-5　编码规则-自定义规则-添加新规则界面示意图

例如，选择“批次号 + 序列号 + 随机码”，并用“.”作为编码分隔符，单击“下一步”按钮进入编码结构设置页面。

首先，对批次号编码结构进行设置，可选择按时间编码，也可自定义。若选择按时间编码，选择按“日”编码且顺序码长度为 6，则“20210622000001”中 2021 代表当前年份，0622 代表 6 月 22 日，000001 代表顺序码，按“周”“月”同理。在此以按“日”编码，顺序码长度为 6 为例，如图 3-6 所示。

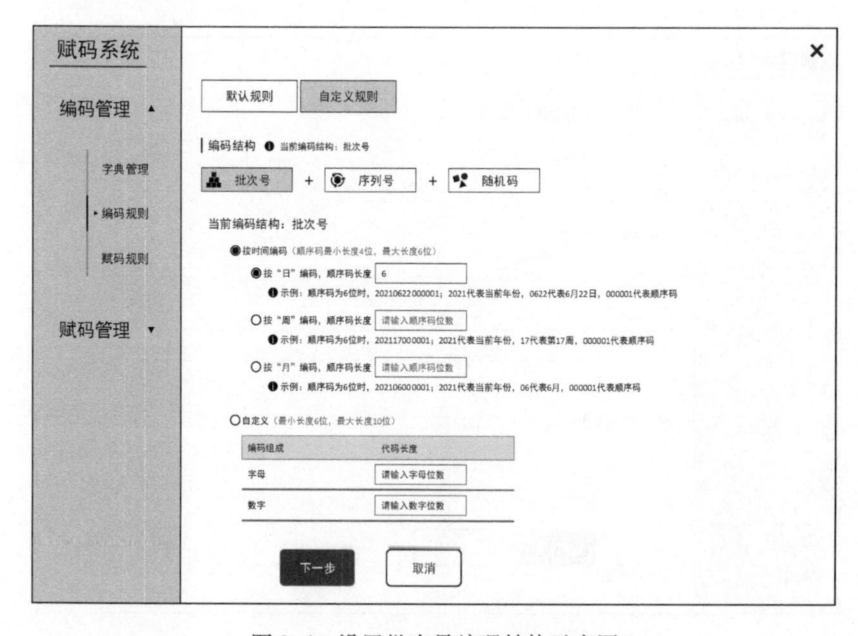

图 3-6　设置批次号编码结构示意图

完成批次号设置后单击“下一步”按钮，进入序列号编码结构设置页面，可选择递增编码，也可自定义。若选择递增编码，若字母起始位“AB”，数字起始位“1”长度4，则编码位为AB0001～ZZ9999。在此以字母起始位ABCDEF，数字起始位1为例，如图3-7所示。

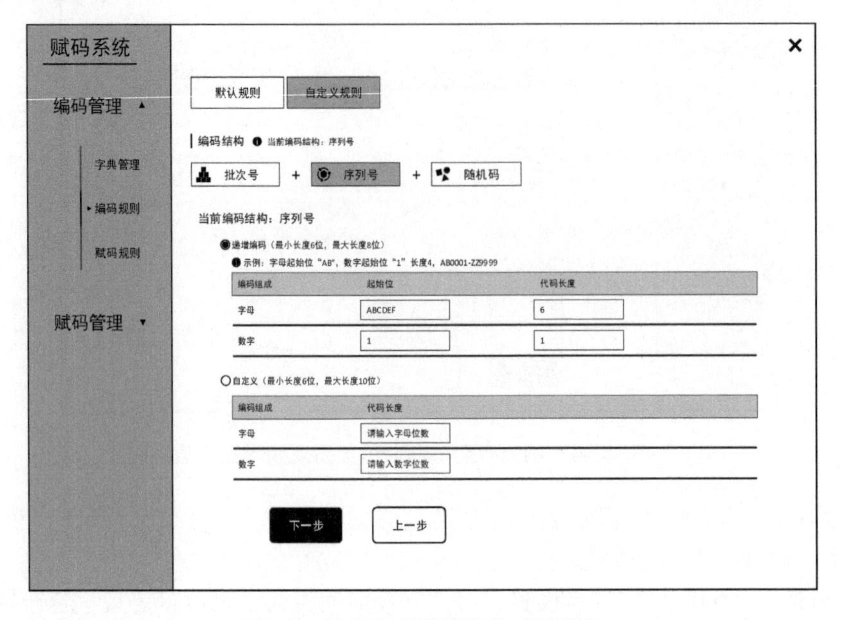

图3-7　设置序列号编码格式示意图

完成序列号设置后点击“下一步”按钮，进入随机码编码结构设置页面，如图3-8所示。

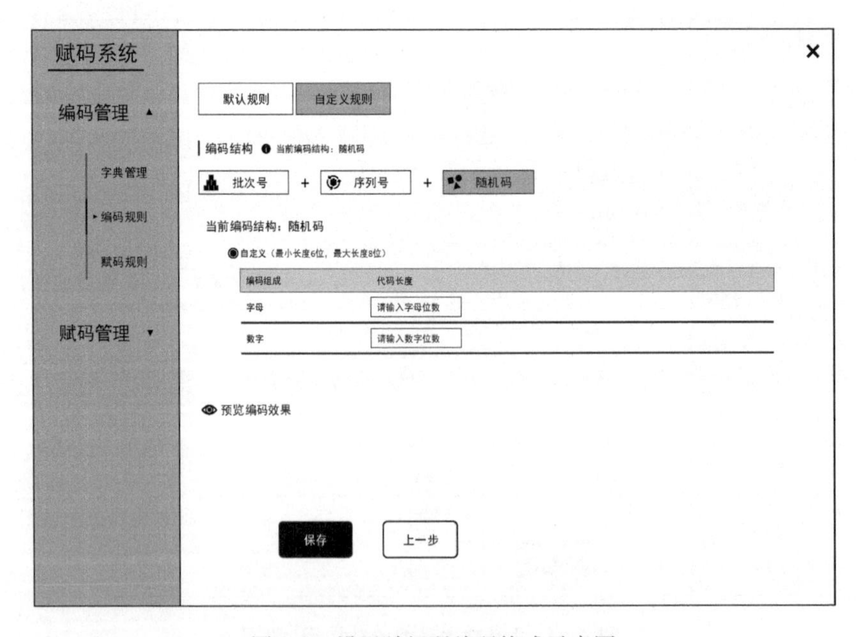

图3-8　设置随机码编码格式示意图

若设置随机码编码结构中字母长度4位，数字长度4位，选择单击“预览编码效果”可看到当前编码格式下的编码效果，编码规则为“标识前缀/批次号．序列号．随机码”，编码结果为“××．×××．××××/20210629000001．ABCDEF1．CBXY3393”，如图3-9所示。

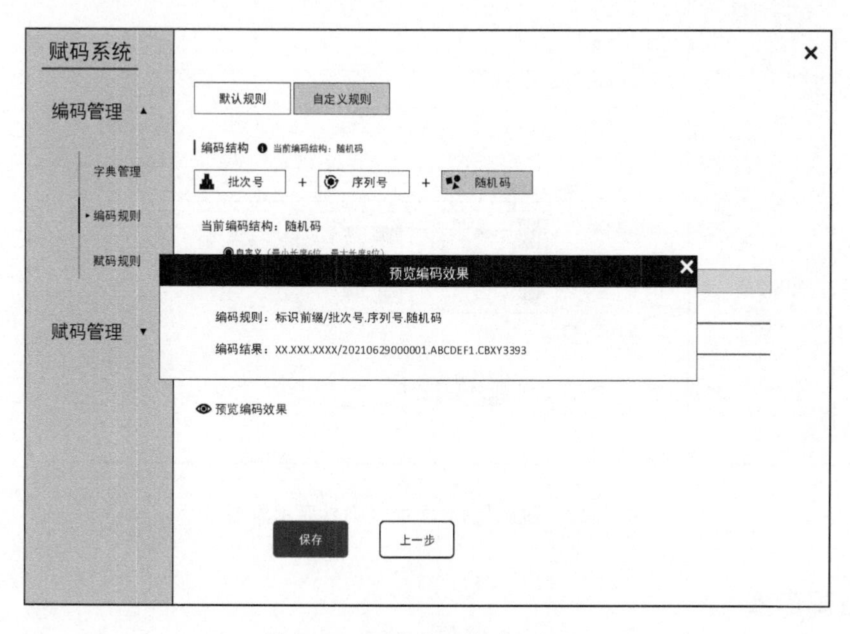

图3-9　预览编码效果示意图

单击“保存”按钮完成自定义编码规则设置。

3. 赋码规则

在左侧“编码管理”功能栏单击“赋码规则”，可输入规则或字典名称进行搜索，赋码类型可通过下拉框选择二维码、一维码、RFID、芯片、模组等标识载体，如图3-10所示。

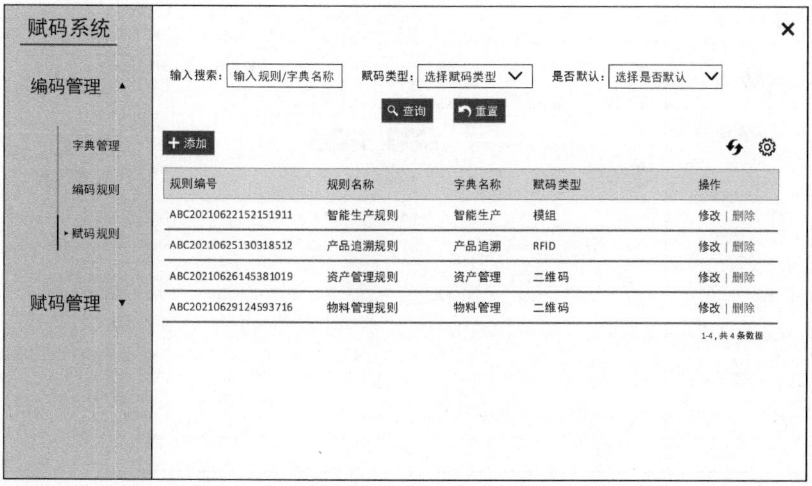

赋码系统

编码管理 ▴

字典管理

编码规则

赋码规则

赋码管理 ▾

输入搜索：输入规则/字典名称　赋码类型：选择赋码类型　是否默认：选择是否默认

查询　重置

添加

规则编号	规则名称	字典名称	赋码类型	操作
ABC20210622152151911	智能生产规则	智能生产	模组	修改 | 删除
ABC20210625130318512	产品追溯规则	产品追溯	RFID	修改 | 删除
ABC20210626145381019	资产管理规则	资产管理	二维码	修改 | 删除
ABC20210629124593716	物料管理规则	物料管理	二维码	修改 | 删除

1-4，共4条数据

图3-10　赋码规则添加及查询界面示意图

单击“添加”按钮，进入赋码规则添加界面，赋码类型可选择二维码、一维码、RFID、芯片、模组，如图3-11所示。

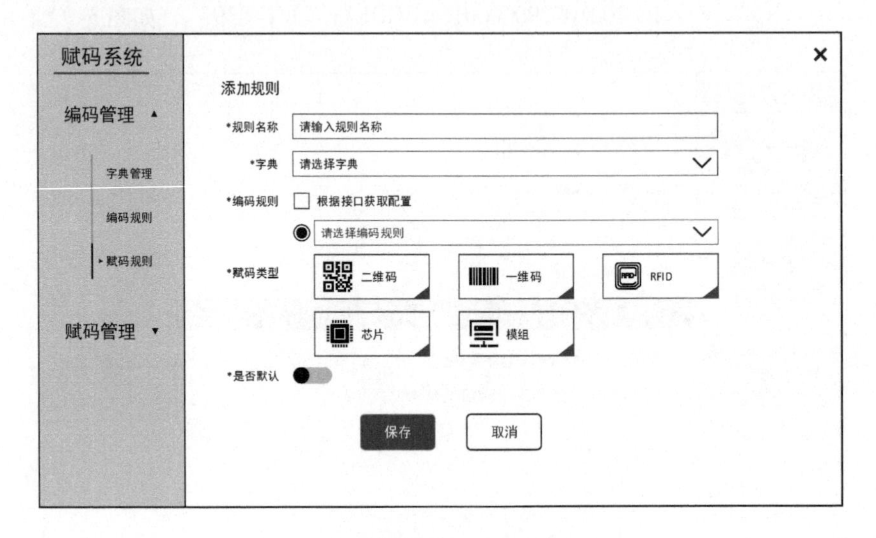

图3-11　赋码规则-添加规则界面示意图

3.1.2　赋码管理

单击“赋码管理”，可看到设备管理、赋码记录、数据管理三个子功能。

1. 设备管理

单击“设备管理”，可输入设备ID或设备名称进行搜索；连接方式通过下拉框可选择全部、网口、串口、USB；赋码类型通过下拉框可选择全部、二维码、一维码、RFID、芯片、模组；赋码方式通过下拉框可选择喷墨、热敏、印制、热转印、激光；设备状态通过下拉框可选择全部、未连接、已连接、连接失败、连接断开、未知，如图3-12所示。

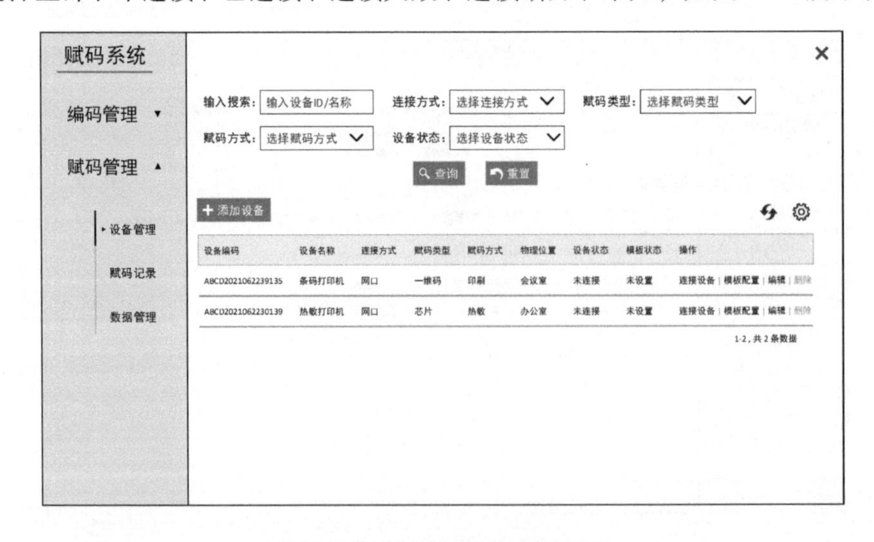

图3-12　设备管理界面示意图

在设备管理界面单击“添加设备”按钮，输入设备名称和物理位置，选择连接方式，选择模块名称，输入设备地址（主机名或 IP 地址）和端口，选择赋码类型和赋码方式，如图 3-13 所示。

赋码系统
编码管理
赋码管理
设备管理
赋码记录
数据管理
添加设备
*名称 请输入设备名称
物理位置 请输入物理位置
*连接方式 网口 串口 USB
模块名称 请选择模板名称
*设备地址 请输入主机名或IP地址
*端口 请输入端口
*赋码类型 请选择赋码类型
*赋码方式 请选择赋码方式
保存 取消

图 3-13 设备管理-添加设备界面示意图

2. 赋码记录

单击“赋码记录”，可通过产品名称/设备名称、赋码类型、赋码方式、赋码状态、赋码时间对赋码记录进行查询，如图 3-14 所示。

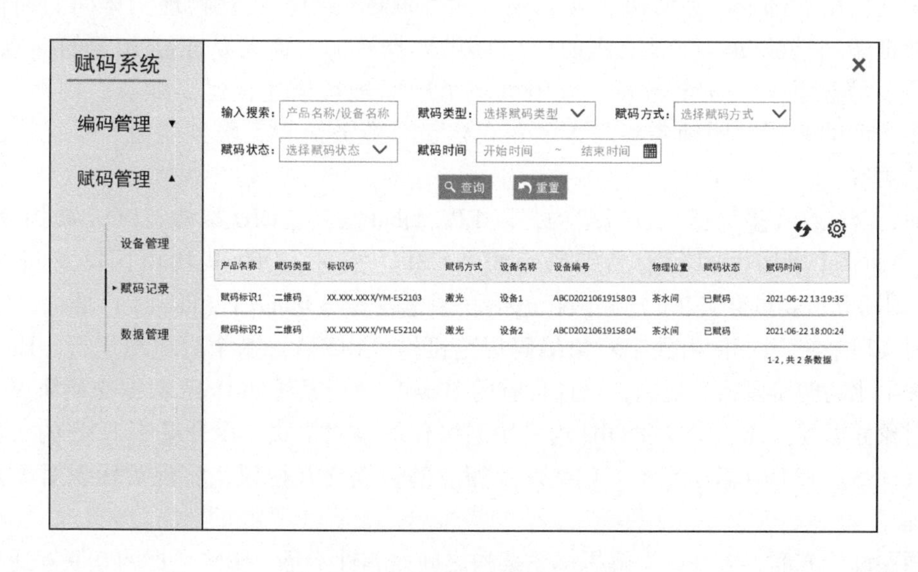

图 3-14 赋码记录界面示意图

3. 数据管理

单击“数据管理”，可对赋码数据进行管理，如图 3-15 所示。

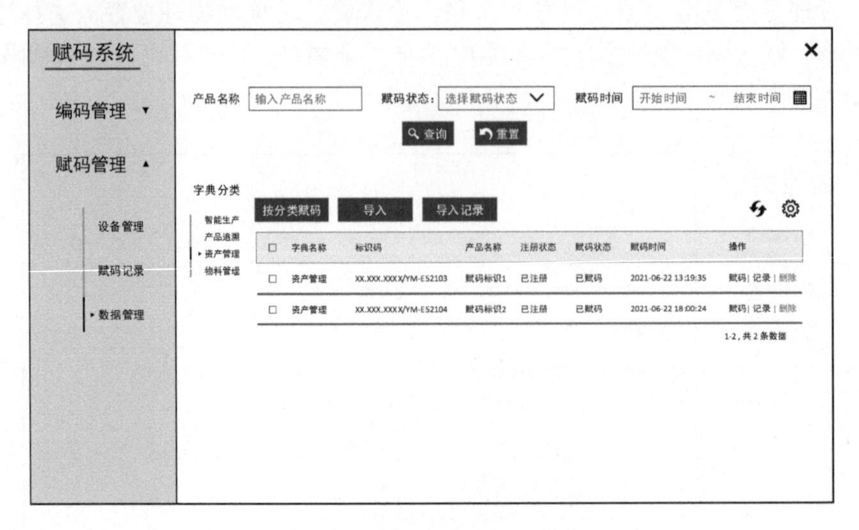

图 3-15　数据管理界面示意图

任务 3.2　标识解析体系架构设计

3.2.1　整体架构需求

工业互联网标识解析体系核心包括标识编码、标识注册、解析系统、标识数据服务及基于标识的应用五部分。为解决工业系统元素互联的问题，建立物理实体间的通信，实现上层数据端到端流动，为深层次的应用提供数据资源，需要从工业元素的信息采集、网络服务、信息共享、安全保障、应用等多个层面进行描述，建立业务、功能、实施、安全等多角度的视图，明确各参与方的角色定位、业务流程、服务能力、系统性能、安全保障能力等。

当前，全球存在多种标识解析架构，以 EPCglobal 架构、OID 架构、DOA 架构等为主。其中，EPCglobal 架构由国际物品编码组织（GS1）推进，OID 架构由国际标准化组织（ISO）、国际电工委员会（IEC）和国际电信联盟电信标准化部门（ITU-T）推进，DOA 架构的主要实现系统 Handle 由数字对象编码规范机构（DONA）基金会组织运行。Handle 系统采用扁平化的两阶段命名机制，设计自有的 Handle 解析系统和 DoIP 数据交换协议，实现了数字对象标识互操作。EPC 和 OID 均采用层级化的编码格式，设计基于 DNS 的对象名解析服务（ONS）和 OID 解析系统（ORS）及相应的数据交互协议，实现了标识对象全生命周期管理。

在顶层设计方面，多种标识解析体系架构之间兼容性不足，影响数据的互联互通，应推进多体系的融合发展，提高架构的可扩展性；在数据管控方面，标识数据归属于不同主体，各个主体对工业数据的管理权限和分享策略不同，需建立灵活、适应性强的权限管理机制；在架构安全方面，标识解析体系涉及制造业在内的众多敏感数据，需进一步增强隐私保护、身份认证及抗攻击性等能力。

3.2.2 编码与存储需求

标识编码是用于唯一识别机器、产品等物理资源和算法、工序等虚拟资源的身份符号。标识载体是用于承载标识编码的标签或存储装置。

标识编码分为公有标识和私有标识。公有标识适用于开环应用，国内外的主流公有标识包括GS1、Handle、OID、Ecode等。其中，GS1主要用于产品与服务的贸易流通；Handle主要用于数字资产管理；OID主要用于网络资源管理；Ecode主要用于标识物联网单个物品。私有标识适用于闭环应用，如追溯码、防伪码、营销码、企业内部标识等。标识载体当前以一维码、二维码、RFID和NFC应用为主，在智能家居、智慧交通等物联网领域逐步引入了UICC、通信模组等主动标识载体。

目前，多标识编码体系之间的兼容性不足，难以实现信息的互联与共享，并且尚不能覆盖制造业各个领域，需提出兼容多体系的适用于工业制造的编码方案，实现标识对象在工业互联网全局的唯一寻址及不同标识之间的数据映射。同时，随着工业数字化转型不断加深，急需部署具备联网通信能力的主动标识载体，实现数据的自动采集、设备的智能管理，应规范工业互联网标识在主动标识载体中的接口协议、存储结构和对接方式，进一步梳理和明确其工业应用场景，拓宽在行业和公共领域的应用。

3.2.3 采集与处理需求

标识数据采集与处理，是指基于采集设备感知和获取对象标识及其相关信息的过程，应具备协议转换、数据过滤清洗、数据关联、语义匹配等能力。

一维码技术可以识别商品的基本信息，如商品名称、价格等。二维码技术可表示各种多媒体信息及多种文字信息。RFID技术可识别高速运动物体并可同时识别多个标签。传感器网络可实现局域网内的多种信号的实时采集与检测。近场通信（NFC）技术可实现稳定、安全、低功耗的近距离数据传输。主动标识载体技术能够与运营商的公共网络能力相结合，主动发起与标识相关的服务。

目前，基于一维码、二维码、电子标签等自动识别和采集已具备完善的技术体系，通用产品已形成规模化生产与应用，其他被动采集设备的采集标准如传感器网络、非接触识别卡及读写器等也已基本完备，需完善主动标识载体的采集类标准，同时结合应用需求建立多应用场景下的采集类标准。对于处理类标准，如数据过滤、语义匹配等，当前还缺乏相关标准，需要根据企业的具体采集与处理需求加快推进相关标准的立项、研制。

3.2.4 解析需求

标识解析是指根据标识编码查询目标对象网络位置或者相关信息的过程。解析技术体系包括分层模型、通信协议、数据格式、安全机制。

标识解析系统主要包括DNS、EPC的ONS、OID的ORS、Handle标识解析系统和基于区块链的分布式解析系统。其中，DNS、ONS和ORS均为树形结构，解析技术较为成熟，Handle和区块链为分布式架构，具备更高的安全可靠性和更优的网络管理效率。

当前，国内外面向实体对象的标识解析服务主要依赖基于DNS的网络架构，但均存在单点故障、域名欺骗等问题。工业互联网标识解析需加强与5G、人工智能、区块链等新技术的融合，构建满足复杂工业场景下“人、机、物”的全面互联、平等共治、自主可控的融合型解析架构，并制定相应的通信协议、安全认证等技术规范。

3.2.5 数据与交互需求

数据与交互是指，通过对标识数据过滤、去重、映射及对标识服务数据建模和语义处理，解决标识对象由于行业不同、垂直领域的用途不同造成的数据性质各异和表达形式不同，实现异构数据的处理、关联、整合和描述，促进跨企业、跨行业、跨地区和跨国家的标识数据共享服务。

国际上数据交互涵盖细分领域数据字典的制定，以 IEC、IEEE 为主导，从工业生产面临的具体问题出发，涉及电子电器、机械等工业数据字典的参数和数据库指标、开放系统互联互通等标准，标准对于实现的接口细节一般不做详细规定，具有分层、异构、碎片化特征。国内已有部分领域的数据模型和数据交互类标准：在 IT 侧，侧重于对实体元数据建立接口级别的交互规范；在 OT 侧，如运输、电力、仪表等行业，均建立了基于行业应用的交互规范，如运输系统数据字典、自动抄表数据交互协议、变电站数据交互规范等。

与传统互联网相比，由于工业应用场景复杂多变，工业互联网增加了标识数据交互的难度。难点主要在两方面：一是智能设备、工业软件、信息化系统的网络协议和操作系统不一致，需制定面向应用的通用性互操作协议；二是制造业的不同行业、垂直领域内的数据具有不同性质、不同类型、不同表达形式，数据标准不一致，导致工业数据难以实现信息共享和交互，需构建标识数据模型、建立面向工业对象的统一元数据规范。

3.2.6 设备与中间件需求

设备与中间件，是指提供系统软件和应用软件之间数据传输、过滤、转换等功能的工业互联网标识解析服务设备，是解决数据交互、多源异构标识互通，实现多系统部件之间的互通和资源共享的有效手段。

目前，工业互联网设备与中间件标准主要针对信息网络领域，包括信息技术消息中间件、数据集成中间件、广电网终端中间件、访问控制中间件、传感网络中间件等领域。其中，功能及相关协议类的标准主要集中在 DNS、IPv6 域名服务器、域名系统递归服务器等领域，已相对较完善。中间件接口类标准相对缺失，主要集中在设备终端安全和域名服务系统安全扩展方面。

随着标识应用逐步延伸至生产制造的各环节，设备与工业软件之间、工业软件之间、工业软件与应用之间的数据交换需要十分迫切，急需加快推动设备和中间件功能、协议、接口、安全方面的标准研制，促进工业互联网各软硬件间的数据互通和资源共享。

3.2.7 异构标识互操作需求

异构标识互操作，是实现不同标识系统编码兼容和系统互联互通的关键，通过对各个标识体系间建立数据互认、数据映射及交互协议等，能解决标识体系之间由于数据定义、数据结构等差异造成的体系不互通、不兼容问题。

目前，已有的异构标识互操作标准以编码兼容为主，但常见标识解析体系的编码规则差异较大，且应当按照场景和业务需求来设计合理的唯一标识编码。因此，提高多标识体系间

的互操作能力需从解析服务入手，建立将标识映射到标识、标识映射到地址、标识映射到数据的综合性解析服务，加快制定相关标准，形成统一管理、异构兼容的标识解析节点服务网络，促进多标识体系的互联和互通。

3.2.8 应用支撑需求

目前，工业互联网应用模式主要可以归纳为智能化生产、个性化定制、网络化协同、服务化延伸四类业务场景，标识解析标准化在四类场景中均可发挥重要支撑作用。

智能化生产是指，从单个机器到产线、车间乃至整个工厂进行智能决策和动态优化，从而显著提升全流程生产效率、提高质量、降低成本。从标准化角度看，在设备、配件、车间等各个环节，进行数据标准制定，按照统一的规范实现现场数据的采集和集成，并开展大数据分析优化，将生产要素的各环节通过统一的标识、数据规范进行串联，实现智能生产与管理。

个性化定制是指，基于互联网获取用户个性化需求，通过灵活组织设计、制造资源和生产流程，实现低成本大规模定制。从标准化角度看，依托物料编码标准、平台接口标准、数据信息标准，将用户需求直接转化为生产排单，开展以用户为中心的个性定制与按需生产，有效满足市场多样化需求，解决制造业长期存在的库存和产能问题，实现产销动态平衡。

网络化协同是指，形成众包众创、协同设计、协同制造、垂直电商等一系列新模式，大幅降低新产品开发制造成本，缩短产品上市周期。借助标识解析标准化，建立协同过程中的数据规范、协议标准，加速从单打独斗向产业协同转变，促进产业整体竞争力提升，有效促进集团生产能力优化配置与生产效率的显著提升。

服务化延伸是指，通过对产品运行的实时监测，提供远程维护、故障预测、性能优化等一系列服务，并反馈优化产品设计，实现企业服务化转型。借助标识解析标准化，规范产品联网与数据采集的标准规范，各参与方都可以有效利用大数据分析延展提供多样化智能服务，优化存量的同时带动利润增长。

任务3.3 标识解析安全风险

3.3.1 研究背景及意义

随着工业互联网标识的逐步推广应用，标识解析开启了一个自主机器和智能过程的崭新时代，带来巨大的社会和经济机遇。然而，互联互通必将会带来不可避免的副作用，即人们暴露于网络入侵的威胁之中。因此，标识解析安全也就成为工业互联网标识解析体系部署过程中最需要引起关注的问题。工业互联网标识解析作为工业互联网实现互联互通的“中枢神经”，存储了更多的敏感数据，一旦服务受限或遭遇攻击，将会对国民经济造成重要影响，甚至对国家安全构成一定的威胁，加快推进工业互联网标识解析体系安全防控能力建设迫在眉睫。

3.3.2 现有标识解析体系面临的安全风险

当前工业互联网标识解析技术基于 DNS 主要可区分为两条路径：改良路径和变革路径

(见图3-16)。变革路径，是采用不同于DNS的标识解析技术，包括Handle体系、UID体系，以及一些其他类型的体系。改良路径，仍基于互联网DNS，对现有互联网DNS进行适当改进实现标识解析。这类标识解析技术是在DNS技术上叠加一套标识服务，然后再往下保存标识ID和与标识相关的映射。

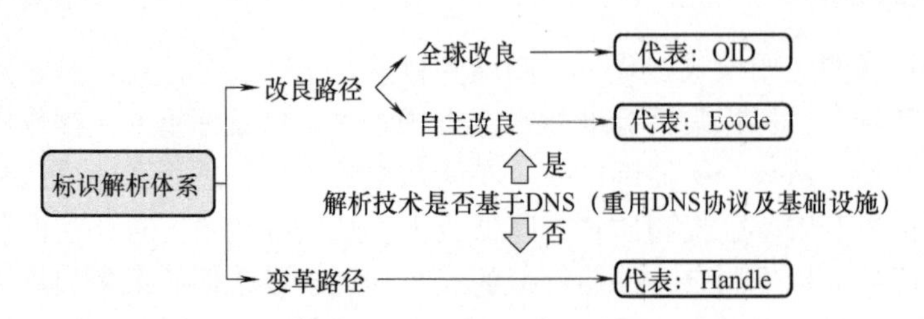

图3-16　改良路径（基于DNS并进行适当改进）
和变革路径（采用全新的标识解析体系）

1. DNS风险分析

（1）DNS安全概述

在网络环境中，设备标识是设备之间通信的基础。为了实现工业互联网内实体之间的信息交互，工业互联网中的每个实体对象都需要被赋予统一的标识，通过建立类似互联网域名解析系统的工业互联网标识解析体系，实现工业互联网中实体之间标识信息的识别，进而实现工业各环节信息互通及信息的查询与共享。为了保证建立工业互联网的标识解析体系的安全性，需要充分考虑该体系所对应的安全风险模型。深入分析当前技术发展比较成熟且得到广泛应用的DNS标识解析体系所面临的安全风险，并以此作为建立工业互联网标识解析体系风险模型建立的参考。

在网络环境中，通信实体之间的连接是通过每个实体在网络中唯一的IP地址实现的。DNS的域名解析服务是互联网最基础、最核心的服务，为整个网络中的其他服务器提供域名到IP地址解析。通常网络用户使用域名访问网站，DNS为用户提供将主机名和域名转换为IP地址的服务，从而实现网络中基于TCP/IP的通信。在DNS的域名解析体系中，采用层次树状结构命名方式。域可以划分为顶级域或一级域，一级域之后可以划分为二级域、三级域。用户发出的域名解析请求一般通过若干DNS服务器以直接解析或递归/迭代查询方式解析获得。

DNS在网站运行和维护中起着至关重要的作用，通过DNS可以访问属于网络的任何应用。但DNS协议设计之初对于安全性考虑不足，DNS查询协议缺乏认证控制机制，传输的信令与数据因未被加密保护，容易被攻击者截获或篡改，用户收到响应后无法验证数据的完整性。此外，攻击者可以通过伪装正常的DNS查询的方式攻击DNS服务器，如通过拒绝服务攻击使得DNS面临劫持、欺骗、拒绝服务、缓存污染等严重的安全威胁。

（2）DNS安全风险

1）分布式拒绝服务（DDoS）攻击

DNS DDoS攻击主要针对DNS，利用“肉鸡”等各种网络资源发送DNS服务请求，以耗尽DNS服务资源，达到DNS解析服务无法正常处理DNS解析请求。例如，攻击者可以通过控制僵尸网络发起大量域名查询请求，或者攻击者可以通过利用工具软件伪造源IP发送

海量DNS查询请求，耗尽DNS服务能力或DNS服务的网络资源，从而达到DNS正常用户无法获得解析结果的目的。

2）缓存污染

DNS的服务器分为授权DNS服务器和缓存DNS服务器。缓存DNS服务器提供递归解析服务，通过向授权DNS服务器查询，将资源记录暂时存储到缓存中，供后续用户访问时使用。

由于DNS协议不支持以快速和安全的方式将数据更新，也无法验证服务器的合法性和缓存的有效性，将导致DNS缓存不一致和缓存数据（特别是一些密钥等敏感数据）未及时更新而产生风险。攻击者可以利用这个弱点将无效信息传播到DNS服务器或以缓存的方式发起缓存污染攻击，缓存投毒攻击就是利用了协议的这些不足之处实施攻击。

3）DNS重定向

一般用户发送DNS请求到Local DNS中，Local DNS先查看缓存中是否有结果，如果无结果，Local DNS发起递归请求，从授权DNS获取相应的解析结果。在Local DNS与授权DNS交互过程中，攻击者发送伪造的响应包给Local DNS，抢先在授权DNS应答，从而Local DNS将缓存的错误结果发送给用户，使得用户的访问被导向了攻击者的网站。攻击者通过DNS查询时将Local DNS缓存中注入伪造的域名资源记录实现重定向的目的。

4）DNS欺骗

DNS查询通常使用用户数据报协议（UDP）。一般DNS查询使用五元组——源IP、源端口、域名、目的IP、目的端口，进行数据校验。这种校验方法无法验证数据来源的真实性和报文的完整性。鉴于这种设计缺陷，如果LocalDNS在递归解析过程中接收到错误的信息，只要五元组能够校验准确，就将把接收到的错误的信息当成正确的解析结果处理。

攻击者通过控制DNS服务器或冒充域名服务器，将查询的IP地址设为攻击者的IP地址，或者构造虚假的DNS服务器响应数据包以匹配这些参数，会将用户引导至错误的网站，甚至是钓鱼网站。

5）DNS劫持

DNS劫持又称为域名劫持。攻击者将在目标网络范围内拦截域名解析请求或窃听DNS会话，分析请求的域名，猜测DNS服务器响应ID返回虚假的IP给用户，或者劫持在DNS的服务器上的DNS应答响应后直接返回一个恶意的IP地址或不执行反馈IP的响应，使得用户访问假冒的网络或得不到网络响应。

2. 基于DNS改良路径的标识解析技术风险分析

改良路径采用基于互联网DNS的标识解析技术，目前主要是类似DNS的自动网络服务系统的ONS和由ISO、IEC、ITU-T共同提出的OID。

（1）ONS安全概述

在工业互联网应用中，ONS是一个重要的环节，作为用户访问工业互联网的最初入口，如果错失安全防守，则可能将大量的查询用户引导至有安全问题的服务、网站等资源，带来巨大的信息泄露，造成不可估量的损失。

首先，ONS保存了工业互联网中所有标识的解析信息，一旦ONS受到黑客攻击，泄露的解析信息将会暴露所有标识及相关应用服务资源入口，将整个服务体系暴露在攻击者面前。

其次，ONS 为用户提供应用服务资源入口，必须要保证其返回结果的真实性，并保护解析结果的隐私。否则，接收到错误信息的用户将被诱导到存在安全问题的应用服务资源，对生产、流通和使用环节的业务造成重大的影响，或者无法及时发现仿冒的或有缺陷的产品。

（2）ONS 安全风险

国内外很多学者已经意识到 ONS 安全对于 EPC 网络的重要性，并对关于 ONS 的安全威胁做了很多研究，同样相关的研究也适用于工业互联网的 ONS。

结合 ONS 的解析原理和流程，可以分析出 **ONS 的安全危险**主要存在以下几个方面：

- **缺少对 ONS 服务器的认证**。缺少对 ONS 服务器的认证，会导致用户无法确定所获取的信息是来自真实的 ONS 服务器还是伪造的 ONS 服务器。一旦用户访问了伪造的 ONS 服务器，将获得不可信的应用服务资源入口，带来极大的安全隐患。
- **缺少对用户的认证**。ONS 记录保存了不同的应用服务资源入口，对于不同权限的用户应返回不同的结果。而 DNS 服务本身并不会验证用户身份，只返回所有信息。因此，缺少对用户的认证将允许任何人包括攻击者可以任意访问 ONS 资源，使 DDoS 攻击成为可能。
- **缺少机密性的传输机制**。ONS 的解析过程依赖 DNS，而 DNS 查询请求和返回报文均为明文，没有采取任何安全机制。明文传输带来两个方面的威胁：首先，攻击者可以侦听访问请求和返回结果，导致用户隐私的泄露；然后，攻击者有机会拦截返回结果，进行修改后再返回给用户，从而将存在安全问题的应用服务资源入口清单提供给用户使用，实现侵入用户终端窃取用户机密的目的。
- **缺乏数据完整性检查**。ONS 没有为用户提供验证其返回结果数据完整的方法，攻击者可以把截获到的信息进行篡改并发送，从而将错误的应用服务资源入口提供给用户，将用户引导至假冒的资源服务。
- **DNS 安全缺陷**。ONS 架构与服务设计建立在 DNS 基础之上。标识在解析时，首先根据标准约定的规则进行域名转换，通过 DNS 查询获取域名对应的名称权威指针（NAPTR）记录，才能获得对应的应用服务资源入口。因此，这样的系统架构也继承了 DNS 全部的安全缺陷。相关安全缺陷主要包括 DDoS 攻击、恶意网址重定向攻击、中间人攻击、域名欺骗、缓存污染、单点故障等。

（3）OID 安全概述

OID 是由 ISO、IEC、ITU-T 共同提出的对象标识机制，用分层的树状结构对任何类型的对象进行全球无歧义的唯一标识，几十年来在网络通信、安全、卫生、气象等领域得到了广泛的应用。从地区来看，OID 已经在全球 200 多个国家中得到使用，并由各个国家自主管理各自的国家标识分支。我国在 2006 年成立了国家 OID 注册中心，负责 OID 中国国家分支节点（1.2.156 与 2.16.156）的相关标准制定、标识注册管理、标识解析等相关的工作，并且在农业、林业、交通、智能制造等新领域得到了进一步的应用，制定了一系列的行业标准。

（4）OID 安全风险

传统标识体系大多基于 DNS 技术体系构建，将自身的标识空间映射到 DNS 空间，以利用无所不在的 DNS 的解析服务能力，在此基础之上构建相应的标识管理与应用体系，如

ITU-T 定义的 OID 体系。

1）DNS 技术体系固有的安全问题

DNS 技术体系作为重要的互联网基础设施，如同互联网本体一样，设计之初并未考虑安全性方面的需求，导致其成为各种网络攻击的重要目标与手段，主要包括以下两方面安全问题：

- **针对 DNS 服务器的 DDOS 攻击**，包含基于主机耗尽型的 DNS 查询拒绝服务攻击与基于宽带耗尽型的 DNS 反弹式拒绝服务攻击（DNS reflection attacks，又称为 DNS amplification attacks）。
- **针对用户的 DNS 劫持**，包含 DNS 服务器地址劫持、hosts 文件劫持、缓存投毒、Kaminsky 缓存投毒攻击、入侵 DNS 服务器等方式。

2）OID 管理与应用体系固有的安全问题

OID 解析体系采用了 DNS 技术，相应的 DNS 缺陷都会在 OID 体系之中存在。除此之外，OID 本身在运营与管理过程中，也会存在各种技术性或非技术性的风险。

- **标识缺乏认证能力**。当前 OID 解析体系继承了 DNS 的名字解析能力，同样也继承了 DNS 缺乏认证能力的缺陷，需要结合其他的认证手段才能提供认证能力，如 PKI 体系。但是，PKI 体系太过于重量级，并且主要面向组织与主机身份提供证书服务，难以面向海量的 OID 对应对象进行证书发放。另外，由于 OID 授权用户的认证方式相当多元化，如用于防伪领域时，根据不同的商品的特点，需要采用不同的认证方式，OID 体系本身无法从顶层设计规定统一的认证方式。
- **解析系统缺乏解析权限控制能力**。OID 解析系统仅提供标识的匿名查询能力，无法对解析进行更细粒度的权限控制，以满足某些特殊行业或应用领域更高的安全性需求。解析流量无法采用加密的方式进行传输，为攻击者提供了了解用户行为并进行针对性攻击的手段。
- **标识对应身份缺乏可信背书**。OID 授权用户可以定义标识的身份内涵，但授权用户（如企业本身）本身并不具备很强的信用能力，往往需要独立的第三方（如监管部门）进行背书，才能够提供足够的信用，使得面向公众提供的服务具备足够的可信度。服务于 OID 的标识信用体系成熟需要时间，以支撑大规模的可信标识应用。
- **OID 国际顶级解析节点对接风险**。当前 OID 国际顶级解析节点 oid-res.org 在国内没有备份节点，由于各国发展水平的不一致，当与国际 OID 根节点对接时会产生对接风险。
- **太长的授权链条容易导致信用淡化，监管弱化**。标识上级节点对下级节点，从管理上到技术上，都缺乏穿透式监管能力，对于下级 OID 节点的行为缺乏可视性与可控性。相应的信任关系将会随着 OID 节点的链条加长，呈现快速弱化的趋势。
- **标识授权用户缺乏运营标识管理系统等基础设施的技术能力与经验**。缺乏授权节点的认证标准与认证体系，随着应用规模的不断扩大，标识层次不断增加，对于下级叶子节点的控制比较弱，难以保证参与者水平的一致性。另外，很多标识授权用户，本身缺乏运营标识管理系统的技术能力与经验，在监管比较弱的情况下，很容易会出现标识滥用、滥发等异常情况，不利于工业互联网标识领域信用体系的建立及长期的健康发展。

3. 基于 DNS 变革路径的标识解析技术风险分析

变革路径采用不同于互联网 DNS 的标识解析技术，目前主要是 DONA 基金会提出 Handle 系统，未来还可能出现新的技术方案。

（1）Handle 安全概述

Handle 系统最初是由美国国家研究推进机构（Corporation for National Research Initiatives，CNRI）提出并实现的一种建立在互联网架构之上的通用分布式信息系统，用于提供有效、可扩展、可靠的全球名字服务。在这个分布式的环境中，每个 Handle 系统标识都有自己的管理者和管理机构。

Handle 系统定义了一套成熟兼容的编码规则，拥有一套稳定的后台解析系统和一个自主可控的全球分布式管理架构。编码结构为权威域（前缀）/本地命名（后缀），前后缀之间用“/”分隔。该系统由 CNRI 开发，后由 DONA 基金会进行管理和运营。Handle 系统在全球设立若干的根节点，根节点之间平等互通。Handle 系统支持可靠的标识解析，为客户端的请求提供了如数据保密性、服务完整性和不可抵赖性等安全服务。目前，Handle 系统技术在国内已经成功应用在产品溯源、数字图书馆等领域。

（2）Handle 系统安全风险

Handle 系统的标识解析技术具有一套完整的安全机制，通过用户身份验证、管理鉴权等方式，有效地保证了数字对象及其服务的完整性，同时又能有效地防止通过伪造用户要求或篡改服务器响应而产生的不安全行为。尽管如此，Handle 系统在以下几个方面仍存在安全风险。

1）隐私保护

通常情况下，存储在 Handle 系统的大多数标识数据都是开放的，除非 Handle 系统管理员另有授权。当新增标识数据时，Handle 系统管理员须根据标识数据属性将这些标识标记为可读，或者将其存储为加密的标识数据，以保证标识数据只能在受控目标对象范围内被读取。Handle 服务器生成的日志文件是另一个薄弱环节，客户隐私易遭受攻击，Handle 系统的运营者须加强对这些信息的保护。

2）缓存和代理服务器

缓存和代理服务器都可以带来性能提升并能够提供其他增值服务，两者都将自己定位为“中间人”，因而也会很容易受到“中间人攻击”。因为缓存的内容很容易被恶意利用，缓存服务器还带来其他潜在安全威胁。对缓存的潜在攻击可以导致私人数据曝光，或者当用户认为其信息已经从网络中移除时，仍然保留其信息。因此，缓存内容应该被视作敏感信息进行保护。

3）镜像

Handle 系统在镜像站点之间复制内容可能存在延迟。因此，在发送任何时间敏感的数据时，应考虑将请求发送到基层服务站点。服务管理员在选择镜像站点时必须谨慎，每个镜像站点必须遵守同样的安全程序，以此来保证数据的完整性，也可以使用软件工具来确保镜像站点之间数据的一致性。

4）DDoS 攻击

与所有公共服务一样，Handle 系统也会遭受拒绝服务攻击。目前，没有通用的解决方案可以用来预防此类攻击。网络态势感知技术可用来感知此类攻击，也可以用于当攻击发生时通知管理员。无状态 Cookies 是减轻 DDoS 对主机攻击效果的工具之一。

3.3.3 标识解析安全风险分析模型

工业互联网标识解析安全风险分析模型是从风险分析视角、风险管理视角和风险措施视角三个视角进行构建的，如图3-17所示。

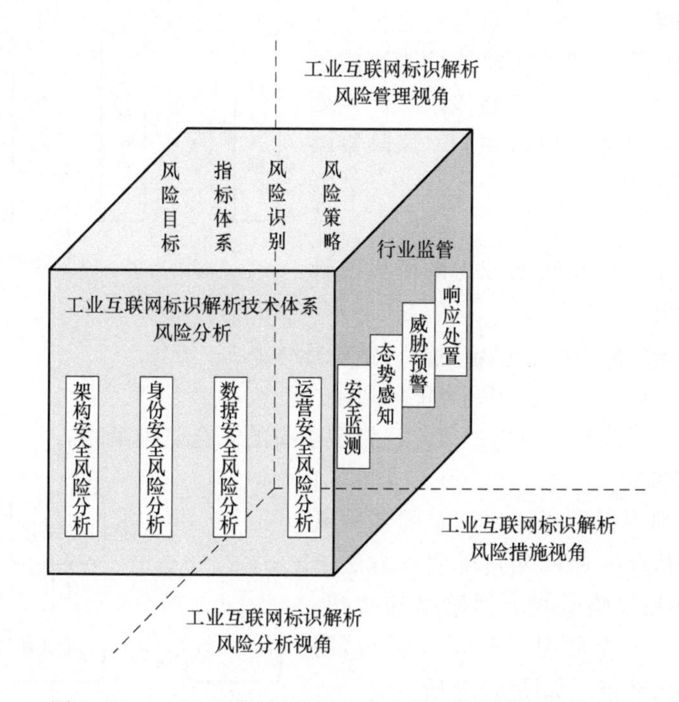

图3-17 工业互联网标识解析安全风险分析模型总体架构

其中，风险分析视角包括架构安全风险分析、身份安全风险分析、数据安全风险分析和运营安全风险分析四大风险分析重点；风险管理视角包括风险目标、指标体系、风险识别和风险策略四大环节；风险措施视角包括行业监管、安全监测、态势感知、威胁预警和响应处置五部分。

工业互联网标识解析安全风险分析模型的三个风险分析视角相对独立，但彼此之间又相互关联。三者相辅相成构成一个有机整体。

1. 风险分析视角

风险分析视角，主要包括架构安全风险分析、身份安全风险分析、数据安全风险分析、运营安全风险分析四大风险分析对象，如图3-18所示。

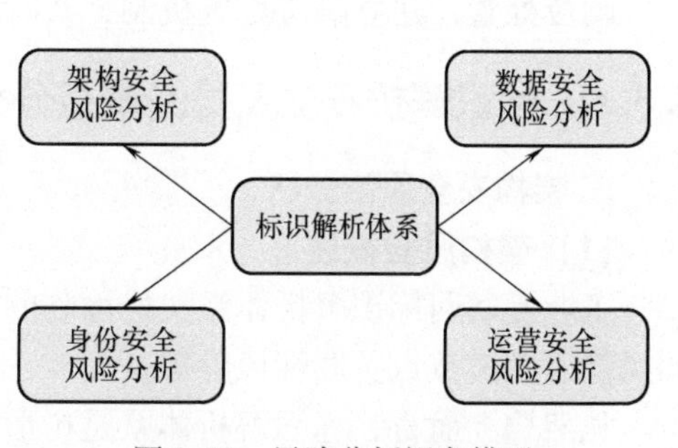

图3-18 风险分析视角模型

具体内容如下：

架构安全风险分析，主要包括节点可用性风险、节点间协同风险、关键节点关联性风险等架构安全风险分析。

身份安全风险分析，包括涉及人、机、物三种角色的身份欺骗、越权访问、权限紊乱、设备漏洞四种身份风险分析。

数据安全风险分析，包括涉及标识注册数据、标识解析数据和日志数据的数据窃取、数据篡改、隐私数据泄露、数据丢失等数据安全风险分析。

运营安全风险分析，包括物理环境管理、访问控制管理、业务连续性管理、人员管理、机构管理、流程管理等方面的运营安全风险分析。

2. 风险管理视角

风险管理视角，旨在指导构建持续改进的风险管控管理机制，提升风险管控整体水平，主要包括风险目标、指标体系、风险识别、风险策略四个部分，如图3-19所示。

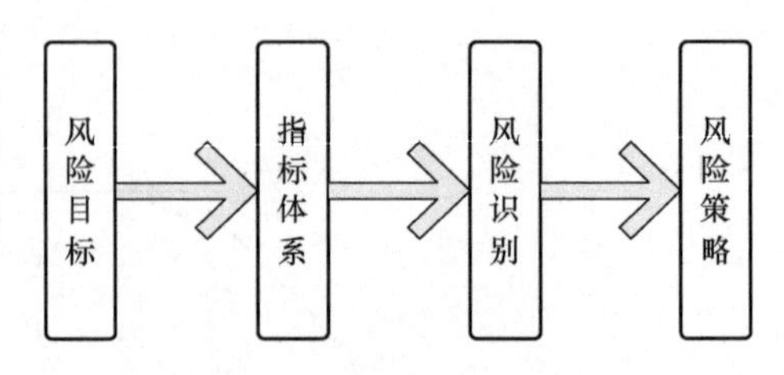

图3-19 风险管理视角模型

具体内容如下：

风险目标，确立工业互联网标识解析风险评估和业务保障的对象。

指标体系，根据风险目标，确定风险评估指标体系。

风险识别，针对风险目标，识别可能的风险。

风险策略，针对风险目标可能的风险，指定响应的安全防护策略。

3. 风险措施视角

针对工业互联网标识解析体系面临的各种风险，风险措施视角从全生命周期角度明确方法指引，实现闭环管理和风险管控。风险措施视角，主要包括行业监管、安全监测、态势感知、威胁预警和响应处置五大环节，如图3-20所示。

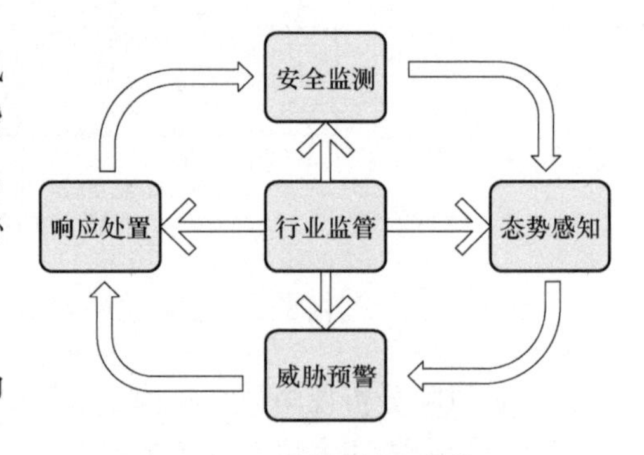

图3-20 风险措施视角模型

具体内容如下：

行业监管，统一领导，统一指挥，建立联动监管机制。

安全监测，针对四大风险分析对象，进行风险监测。

态势感知，部署响应的监测措施，实时感知安全风险。

威胁预警，针对态势感知发现的风险，进行风险预警。

响应处置，建立响应处置机制，及时应对安全风险。

3.3.4 标识解析安全风险的重点分析

1. 架构安全风险分析

（1）架构风险概述

工业互联网标识解析体系架构面临的风险很多，主要包括节点可用性风险、节点之间协同风险、关键节点关联性风险等。

从架构上而言，标识解析体系是树形分层型架构的，从逻辑上而言是一个分布式信息系统，如图3-21所示。它主要包括查询客户端、解析服务器、镜像服务器、代理服务器、缓存服务器。该架构安全性在事务的每一步都依赖这些部件的安全性，当体系架构的某一层节点出现问题时，就会对于整个架构的安全性产生一定程度的威胁。

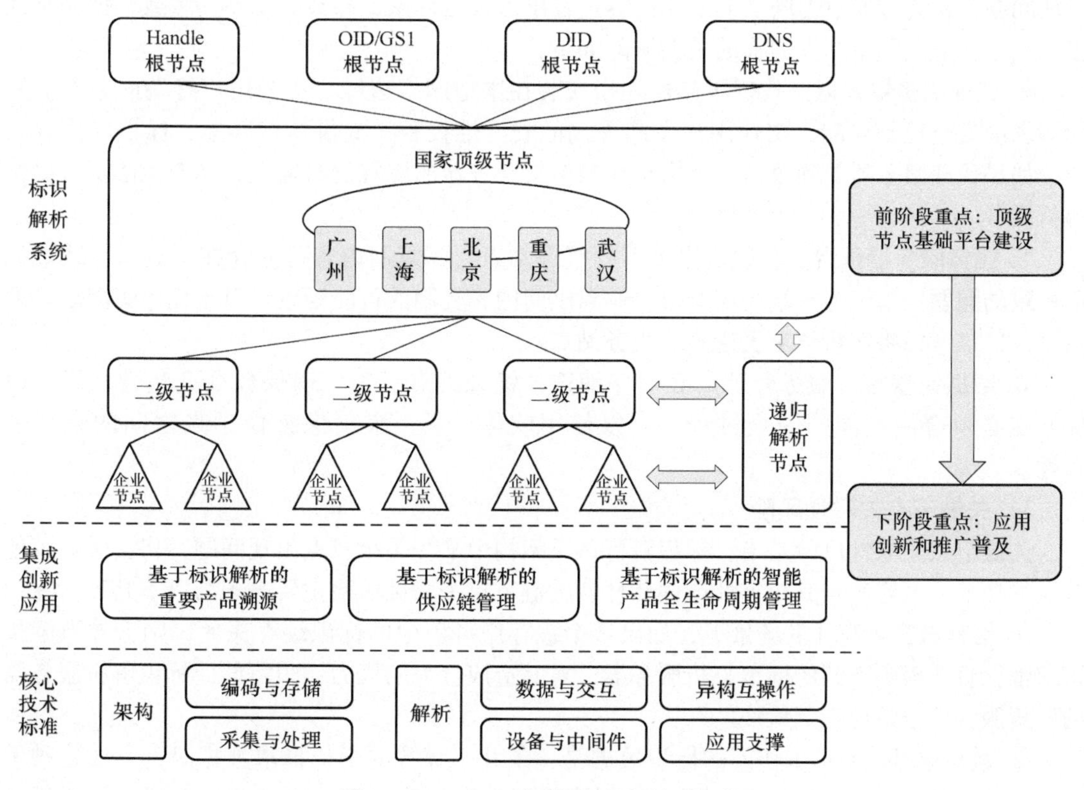

图3-21　工业互联网标识解析体系架构

（2）架构风险分析

1）节点可用性风险

节点可用性风险，是指解析体系架构的每一层中每种节点在可用性方面面临的风险。如果节点受到攻击，那么该节点的可用性会受到威胁，造成节点功能失效或不可达。具体而言，节点的可用性风险主要包括以下几个方面。

DDoS 攻击。标识解析系统是工业互联网的“中枢神经系统”，是关键基础信息设施，往往存在被 DDoS 攻击的风险。DDoS 攻击会通过僵尸网络利用各种服务请求耗尽被攻击节点的系统资源，造成被攻击节点无法处理合法用户的请求。而针对标识解析系统的 DDoS 攻击又可按攻击发起者和攻击特征进行分类。

（a）**按攻击发起者分类。**

a）僵尸网络，控制僵尸网络利用真实标识协议栈发起大量标识查询请求。

b）模拟工具，利用工具软件伪造源 IP 发送海量标识查询。

（b）**按攻击特征分类。**

a）Flood 攻击，发送海量标识查询报文导致网络带宽耗尽而无法传送正常标识查询请求。

b）资源消耗攻击，发送大量非法标识查询报文引起标识解析服务器持续进行迭代查询，从而达到较少的攻击流量消耗大量服务器资源的目的。

2）节点间协同性风险

节点间协同性风险是指，对于解析体系的分布式特点，如果在解析过程中，节点协同性

出现问题，就会造成数据同步或复制内容过程出现延迟现象，导致数据不一致或数据完整性出现问题。节点间协同性面临的主要风险如下：

① **代理服务器延迟**。代理服务器是指安装在本地网络边缘，作为用户终端向服务器发起请求的安全控制终端，实现用户发起查询的安全性校验，提供标识匹配、标识转换等功能。如果代理服务器受到攻击，那么会导致解析服务器的应答延时增大，甚至无法正常提供解析服务。

② **镜像服务器延迟**。各解析服务器的镜像站点之间复制内容可能存在延迟，导致数据不一致的问题，系统客户端应注意镜像站点之间内容复制的可能延迟。对于任何时间敏感的数据，应该考虑将解析请求发送到主服务站点。

③ **数据完整性**。服务管理员必须仔细选择镜像站点。为了确保数据完整性，每个镜像站点必须遵循相同的安全过程。可以使用软件工具，来确保镜像站点之间的数据一致性。

3）关键节点关联性风险

关键节点关联性风险是指，标识解析体系架构中某些关键节点出现问题，将会影响其他节点的功能，最终削弱其稳定性或健壮性。关键节点关联性风险主要表现为以下几种形式：

① **缓存击穿**。高并发场景下，如果某个缓存服务器中的标识缓存失效，则会导致解析请求都会直接落到下游的标识解析服务器，对其造成极大的压力，很可能使标识解析服务器的解析服务停止响应甚至瘫痪。

② **缓存穿透**。当请求访问的标识数据是一条并不存在的解析请求数据时，一般这种不存在的数据是不会写入缓存的，所以访问该标识数据的请求都会直接落地到标识解析服务器。当这种请求量很大时，同样会给标识解析服务器带来风险。

③ **反射/放大攻击**。攻击者大量地向解析服务器发送大范围标识查询请求，并将该标识查询请求的源 IP 地址伪造成想要攻击的目标 IP 地址。标识解析服务器，在接收到请求后，会对该请求进行解析查询，并将大范围域名查询的响应数据发送给攻击目标。由于请求数据比响应数据小得多，攻击者就可以利用该技术有效地放大其掌握的带宽资源和攻击流量。

2. 身份安全风险分析

（1）身份风险概述

身份安全机制是工业互联网标识解析的“门户”，用户使用系统首先要进行身份认证，身份的重要性不言而喻。本节从人、机、物的角度分析标识解析系统中各种角色的身份及其对应的风险点。不同的角色拥有不同级别和不同种类的权限，标识解析系统中各种风险点都可造成权限或信任受到侵害。

1）人员

从人的角度可以对标识解析系统进行角色划分，主要包括标识数据管理员、普通用户、标识管理员、第三方监管员。

① 标识数据管理员，是指标识数据管理者。

② 普通用户，是指标识数据查询方。

③ 标识管理员，是指标识管理者。

④ 第三方监管员，是指标识数据监管方。

2）机器

从机器的角度划分标识解析系统的角色，包括国际根节点、国家顶级节点、二级节点、企业节点、递归解析节点、工业互联网客户端。

3）物

工业互联网终端，是指标识数据的生产者。

（2）身份风险分析

针对人、机、物三种身份，每种身份都有对应的主要风险点（见表 3-2）。

表 3-2 身份风险分析表

身份类别	具体身份	风险点
人员	标识数据管理员	身份欺骗、越权访问、权限紊乱
	普通用户	身份欺骗、越权访问、权限紊乱
	标识管理员	身份欺骗、越权访问、权限紊乱
	第三方监管员	身份欺骗、越权访问、权限紊乱
机器	国际根节点	身份欺骗、设备漏洞
	国家顶级节点	身份欺骗、设备漏洞
	二级节点	身份欺骗、设备漏洞
	企业节点	身份欺骗、设备漏洞
	递归解析节点	身份欺骗、设备漏洞
	工业互联网客户端	身份欺骗、设备漏洞
物品	工业互联网终端	身份欺骗、身份标识与产品关联出错、设备漏洞

1）身份欺骗

身份欺骗在工业互联网标识解析系统中也可以叫标识欺骗，因为标识解析系统所有的身份都是以标识来表示的。下面从人、机器、物的角度来对身份欺骗进行分析。

从人员的角度来看，身份欺骗是通过伪造合法身份来获得合法身份所对应的权限。这既可以是非法用户伪造身份变成合法用户，也可以是合法用户伪造身份变成其他用户，如普通用户伪造身份变成标识管理员、标识数据管理员伪造身份变成第三方监管等。

从机器的角度来看，身份欺骗是伪造身份导致设备或服务器被假冒欺骗。这既可以在国际根节点与国家顶级节点之间发生，也可以在二级节点与企业节点之间发生，工业互联网客户端与企业节点之间也同样存在身份欺骗。以二级节点与企业节点之间身份认证为例，二级节点为认证企业节点，一个非法的企业伪造自己的身份，欺骗二级节点让认证通过。

从物的角度来看，身份欺骗是伪造产品或终端设备的身份以提供虚假的信息。以企业节点认证工业互联网终端为例，工业互联网终端伪造自己的身份，将物品 A 伪造成物品 B，以物品 B 的身份被企业节点认证，以后一直提供物品 B 的信息给企业节点。

身份欺骗出现的原因多种多样，主要原因是没有进行标识鉴别，除此之外的原因有中间人攻击、嗅探、伪造证书等。下面以标识未曾鉴别和中间人攻击为例进行说明。

黑客把普通用户的标识伪造成标识管理员登录系统，如果系统没有进行标识鉴别直接解析登录，那么普通用户就拥有了标识管理员的权限，黑客就能进行各种意想不到的操作，对系统造成不可预测的威胁。

中间人攻击的模式为二级节点-中间人-企业节点A：二级节点认证企业节点A时，中间人冒充企业节点A与二级节点通信，使得二级节点认为与之通信的是企业节点A，同时又伪造成二级节点和企业节点A通信，最终达到身份欺骗的目的。

2）越权访问

越权访问主要是指，能访问超过用户本身权限的资源。比如标识管理员应该只有管理标识的功能而没有普通用户的功能，如果标识管理员有了普通用户的功能，这就是越权访问。这是两个不同的权限，一个权限只能对应一种身份。

越权访问的出现有以下几个原因：

① **系统本身访问控制设计混乱，造成权限不明。**在做访问控制设计的时候，权限管理这一块条理不清楚，从而出现越权访问的设计漏洞。

② **遭遇攻击，提升了原角色权限。**比如，对于低权限的数据库用户，登录数据库后，利用数据库的漏洞或不合理的函数，提升权限；或者通过Web页面进行SQL注入攻击，对数据库进行非法访问，提升用户权限等。

3）权限紊乱

使用标识解析服务的设备和人员众多，最小时间和资源范围授权有效但授权繁杂，通过权限的分配、职责的分割、特殊权限的限制、权限的撤销等管理上的疏漏或非法利用，攻击者可以采用注入、渗透等方式绕过权限管理，从而进入系统。

4）身份标识与产品关联出错

身份标识与产品关联出错是指身份标识与产品没有一一对应，导致产品数据收集出现错误。比如，大闸蟹的身份标识贴在水果上，导致服务端以为收集的是大闸蟹的数据，但实际却是水果的。

5）设备漏洞

设备漏洞主要是指标识解析系统中的服务器、客户端或终端可能存在安全漏洞或使用含已知漏洞的组件，导致攻击者通过已知漏洞绕过设定的访问控制策略，远程控制、入侵或篡改设备及设备标识数据。

3. 数据安全风险分析

（1）数据风险概述

工业互联网标识解析针对标识注册数据、标识解析数据和日志数据共三类数据进行数据安全风险分析。在网络安全中，数据安全的能力包括数据的完整性、机密性和可用性三个维度。根据GB/T 37988—2019《信息安全技术　数据安全能力成熟度模型》，标识解析数据安全涉及数据采集、数据传输、数据存储、数据使用、数据交换和数据销毁等环节。基于以上数据安全维度，标识解析数据安全风险有，数据窃取、数据篡改、隐私数据泄露和数据丢失四类风险。

（2）数据风险分析

1）数据窃取

工业互联网标识解析数据窃取风险主要是破坏数据的机密性，数据被非授权用户获得，使得**标识注册数据、标识解析数据或日志数据**外泄。数据窃取风险可能发生在数据采集、数据传输、数据交换和数据存储环节。

① **数据采集。**数据采集主要发生在工业互联网设备端，存在设备和计算安全、网络和

通信安全等不可控风险。标识解析的注册数据和解析数据的采集、传输都在不可控的设备当中进行，存在着采集数据被窃取的风险。数据过程运行在设备当中，存在着数据过程被调试、监听，导致采集的数据被窃取的风险。例如，针对硬件的拆解、固件的篡改将会导致计算设备不可控，致使数据被窃取；针对软件接口（如 GDB）、硬件接口（如 JTAG）等的非法调试也会导致数据被窃取。

② **数据传输**。目前，大多数工业互联网设备依托 HTTP 传输工业标识解析数据，少量设备采用 SSL/TLS 等方式加密传输，但是由于设备端普遍性能较低，加密算法不可控等因素，导致数据在传输过程中被窃取。在传输过程中对数据保护不到位，如存在明文传输、双方未进行身份校验、数据未进行完整性校验等情况，攻击者通过通信链路取得通信数据，并进行非法活动，造成严重的业务风险与数据泄露。攻击者可以通过截取传输过程当中的数据，窃取数据内容。

上述风险都会带来数据过程的异常，导致数据被窃取。在数据采集过程中，需要对数据过程进行有效的安全防护，对设备端程序进行抗破解、抗反编译处理；对设备漏洞进行早期发现和防护；对软硬件调试接口进行封锁，避免数据过程当中的安全风险。

在工业互联网标识解析体系中，标识查询和标识解析等过程都涉及工业标识数据的使用，而经过标识的数据很可能包含工业企业生产制造相关的核心设备、关键流程、企业管理等重要数据，需采取有效的安全防护措施，数据使用应采取适当的安全控制措施以防止由于数据分析而可能带来的数据价值泄露风险。

③ **数据存储**。标识解析系统及载体系统存在漏洞，导致攻击者入侵节点服务器或相关数据存储服务器，使得攻击者获得服务器控制权限从而造成数据信息泄露。

内部员工权限管理不当或安全意识不到位，可能存在内部员工窃取数据获取利益的现象，或者内部员工被辞退后主动泄露管理身份信息、服务器配置信息等行为。若一系列流程设置不当可能会导致无关或恶意人员直接接触到解析服务器、数据服务器等重要设备，存在直接复制数据、盗走硬盘、主机等行为。

2）数据篡改

工业互联网设备在接入工业互联网络时，攻击者有机会通过物理方式或远程接入互联的设备，对设备当中存储的数据进行读取、修改等操作。存在着数据被恶意篡改、伪造等风险，数据处理算法和过程被破解，进而导致标识解析的注册数据、解析数据和日志被篡改。

在数据传输过程当中，有可能出现如下风险：

① 如果对数据没有进行有效的签名校验，在传输过程当中，攻击者可以对数据进行篡改，伪造数据，而数据传输双方都无从得知。会导致数据应用方使用错误的数据，带来不可预知的风险。

② 通过对数据传输过程的数据伪造和篡改，攻击者可以实现中间人攻击。伪造数据发送方的身份，给数据接收方提供伪造的数据和身份信息，导致接收方进行错误的数据处理，进而造成错误的业务行为，带来严重的业务风险。

3）隐私数据泄露

在标识数据使用过程中，在没有有效的安全防护措施的情况下，很容易导致工业企业关键设备数据、产品数据、管理数据、客户数据等隐私数据的泄露，而泄露的隐私数据会给不法分子带来可乘之机。经过标识的工业数据具有识别和路由信息，以此为跳板，进而会泄露企业更大范围的核心数据。一方面数据的泄露会给网络攻击提供入口，工业企业运行所需的各类网络设备、主机、服务器等设备被攻克后，企业内部信息堡垒将会被逐个攻破；另一方面重要数据泄露带来重大损失，如在重要领域出现核心保密工业工艺、设计流程等数据泄露的情况，很可能会给企业乃至国家带来不可估量的损失。

4）数据丢失

在标识数据使用过程中，如果没有安全的保护措施和合理的备份情况下，不法分子通过对缓存或代理服务器进行攻击获取了权限后恶意删除数据，服务器遇到自然灾害造成数据丢失，操作人员误删数据，导致工业企业关键设备数据、关键产品数据、用户数据等重要数据丢失并无法恢复，会对工业企业造成巨大的损失。

① **内部人员风险**。由于缺乏相关分类分级及审批流程制度，导致相关人员（管理人员、运营人员、运维人员等）能够在该流程的操作过程中接触到非权限范围内的数据与设备，调用权限之外的接口与功能，从而删除数据或服务系统重要文件，造成数据不可恢复或不可用，从而无法正常提供服务。

② **设备异常**。由于相关设备（如采集设备）发生异常断电、异常关机、高温损毁、组件不兼容等情况而导致相关数据丢失。

③ **恶意攻击**。相关设备遭受内部或外部攻击，如 DDoS、系统漏洞、协议漏洞、架构漏洞，导致服务器宕机、系统被恶意破坏、数据被恶意删除等后果，使得数据异常或丢失。

④ **程序异常**。工业互联网标识解析系统在使用过程中发生异常，如采集程序异常、网络异常、服务端数据存储异常，导致数据丢失或不可用。

⑤ **备份异常**。相关数据在备份、还原的操作过程中出现备份数据损坏、备份流程未执行、备份数据未进行完整性校验等情况，以致相关数据操作失败。

⑥ **不可抗因素**。不可抗力是指不能预见、不能避免并不能克服的客观情况。标识解析节点的建设者、运营者若没有建立完备的异地备份及恢复流程，会导致数据丢失、服务无法运行。

4. 运营安全风险分析

（1）运营风险概述

随着标识生态的形成，参与者角色不断丰富，规模不断扩大。用户体量和系统规模的持续壮大，给标识解析体系的运营带来了新的挑战。来自内部与外部的风险，都将影响整个工业互联网标识解析体系的安全可控运营。

（2）运营风险分析

运营风险管理起到对二级节点运营风险进行识别、衡量、监督、控制和报告的作用。运营风险主要存在于对物理和环境管理、访问控制、业务连续性、人员、分支机构及流程等各方面的管理中。

1）物理环境管理风险

对标识解析体系运营所涉及的业务范围内的物理和环境方面的控制和管理不到位，可能会引起未授权的访问、损害和干扰。

评估标识解析体系运营各区域所需要安全级别要求，对不同的区域实施不同的安全控制措施，以确保需要保护的信息在安全的区域内受控。

2）访问控制风险

访问控制风险包括，物理访问控制风险及系统访问控制风险。

物理访问控制风险包括未授权的物理访问、强行进入等。对不同安全区域的物理环境实施不同的安全访问控制措施可以有效规避此类风险。

系统访问控制风险主要涉及以下三个方面：

① **用户的非授权登录、访问风险**，如授权访问控制措施不严、访问权限设置不合理等。

② **对网络访问的授权和认证管控风险。**

③ **对关键应用的访问控制风险**。对于这些访问控制策略的设置，需考虑“最小权限”原则及身份认证要求等。

3）业务连续性管理风险

标识解析体系的运营过程中，意外（如事故）情况发生或其他类型灾难发生，可能导致服务业务中断或恶化，进而对机构运营产生负面影响。业务连续性计划的缺失或缺乏维护，设备、系统、数据和重要信息等备份策略是否科学，同样可能将业务中断的潜在可能性提高。

4）人员管理风险

标识解析体系的运营具有高可靠性和高安全性的要求，所有有权使用或控制那些可能影响标识分配、标识解析、业务管理、数据管理等操作的员工、第三方服务人员等（统称“人员”）都会影响系统的正常运营，统称为可信角色。

① **角色鉴别风险**。对于将要成为可信角色的人员，需进行严格、合理的角色鉴别，确保其能够满足所从事工作职责的要求。角色鉴别风险包括对人员物理身份的真实性和可靠性的识别与鉴别风险，以及更进一步的背景调查中存在的风险，如不同角色的背景要求及背景调查的开展、人员与相应角色可信要求的匹配度评估等。

② **关键岗位角色管理风险**。针对标识服务运营中的关键岗位角色，需进行合理的角色管理控制，确保角色职责权限清晰可控。关键岗位角色管理风险存在于可信角色必要的背景调查、培训、考核、离退等机制，后续的跟踪、评估和培训制度，以及对关键岗位角色之间的权限分离等机制中。

③ **人员操作风险**。针对标识服务中的敏感操作，需建立、维护和执行严格的人员操作控制流程，确保某些敏感操作由多名可信人员共同完成。人员操作风险包括人员的错误操作、越权操作，以及互相牵制、互相监督机制的缺失等。

④ **人员控制风险**。即人员在任职前、中、后的管理控制风险，主要存在于关键岗位角色入职前的背景调查程序、调查内容、调查方式，以及人员入职前的培训考核方式、业务工作能力评估和人员离职管理等方面。

5）分支机构管理风险分析

分支机构管理风险主要指在标识解析体系众多环节上提供相应标识服务的实体/机构的生命周期管理风险。

① **分支机构的授权风险**。该类风险包括对众多二级节点运营主体，以及负责面向包括二级节点在内的工业互联网应用场景提供软件、硬件产品及应用集成解决方案的技术提供方等机构的审核、评估和授权风险。

② **分支机构的运行风险**。该类风险包括直属类型分支机构的运营管理基础设施及运行维护能力风险，以及代替主体机构所提供服务的服务受理、系统运作和管理规范风险等。

③ **分支机构的违约风险**。在提供服务时，分支机构违反与主体机构约定的客户服务内

容或协议规定，从而影响服务的质量，引起客户投诉，可能进一步导致违规风险。

④ **分支机构的服务终止风险**。分支机构作为代替主体机构提供服务的实体，存有相关运营服务运行的关键数据，分支机构服务的终止可能影响业务承接和业务的连续性。

6）流程管理风险

系统的运营是由一系列业务流程所组成的集合，缺乏必要的业务流程管理，会导致运营人员在执行工作时只是依据经验执行，具有较大的随意性，给系统运营带来风险。

① **业务流程管控风险**。由于业务流程涉及业务层面的各个环节，环节越多涉及的部门和人员就越多，系统就越复杂，统一规划和管理就越难，任何一个业务流程脱节都会对整个运营产生影响。

② **二级节点管理风险**。该类风险主要包括二级节点申请流程管理风险，如对建设方案、业务规划方案、网络安全保障方案、服务承诺等的审核、评估和授权等，以及二级节点运行管理风险，如标识注册、监测及备案、安全数据上报和应急处置等。

3.3.5 标识解析安全风险技术演进趋势

我国工业互联网标识解析建设刚刚起步，安全保障能力建设相关工作相对滞后，工业互联网标识解析体系正面临新的风险变化，存在诸多安全风险，突出表现在架构安全风险、身份安全风险、数据安全风险和运营安全风险四个方面。

标识解析架构安全风险。目前国际上存在 Handle、OID、DNS 等多种标识解析方案，但呈现散而弱的局面，并未成熟，对其协议安全性的考虑则更为滞后。在探索推进工业互联网标识解析系统的过程中，应同步规划部署相应的安全措施，需考虑整体架构的安全和实际运行中与 DNS 的互联互通。当体系架构中的一层节点出现问题时，就会对整个架构的安全性产生一定程度的威胁，如节点可用性风险、节点之间协同风险、关键节点关联性风险等。并且，还要面临 DDoS、缓存感染、系统劫持等网络攻击。

标识解析身份安全风险。工业互联网标识解析身份安全风险主要包括人、机、物等标识解析系统中各种角色的身份风险。中国信息通信研究院曾对部分工业互联网平台进行了安全评估，发现在用户口令、身份认证、通信加密等方面均存在大量安全问题。工业互联网标识解析身份安全方面仍面临多种风险威胁，如身份认证安全和访问控制安全风险，用户客户端安全和标识解析服务器身份的真实性核验风险，身份认证在不同层级间的节点互信、标识源的真实性验证、用户终端与标识解析节点间的互信等方面都存在被窃听或攻击的风险。

标识解析数据安全风险。工业互联网数据种类多样，涉及标识注册数据、标识解析数据和日志数据等，在工业互联网标识数据的采集、传输、存储、使用和销毁等全生命周期流转中数据流动方向和路径复杂，暴露面多且复杂。工业互联网标识的解析数据可能存在于顶级节点、二级节点、企业节点和业务终端等各个环节，离散的数据保护措施无法支撑数据全生命周期数据保护，需要全面考虑数据窃取、数据篡改、数据丢失或泄露至境外等各种风险。

标识解析运营安全风险。运营风险主要存在物理和环境管理、访问控制、业务连续性管理、人员管理、分支机构管理及流程管理中。当前，工业互联网安全标准体系尚未健全，安全接入、数据保护、平台防护等方面的标准尚未出台。同时，工业企业普遍存在重发展轻安

全的情况，对工业互联网安全缺乏足够认识，企业运营方面仍存在关键岗位角色监管不严格、人员管理机制不健全、越权访问、伪造标识分支机构等诸多安全风险。

任务3.4 标识解析标准化

3.4.1 国内外相关标准化工作进展

标识解析体系作为工业互联网网络体系的重要组成部分，是域名系统向工业领域的延伸，其一头连着互联网，一头连着生产制造。因此，发展标识解析标准化应充分借鉴与使用原有通信、自动识别、物联网、工业自动化等领域的相关标准，在继承的基础上加以优化。

国际的相关标准化工作主要在集中在，国际标准化组织和国际电工委员会的第一联合技术委员会（ISO/IEC JTC1）下设的SC6系统间远程通信和信息交换技术委员会及SC31自动识别与数据采集技术委员会；IEC的TC3文献资料、图形符号及技术资料表示法委员会，TC65工业过程测量、控制和自动化技术委员会；国际电信联盟电信标准化部门（ITU-T）下设SG2业务提供和电信管理运营工作组、SG17安全工作组、SG20智慧城市工作组；国际互联网工程任务组（IETF）的确定性网络组（DetNet）、低功耗广域网上IPv6组（LP-WAN）、定位器/ID分离协议组（LISP），网络工作组（NWG）；万维网联盟（W3C）DID工作组的主要任务是制定DID规范，包括对DID URL方案标识符、数据模型、DID文件语法等的标准化。

我国从国家、行业、地方、团体和企业标准五个层级开展标准化工作，相关标准化工作主要集中在全国物品编码标准化技术委员会（TC287）、全国信息技术标准化技术委员会（TC28），全国通信标准化技术委员会（TC485）、中国通信标准化协会（CCSA）、全国信息安全标准化技术委员会（TC260）、全国物流信息管理标准化技术委员会（TC267）、全国工业过程测量控制和自动化标准化技术委员会（TC124）、全国防伪标准化技术委员会（TC218）、全国自动化系统与集成标准化技术委员会（TC159）等委员会及行业协会。

国内外相关标准化工作发展现状见表3-3。

表3-3 国内外相关标准化工作发展现状

标准	自动识别	数据采集	域名	数据交换	中间件	分布式信息系统
ISO/IEC SC6			●	●	●	
ISO/IEC SC31	●	●		●		
IEC TC3				●		
IEC TC65		●		●		
ITU SG2			●	●		
ITU SC17			●	●		●
ITU SG20			●	●		●
IETF DetNet				●		
IETF NWG			●	●	●	●

（续）

标准	自动识别	数据采集	域名	数据交换	中间件	分布式信息系统
IETF LPWAN				●		
IETF LISP				●		
W3C	●		●	●		
TC 485	●	●		●	●	
TC 28	●	●	●	●		
TC 287	●	●				
TC 260			●			
TC 267	●			●		
TC 124		●		●		
TC 218	●					
TC 159		●		●		
CCSA	●	●		●	●	

1. 国际的标准化工作现状

（1）ISO/IEC

ISO/IEC JTC1 SC6 主要负责开放信息系统之间信息交换标准化工作，旨在提高系统信息共享程度；ISO/IEC JTC1 SC31 主要负责数据格式、数据语法、数据结构、数据编码、自动识别与采集技术标准化工作，致力于提高数据采集自动化程度。

2011 年，ISO/IEC 发布 ISO/IEC 29168-1《信息技术　开放系统互连　第 1 部分：对象标识符解析系统》（对应国标 GB/T 35299—2017）。该标准规定了对象标识解析系统的建设要求，包括标识解析系统的组成和整体架构、基于 DNS 的标识解析机制及标识解析系统客户端操作要求等。

2014 年，ISO/IEC 发布系列标准 ISO/IEC15459-1 ~ 6《信息技术　自动识别和数据采集技术　唯一标识　第 1 部分 ~ 第 6 部分》。该系列标准定义了在物流管理过程中的标识编码规则，以避免全球供应链管理过程中的在编码冲突，提高物流自动化水平，降低人工成本和误差率，进而提高供应链协同效率。

ISO/IEC 的部分相关标准见表 3-4。

表 3-4　ISO/IEC 的部分相关标准

序号	标　准　号	英 文 名 称	中 文 名 称
1	ISO/IEC 15418：2016	Information technology — Automatic identification and data capture techniques — GS1 Application Identifiers and ASC MH10 Data Identifiers and maintenance	信息技术　自动识别和数据采集技术　GS1 应用标识符以及 ASC MH10 数据标识符和维护
2	ISO/IEC 15424：2008	Information technology — Automatic identification and data capture techniques — Data Carrier Identifiers (including Symbology Identifiers)	信息技术　自动识别和数据采集技术　数据载体标识符（包括符号标识符）

（续）

序号	标准号	英文名称	中文名称
3	ISO/IEC 15434：2019	Information technology — Automatic identification and data capture techniques — Syntax for high-capacity ADC media	信息技术　自动识别和数据采集技术　高容量ADC介质的语法
4	ISO/IEC 15961-1：2013	Information technology — Radio frequency identification (RFID) for item management：Data protocol — Part 1：Application interface	信息技术　用于物品管理的射频识别（RFID）　数据协议　第1部分：应用接口
5	ISO/IEC 15961-2：2019	Information technology — Data protocol for radio frequency identification (RFID) for item management — Part 2：Registration of RFID data constructs	信息技术　用于物品管理的射频识别（RFID）　数据协议　第2部分：射频识别标签数据结构的登记
6	ISO/IEC 15961-3：2019	Information technology — Data protocol for radio frequency identification (RFID) for item management — Part 3：RFID data constructs	信息技术　用于物品管理的射频识别（RFID）　数据协议　第3部分：射频识别标签数据结构
7	ISO/IEC 15961-4：2016	Information technology — Radio frequency identification (RFID) for item management：Data protocol — Part 4：Application interface commands for battery assist and sensor functionality	信息技术　用于物品管理的射频识别（RFID）　数据协议　第4部分：用于电池辅助和传感器功能的应用程序接口命令
8	ISO/IEC 15459-1：2014	Information technology — Automatic identification and data capture techniques — Unique identification — Part 1：Individual transport units	信息技术　自动识别和数据采集技术　唯一标识　第1部分：个体输送单元
9	ISO/IEC 15459-2：2015	Information technology — Automatic identification and data capture techniques — Unique identification — Part 2：Registration procedures	信息技术　自动识别和数据采集技术　唯一标识　第2部分：登记规程
10	ISO/IEC 15459-3：2014	Information technology — Automatic identification and data capture techniques — Unique identification — Part 3：Common rules	信息技术　自动识别和数据采集技术　唯一标识　第3部分：通用规则
11	ISO/IEC 15459-4：2014	Information technology — Automatic identification and data capture techniques — Unique identification — Part 4：Individual products and product packages	信息技术　自动识别和数据采集技术　唯一标识　第4部分：单个产品和产品包装
12	ISO/IEC 15459-5：2014	Information technology — Automatic identification and data capture techniques — Unique identification — Part 5：Individual returnable transport items (RTIs)	信息技术　自动识别和数据采集技术　唯一标识　第5部分：可重复使用物流单元的唯一标识符

（续）

序号	标 准 号	英文名称	中文名称
13	ISO/IEC 15459-6：2014	Information technology — Automatic identification and data capture techniques — Unique identification — Part 6：Groupings	信息技术　自动识别和数据采集技术　唯一标识　第6部分：产品分组
14	ISO/IEC 15962：2013	Information technology — Radio frequency identification (RFID) for item management — Data protocol：data encoding rules and logical memory functions	信息技术　用于物品管理的射频识别（RFID）　数据协议：数据编码规则和逻辑存储功能
15	ISO/IEC 15963-1：2020	Information technology — Radio frequency identification for item management — Part 1：Unique identification for RF tags numbering systems	信息技术　用于物品管理的射频识别　第1部分：射频标签系统的唯一识别
16	ISO/IEC 15963-2：2020	Information technology — Radio frequency identification for item management — Part 2：Unique identification for RF tags registration procedures	信息技术　用于物品管理的射频识别　第2部分：射频标签的唯一标识的登记规程
17	ISO 17363：2013	Supply chain applications of RFID — Freight containers	射频识别在供应链中的应用　集装箱
18	ISO/IEC 29161：2016	Information technology — Data structure — Unique identification for the Internet of Things	信息技术　数据结构　物联网的唯一标识
19	ISO/IEC TR 29162：2012	Information technology — Guidelines for using data structures in AIDC media	信息技术　自动识别和数据采集（AIDC）媒体用数据结构指南
20	ISO/IEC 29168-1：2011	Information technology — Open systems interconnection — Part 1：Object identifier resolution system	信息技术　开放系统互连　第1部分：对象标识符解析系统
21	ISO 26324-2012	Information and documentation — Digital object identifier system	信息和文献　数字对象标识系统
22	ISO/IEC 9834-8：2014	Information technology — Procedures for the operation of object identifier registration authorities — Part 8：Generation of universally unique identifiers (UUIDs) and their use in object identifiers	信息技术　对象标识符登记当局的操作程序　第8部分：通用唯一标识符的生成及其在对象标识符中的使用

（2）IEC

IEC TC3 主要负责文献、图形符号和技术信息表示领域的标准化工作，包括机器感知信息表示的规则、原则和方法，以及人对信息的感性表征的规则、原则和方法。IEC TC65 主要负责研制工业过程测量和控制系统与元件的相关标准，协调影响测量或控制系统匹配的有关元件的标准化工作。

2006 年，IEC 发布 IEC 61987-1：2006《工业过程测量和控制　过程设备目录中的数据结构和元素　第 1 部分：带模拟量和数字量输出的测量设备》（对应国标 GB/T 20818.1—2015）。该标准适用于产品制造商提供的过程设备目录的编制，帮助用户制定其要求，同时作为未来所有与过程设备目录有关标准的参考文件。

2017年，IEC发布IEC 61360-1：2017《电气元器件的标准数据元素类型和相关分类模式　第1部分：定义　原则和方法》。该标准规定了特性和相关属性的定义原则，以及从各领域中建立分类层次结构的原则。

IEC的部分相关标准见表3-5。

表3-5　IEC的部分相关标准

序号	标准号	英文名称	中文名称
1	IEC 61360-1：2017	Standard data element types with associated classification scheme—Part 1：Definitions—Principles and methods	电气元器件的标准数据元素类型和相关分类模式　第1部分：定义　原则和方法
2	IEC 61360-2：2012	Standard data element types with associated classification scheme for electric components—Part 2：EXPRESS dictionary schema	电气元器件的标准数据元素类型和相关分类模式　第2部分：EXPRESS字典模式
3	IEC 61360-6：2016	Standard data element types with associated classification scheme for electric components—Part 6：IEC Common Data Dictionary（IEC CDD）quality guidelines	电子元器件标准数据元素类型和相关分类模式　第6部分：IEC通用数据字典（IEC CDD）质量指南
4	IEC 61987-1：2006	Industrial-process measurement and control—Data structures and elements in process equipment catalogues—Part 1：Measuring equipment with analogue and digital output	工业过程测量和控制　过程设备目录中数据结构和元素　第1部分：带模拟量和数字量输出的测量设备
5	IEC 61987-11：2012	Industrial-process measurement and control—Data structures and elements in process equipment catalogues—Part 11：List of properties（LOPs）for measuring equipment for electronic data exchange—Generic structures	工业过程测量与控制　过程设备目录中的数据结构和元素　第11部分：电子数据交换用测量设备的属性目录（LOP）　基础结构
6	IEC 61987-15：2016	Industrial-process measurement and control—Data structures and elements in process equipment catalogues—Part 15：Lists of properties（LOPs）for level measuring equipment for electronic data exchange	工业过程测量和控制　过程设备目录中的数据结构和元素　第15部分：电子数据交换电平测量装置的属性目录（LOP）

（3）ITU

ITU-T SG2主要负责码号标准的制定。ITU-T SG17负责网络安全架构、数字身份安全管理、物联网应用等安全标准的制定，旨在提高网络安全性。ITU-T SG20负责物联网和智慧城市标准的制定，包括架构、安全、互操作性等，旨在提高城市智能化水平。

2013年9月，ITU发布建议书ITU-T X.1255《发现身份管理的信息框架》。该建议书支持提供开放架构框架，包括数字实体模型、数据接口协议、标识注册和解析系统以及元数据注册表等。

2017年8月，ITU发布建议书ITU-T Y.4805《智慧城市应用互操作的标识符业务要求》。该标准规定了智慧城市应用中标识服务的系列需求，以确保应用是可互操作和安全的。标准中的需求也可以作为智慧城市领域开发新标识服务的指导原则，包括服务完整性、数据保密性等特征。

2020 年 1 月，ITU 发布建议书 ITU-T Y. 4459《物联网互操作的数字实体架构框架》。该建议书规定了面向信息的服务体系框架，包括数字对象标识注册、发现、解析和传播机制，旨在促进跨域数据的共享。

ITU 的部分相关标准见表 3-6。

表 3-6　ITU 的部分相关标准

序号	标准号/计划号	英文名称	中文名称
1	ITU-T Y. 4459（01/2020）	Digital entity architecture framework for Internet of things interoperability	物联网互操作的数字实体架构框架
2	ITU-T X. 1255（09/2013）	Framework for discovery of identity management information	发现身份管理的信息框架
3	ITU-T Y. 4805（08/2017）	Identifier service requirements for the interoperability of smart city applications	智慧城市应用互操作的标识符业务要求
4	ITU-T Y. 4462（01/2020）	Requirements and functional architecture of open IoT identity correlation service	开放物联网（IoT）身份相干服务的需求和功能架构

（4）W3C

万维网联盟（W3C）是 Web 技术领域最具权威和影响力的国际中立性技术标准机构，其下设分布式标识工作组起草了《分布式标识符》《分布式标识数据模型和语法》《分布式标识应用案例》等草案，凭证社区工作组起草了《分布式标识符的解析》《可验证数据凭证模型》等草案，旨在基于区块链技术实现标识的分布式管理和数字身份的安全可控。

W3C 的部分相关标准见表 3-7。

表 3-7　W3C 的部分相关标准

序号	英文名称	中文名称
1	Use Cases and Requirements for Decentralized Identifiers	分布式标识符的用例和需求
2	Decentralized Identifiers	分布式标识符
3	Decentralized Identifier Resolution	分布式标识符的解析
4	Verifiable Credentials Data Model	可验证数据凭证模型

（5）IETF

IETF DetNet、IETF LPWAN、IETF LISP、IETF NWG 开展了工业互联网标识数据查询格式、安全、标识映射、域名映射、数据托管、数据采集、数据标签等方面的标准研制。

2003 年 11 月，IETF 发布 RFC 3650、RFC 3651 和 RFC 3652，提供了 Handle 系统概述，包括名称空间、服务体系架构等。2018 年 IETF 推进工业互联网标识解析相关技术草案的讨论，旨在推动工业互联网标识解析发展，2020 年 IETF 推进分布式标识在 DNS 中应用的草案，旨在发展分布式标识在 DNS 中的应用。

IETF 的部分相关标准见表 3-8。

表 3-8 IETF 的部分相关标准

序号	标准号/计划号	英文名称	中文名称
1	RFC 3061	A URN Namespace of Object Identifiers	对象标识符的 URN 名称空间
2	RFC 3151	A URN Namespace for Public Identifiers	公共标识符的 URN 名称空间
3	RFC 6374	Synonymous Flow Labels	同义流标签
4	RFC 7968	Transparent Interconnection of Lots of Links (TRILL): Using Data Labels for Tree Selection for Multi-Destination Data	大量链接的透明互连（TRILL）：使用数据标签选择多目标数据的树
5	RFC 3650	Handle System Overview	Handle 系统概述
6	RFC 3651	Handle System Namespace and Service Definition	Handle 系统命名空间和服务定义
7	RFC 3652	Handle System Protocol（ver2.1）Specification	Handle 系统协议（2.1 版本）规范
8	RFC 9039	Uniform Resource Names for Device Identifiers	设备标识符的统一资源名称
9	制定中	Finding the Authoritative Registration Data (IIIDAP) Service	查找权威的注册数据（IIIDAP）服务
10	制定中	HTTP Usage in the Industrial Internet Identifier Data Access Protocol（IIIDAP）	HTTP 在工业互联网标识符数据访问协议（IIIDAP）中的使用
11	制定中	Industrial Internet Identifier Data Access Protocol（IIIDAP）Query Format	工业互联网标识符数据访问协议（IIIDAP）查询格式
12	制定中	JSON Responses for the Industrial Internet Identifier Data Access Protocol (IIIDAP)	工业互联网标识符数据访问协议（IIIDAP）的 JSON 响应
13	制定中	Security Services for the Industrial Internet Identifier Data Access Protocol (IIIDAP)	工业互联网标识符数据访问协议（IIIDAP）的安全服务
14	制定中	The Decentralized Identifier (DID) in the DNS	DNS 中的分布式标识符（DID）

2. 我国的标准化工作现状

（1）TC485

全国通信标准化技术委员会（TC485）主要侧重于通信网络、系统和设备的性能要求、通信基本协议和相关测试方法等方面的标准化工作。工业和信息化部作为业务指导单位，中国通信标准化协会作为秘书处承担单位。当前 TC485 针对编码、智能终端、物联网、信息系统交互等方面制定了相关国家标准。表 3-9 给出了 TC485 的部分相关标准。

表 3-9 TC485 的部分相关标准

序号	标准号/计划号	名称
1	GB/T 33739—2017	基于 13.56MHz 和 2.45GHz 双频技术的非接触式读写器射频接口测试方法
2	GB/T 33742—2017	基于 13.56MHz 和 2.45GHz 双频技术的非接触式读写器射频接口技术要求
3	GB/T 34079.1—2021	基于云计算的电子政务公共平台服务规范 第1部分：服务分类与编码
4	GB/T 39574—2020	智能终端内容过滤技术要求

（续）

序号	标准号/计划号	名　称
5	20152347—T—339	智慧城市　跨系统交互　第2部分：技术要求及测试规范
6	20152348—T—339	智慧城市　跨系统交互　第1部分：总体框架
7	20161685—T—339	物联网　网关　第2部分：面向公共电信网接入的网关技术要求

（2）CCSA

中国通信标准化协会（CCSA）主要侧重于信息通信技术领域行标和国标的制定，下设互联网与应用、网络管理与运营支撑、物联网等标准技术工作委员会、工业互联网等特设任务组及标准推进工作委员会。当前，CCSA针对域名、信息交互、二维码识读、数据搜索、解析服务器等制定了相关行业标准。表3-10给出了CCSA的部分相关标准。

表3-10　CCSA的部分相关标准

序号	标准号/计划号	名　称
1	YDB 145—2014	智慧城市信息交互技术要求
2	YD/T 3238—2017	域名注册数据存储技术要求
3	YD/T 3237—2017	域名注册系统服务水平要求
4	YD/T 2924—2015	移动分组核心网域名系统（DNS）设备测试方法
5	YD/T 2907—2015	基于域名系统（DNS）的网站可信标识服务应用技术要求
6	YD/T 2644—2013	域名注册协议的传输技术要求
7	YD/T 2586—2013	域名服务系统安全扩展（DNSSec）协议和实现要求
8	YD/T 2420—2012	域名注册协议域名供应技术要求
9	YD/T 2332—2011	移动网络二维码识读业务技术要求
10	YD/T 2270—2011	基于关键词的互联网寻址解析技术要求
11	YD/T 2136—2010	域名系统授权体系技术要求
12	YD/T 2028—2009	基于关键词的互联网寻址总体技术要求
13	YD/T 2923—2015	移动分组核心网域名系统（DNS）设备技术要求
14	YD/T 2421—2012	域名注册协议主机供应技术要求
15	YD/T 2143—2010	基于国际多语种域名体系的中文域名的编码处理技术要求
16	YD/T 2141—2010	基于无线应用协议（WAP）的无线域名系统技术要求
17	YD/T 2139—2010	IPv6网络域名服务器技术要求
18	YD/T 2138—2010	域名系统权威服务器运行技术要求
19	YD/T 2137—2010	域名系统递归服务器运行技术要求
20	YD/T 2135—2010	域名系统运行总体技术要求
21	2009—1683T—SJ	基于互联网的射频识别标签信息查询与发现服务

（3）TC28

全国信息技术标准化技术委员会（TC28）主要侧重于信息采集、表示、处理、传输、交换、表述、管理、组织、存储和检索的系统和工具的规范、设计和研制等领域的标准化工作，主要对口ISO/IEC JTC 1。全国信息技术标准化技术委员会物联网分技术委员会

（TC28/SC41）主要负责物联网体系架构、术语、数据处理、互操作、传感器网络、测试与评估等物联网基础和共性技术。表3-11给出了TC28的部分相关标准。

表3-11　TC28的部分相关标准

序号	标准号/计划号	名　称
1	GB/T 38633—2020	信息技术　大数据　系统运维和管理功能要求
2	GB/T 30269.809—2020	信息技术　传感器网络　第809部分：测试：基于IP的无线传感器网络网络层协议一致性测试
3	GB/T 26231—2017	信息技术　开放系统互连　对象标识符（OID）的国家编号体系和操作规程
4	GB/T 30269.501—2014	信息技术　传感器网络　第501部分：标识：传感节点标识符编制规则
5	GB/T 33848.1—2017	信息技术　射频识别　第1部分：参考结构和标准化参数定义
6	SJ/T 11651—2016	离散制造业生产管理用射频识别读写设备管理接口规范
7	GB/T 35299—2017	信息技术　开放系统互连　对象标识符解析系统
8	GB/T 16656.203—1997	工业自动化系统与集成　产品数据的表达与交换　第203部分：应用协议：配置控制设计
9	GB/T 34047—2017	制造过程物联信息集成中间件平台参考体系
10	GB/T 16656.32—1999	工业自动化系统与集成　产品数据的表达与交换　第32部分：一致性测试方法论与框架：对测试实验室和客户的要求
11	SJ/T 11751—2020	供应链二维码追溯系统数据接口要求
12	SJ/T 11752—2020	供应链二维码追溯系统数据格式要求

（4）TC287

全国物品编码标准化技术委员会（TC287）主要侧重于商品、产品、服务、资产、物资等物品的分类编码、标识编码和属性编码、物品品种编码、单件物品编码及物品编码相关载体等方面的标准化工作。当前，TC287针对物品编码、物联网标识、Ecode标识体系的注册、解析等制定了相关国家标准。表3-12给出了TC287的部分相关标准。

表3-12　TC287的部分相关标准

序号	标准号/计划号	名　称
1	GB/T 31866—2015	物联网标识体系　物品编码Ecode
2	GB/T 32007—2015	汽车零部件统一编码与标识
3	GB/T 36605—2018	物联网标识体系　Ecode解析规范
4	GB/T 35422—2017	物联网标识体系　Ecode的注册与管理
5	GB/T 35420—2017	物联网标识体系　Ecode在二维码中的存储
6	GB/T 38663—2020	物联网标识体系　Ecode标识体系中间件规范
7	GB/T 38606—2020	物联网标识体系　数据内容标识符
8	GB/T 38656—2020	特种设备物联网系统数据交换技术规范
9	GB/T 38700—2020	特种设备追溯系统数据元
10	GB/T 35403.1—2017	国家物品编码与基础信息通用规范　第1部分：总体框架

（续）

序号	标准号/计划号	名　　称
11	GB/T 35403. 3—2018	国家物品编码与基础信息通用规范　第 3 部分：生产资料
12	GB/T 37004—2018	国家物品编码通用导则
13	GB/T 37056—2018	物品编码术语

（5）TC260

全国信息安全标准化技术委员会（TC260）主要侧重于信息安全的标准化工作，对口 ISO/IEC JTC1/SC27。当前，TC260 针对域名标识安全制定了 GB/T 33134—2016《信息安全技术　公共域名服务系统安全要求》、GB/T 33562—2017《信息安全技术　安全域名系统实施指南》等国家标准。

（6）TC267

全国物流信息管理标准化技术委员会（TC267）主要侧重物流信息基础、物流信息系统、物流信息安全、物流信息应用等方面的标准化工作。当前，TC267 针对标识编码、数据交互模型和交互接口等制定了相关国家标准。表 3-13 给出了 TC267 的部分相关标准。

表 3-13　TC267 的部分相关标准

序号	标准号/计划号	名　　称
1	GB 12904—2008	商品条码　零售商品编码与条码表示
2	GB/T 16986—2018	商品条码　应用标识符
3	GB/T 23833—2009	商品条码　资产编码与条码表示
4	GB/T 33993—2017	商品二维码
5	GB/T 31865—2015	基于 ebXML 的运输路线指令
6	GB/T 31876—2015	基于 ebXML 的销售数据报告
7	GB/Z 19257—2003	供应链数据传输与交换
8	GB/T 37029—2018	食品追溯　信息记录要求
9	GB/T 39322—2020	电子商务交易平台追溯数据接口技术要求
10	20182116—T—469	电子商务中药产品可追溯性评价要求

（7）TC124

全国工业过程测量控制和自动化标准化技术委（TC124）主要侧重于全国工业过程测量和控制（即工业自动化仪表）等专业领域的标准化工作，制定了 GB/T 33901—2017《工业物联网仪表身份标识协议》、GB/T 40647—2021《智能制造　系统架构》、GB/T 40216—2021《智能仪器仪表的数据描述　属性数据库通用要求》等标准。

（8）TC218

全国防伪标准化技术委员会（TC218）主要侧重于全国防伪等专业领域的标准化工作，制定了 GB/T 34062—2017《防伪溯源编码技术条件》、GB/T 38566—2020《军民通用资源　信息代码的安全转换与防伪技术规范》等标准。

（9）TC159

全国自动化系统与集成标准化技术委员会（TC159）主要侧重于面向产品设计、采购、

制造和运输、支持、维护、销售过程及相关服务的自动化系统与集成领域的标准化工作。当前，TC259针对射频识别、工业系统数据管理制定了GB/T 32829—2016《装备检维修过程射频识别技术应用规范》、GB/T 32830.1—2016《装备制造业　制造过程射频识别　第1部分：电子标签技术要求及应用规范》、GB/T 19114.1—2003《工业自动化系统与集成　工业制造管理数据　第1部分：综述》等标准。

3.4.2　标准化实施路径

1. 标准化体系框架

工业互联网标准体系涵盖了基础共性规范、网络、平台、安全中的关键技术要求，以及垂直行业的应用标准。工业互联网标识解析标准位于工业互联网标准体系框架的总体标准分类下，主要包括整体架构、编码与存储、标识采集、解析、交互处理、设备与中间件、异构标识互操作等标准，如图3-22所示。

本节基于工业和信息化部和国家标准化管理委员会发布的《工业互联网综合标准化体系建设指南》，结合国内标识解析标准化建设需求，对标识解析标准体系进行了梳理和细化。

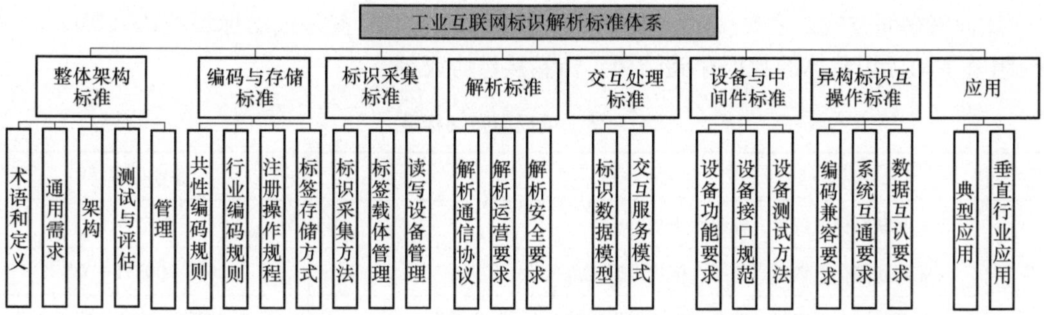

工业互联网标识解析标准体系

- 整体架构标准：术语和定义、通用需求、架构、测试与评估、管理
- 编码与存储标准：共性编码规则、行业编码规则、注册操作规程、标签存储方式
- 标识采集标准：标识采集方法、标签载体管理、读写设备管理
- 解析标准：解析通信协议、解析运营要求、解析安全要求
- 交互处理标准：标识数据模型、交互服务模式
- 设备与中间件标准：设备功能要求、设备接口规范、设备测试方法
- 异构标识互操作标准：编码兼容要求、系统互通要求、数据互认要求
- 应用：典型应用、垂直行业应用

图3-22　工业互联网标识解析标准体系框架

（1）整体架构标准

工业互联网标识解析标准体系的整体架构标准主要包括术语定义、通用需求、架构、测试与评估、管理类标准，见表3-14。

① 术语和定义：主要规范标识解析相关概念，为其他各部分标准的制定提供支撑。

② 通用需求：主要规范标识解析的通用能力需求，包括业务、功能、性能、安全、可靠性和管理等方面需求标准。

③ 架构：包括标识解析体系架构，以明确和界定标识解析的对象、边界、各部分的层级关系和内在联系。

④ 测试与评估：主要规范标识解析技术、设备产品和系统的测试要求，以及标识解析应用领域、应用企业和应用项目的成熟度要求，包括测试方法、测试环境、评估指标、评估方法等。

⑤ 管理：主要规范标识解析系统建设及运行相关责任主体及关键要素的管理要求，包括标识解析系统建设、运行、管理、服务等方面标准。

表 3-14　整体架构标准

序号	标 准 名 称	标准号/计划号
1	智能制造　标识解析体系要求	20170054—T—339
2	工业互联网标识解析　体系架构	2018—1377T—YD
3	工业互联网标识解析　测试评估环境	制定中
4	工业互联网标识解析　业务场景和应用需求	制定中

（2）编码与存储标准

该类标准主要规范工业互联网的编码方案，主要包括编码规则、注册操作规程和节点管理等标准，以及标识编码在一维条码、二维码、电子标签存储方式等标准，见表 3-15。

① 共性编码规则：主要规范通用型、指导性的编码规则，包括编码原则、编码组成部分、编码结构和数据定义。

② 行业编码规则：主要规范针对服装、工业、食品、药品、运输等行业编码规则，包括编码原则、编码组成部分、编码结构和数据定义。

③ 注册操作规程：主要规范标识注册管理架构、注册流程、注册协议、接口要求等。

④ 标签存储方式：主要规范一维条码、二维码、电子标签等被动标识载体和 UICC、通信模组等主动标识载体的数据存储结构、标签接口协议等。

表 3-15　编码与存储标准

序号	标 准 名 称	标准号/计划号
1	工业互联网标识解析　标识编码规范	制定中
2	工业互联网标识解析　能源　标识编码规范	2020—0033T—YD
3	工业互联网标识解析　装备　标识编码规范	2020—0034T—YD
4	工业互联网标识解析　航天　标识编码规范	2020—0035T—YD
5	工业互联网标识解析　航空　标识编码规范	2020—0036T—YD
6	工业互联网标识解析　船舶　标识编码规范	2020—0037T—YD
7	工业互联网标识解析　汽车零部件　标识编码规范	2020—0038T—YD
8	工业互联网标识解析　食品　标识编码规范	2020—0039T—YD
9	工业互联网标识解析　机械　标识编码规范	2020—0040T—YD
10	工业互联网标识解析　药品　标识编码规范	2020—0041T—YD
11	工业互联网标识解析　家电　标识编码规范	制定中
12	工业互联网标识解析　电子　标识编码规范	制定中
13	工业互联网标识解析　化工合成材料　标识编码规范	制定中
14	工业互联网标识解析　集装箱　标识编码规范	制定中
15	工业互联网标识解析　线缆　标识编码规范	制定中
16	工业互联网标识解析　肥料　标识编码规范	制定中

（续）

序号	标准名称	标准号/计划号
17	工业互联网标识解析　仪器仪表　标识编码规范	制定中
18	工业互联网标识解析　矿山机械　标识编码规范	制定中
19	工业互联网标识解析　模具　标识编码规范	制定中
20	工业互联网标识解析　标识注册管理协议与技术要求	制定中
21	工业互联网标识解析　基于标签的编码存储与识读方法	2019—1015T—YD
22	工业互联网标识解析　主动标识载体总体技术要求	制定中
23	工业互联网标识解析　主动标识载体（UICC）技术要求	制定中
24	工业互联网标识解析　主动标识载体（安全芯片）技术要求	制定中
25	工业互联网标识解析　主动标识载体（通信模组）技术要求	制定中

（3）标识采集标准

该类标准主要规范工业互联网标识数据的采集方法，包括各类涉及标识数据采集实体间的通信协议及接口要求等标准，见表3-16。

① 标识采集方法：主要规范标识数据采集格式、采集内容、采集数据质量要求、采集接口等。

② 标签载体管理：主要规范多种标识载体的承载容量、性能要求、环境适应性、可靠性、测试方法等。

③ 读写设备管理：主要规范一维条码、二维码、电子标签等载体的采集设备技术与管理要求，针对采集数据的数据过滤语义匹配等处理方法。

表3-16　标识采集标准

序号	标准名称	标准号/计划号
1	工业互联网标识解析　标识数据信息服务技术要求	2020—0030T—YD
2	工业互联网标识解析　标识数据发现服务技术要求	2020—0029T—YD
3	工业互联网标识解析　标识数据采集方法	2020—0027T—YD
4	工业互联网标识解析　标识数据采集方法可信增强要求	制定中

（4）解析标准

该类标准主要规范工业互联网标识解析的分层模型、实现流程、解析查询数据报文格式、响应数据报文格式和通信协议等要求，见表3-17。

① 解析通信协议：主要规范注册、解析、认证等各环节的通信协议、接口定义、服务规程等，以及相关系统的功能、性能、运行、维护、管理、安全等要求。

② 解析运营要求：主要规范解析节点的运行管理规范和技术要求，如监控要求、网络环境要求、负载要求、故障维护要求、日志管理要求、服务环境要求等。

③ 解析安全要求：主要包括解析系统技术、建设、运营等方面的安全要求，如解析系统安全防护、安全认证技术要求、运营风险管理、解析数据防篡改防泄露要求等。

表 3-17 解析标准

序号	标 准 名 称	标准号/计划号
1	工业互联网标识解析 可信解析	2018—2331T—YD
2	工业互联网标识解析 权威解析协议与技术要求	2019—1016T—YD
3	工业互联网标识解析 标识注册信息查询规范	2019—1014T—YD
4	工业互联网标识解析 国家顶级节点与二级节点 对接技术要求	制定中
5	工业互联网标识解析 国家顶级节点与二级节点 对接测试规范	制定中
6	工业互联网标识解析 二级节点 技术要求	制定中
7	工业互联网标识解析 二级节点 测试规范	制定中
8	工业互联网标识解析 递归节点 技术要求	制定中
9	工业互联网标识解析 标识解析安全认证协议和技术要求	2019—1019T—YD
10	工业互联网标识解析 系统安全防护要求	制定中

（5）交互处理标准

该类标准主要规范设备对标识数据的过滤、去重等处理方法，以及标识服务所涉及的标识间映射记录数据格式和产品信息元数据格式等要求，见表 3-18。

① 标识数据模型：主要包括标识数据管理、数据建模、数据字典、数据语义化描述等，建立标识解析体系下数据的统一处理、关联、整合和描述。

② 交互服务模式：主要包括标识数据同步、数据服务、交互接口、数据安全和隐私要求等，规范标识解析系统各级节点间、各参与方间的信息传递及交互机制。

表 3-18 交互处理标准

序号	标 准 名 称	标准号/计划号
1	工业互联网标识解析 核心元数据	制定中
2	工业互联网标识解析 工业 APP 元数据	制定中
3	工业互联网标识解析 标识数据参考模型	2020—0028T—YD
4	工业互联网标识解析 数据语义化规范	2019—1018T—YD
5	工业互联网标识解析 基于 Handle 的企业信息服务系统技术要求	2018—1689T—YD
6	工业互联网标识解析 信息协同共享技术要求	2018—1690T—YD
7	工业互联网标识解析 标识数据同步	2019—1012T—YD
8	工业互联网标识解析 数据管理架构与技术要求	2019—1017T—YD
9	工业互联网标识解析 标识数据安全和隐私要求	2020—0031T—YD

（6）设备与中间件标准

该类标准主要规范工业互联网标识解析服务设备所涉及的功能、接口、协议、同步等要求，见表 3-19。

① 设备功能要求：主要包括标识解析设备、中间件设备的架构、接入服务、数据管理、

应用支撑等技术要求。

② 设备接口规范：主要包括连接 MES、ERP、PLM 等企业系统的中间件接口功能、接口服务描述等。

③ 设备测试方法：主要包括性能、流程等。

表 3-19 设备与中间件标准

序号	标准名称	标准号/计划号
1	工业互联网标识解析　权威解析服务器技术要求	2020—0023T—YD
2	工业互联网标识解析　代理解析服务器技术要求	2020—0024T—YD
3	工业互联网标识解析　注册服务器技术要求	2020—0025T—YD
4	工业互联网标识解析　标识数据采集网关技术要求	2020—0026T—YD
5	工业互联网标识解析　MES 对接通用要求	制定中

（7）异构标识互操作标准

该类标准主要规范不同工业互联网标识解析服务之间的互操作，包括实现方式、交互协议、数据互认等标准，见表 3-20。

① 编码兼容要求：主要包括多编码规则的录入方法，OID、Handle 等编码方式的转化规则，新型标识编码与传统标识的映射转化方式。

② 系统互通要求：主要包括 Handle 与 DNS 等系统的解析互操作流程、互操作场景、互操作接口方式等。

③ 数据互认要求：主要包括异构标识下编码的识别要求、编码识别规则等。

表 3-20 异构标识互操作标准

序号	标准名称	标准号/计划号
1	工业互联网标识解析　基于 Ecode 的异构互操作	2018—1399T—YD
2	工业互联网标识解析　基于 Handle 的异构互操作	2018—1400T—YD
3	工业互联网标识解析　基于 OID 的异构互操作	2018—1401T—YD

（8）应用

应用标准包括典型应用标准和垂直行业应用标准等，见表 3-21。

① 典型应用标准：包括面向工业企业生产制造环节的智能化生产标准，面向个性化、差异化客户需求的个性化定制标准，主要面向协同设计、协同制造、供应链协同等场景的网络化协同标准，面向产品远程运维、大数据的增值服务等典型场景的服务化转型标准等。

② 垂直行业应用标准：依据整体架构、编码存储、数据交互等标准和典型应用标准，面向重点行业领域的标识解析应用，开发行业应用导则、特定技术标准和管理规范，优先在重点行业领域实现突破，逐步覆盖制造业全应用领域。

表 3-21 应用标准

标准名称	标准号/计划号
工业互联网标识解析　服装　个性化定制应用标识服务接口规范	2020—0032T—YD

2. 标准研制和应用

（1）组织架构

2019 年 12 月，工业和信息化部印发《工业和信息化部办公厅关于成立国家工业互联网标准协调推进组、总体组和专家咨询组的通知》（工信厅科［2019］90 号）（以下简称《通知》）。《通知》明确了总体组主要职责为接受协调推进组的指导，开展工业互联网标准化需求研究，拟定我国工业互联网标准化规划、体系和政策措施；协调工业互联网标准制修订任务和技术归口，加强跨行业、跨领域标准的协同研制；受委托组织开展工业互联网标准试验验证、宣传培训等工作，组织参与工业互联网国际标准化工作。总体组由相关标准化技术组织、企业、研究机构、高校和地方有关部门组成，组长单位由中国信息通信研究院担任。

在国际标准层面，企事业单位可依托国家标准化管理委员会下属委员会及标准化行业协会，参与 ITU、ISO、IEC 等国标准化组织，参会国际标准的研制。

在国家标准层面，工业互联网标识解析的通信网络、系统和设备的性能要求、协议和测试方法等关键技术主要集中在通信网络领域，建议依托全国通信标准化技术委员会（TC485），开展工业互联网标识解析相关标准制定工作，由标准化委员会统筹规划，汇集标识解析标准化需求，开展标识解析基础共性、核心技术、应用服务、安全等标准研制工作。

在行业标准层面，为充分发挥标准化组织的产业集群优势，调动标准化各利益相关方的积极性，同时争取国际工业互联网标准化方面的话语权。2017 年 9 月，在工业和信息化部的指导下，中国通信标准化协会（CCSA）成立工业互联网特设工作组（ST8），ST8 下设标识解析工作组（WG3）专门负责标识解析体系的组网架构和分层模型标准、标识编码与存储标准、采集与处理标准、解析标准、数据与交互标准、设备与中间件标准、异构标识互操作标准等。截至 2020 年，已开展了 50 余项国家标准和行业标准的研制。

在联盟标准层面，工业互联网产业联盟（AII）下设标识工作组，聚焦标识解析的技术研究、生态建设和标准研制等工作；下设技术与标准工作组，面向工业互联网整体标准化需求，开展标准化研制。2017 年 2 月，工业互联网产业联盟发布《工业互联网标准化体系框架》，提出了工业互联网标准体系建设的总体思路、基本原则、标准体系框架、重点标准化方向和标准化推进建议。截至 2020 年，工业互联网产业联盟已开展了 50 余项标识解析联盟标准，其中 10 项标准已发布。

（2）标准化原则

加强政府引导与市场制定之间的统筹推进和协同发展，构建政府主导建设、市场自主培育的标准体系，汇聚多方力量共同开展通用性的实用性强的标准研制。充分发挥团体标准的灵活性，鼓励产学研用各方依托社会组织和联盟制定团体标准，扎实推进先进团体标准应用示范。提升标准的供给能力，鼓励标准化技术组织吸纳各类型企业参与标准化工作，健全不同标准化技术组织之间的跨领域协作机制。

（3）实验验证

鼓励工业互联网产业联盟、企业、科研机构等联合建设标准试验验证平台，对标准开展合理性、完整性验证，开发和推广仿真与测试工具，增强标准试验验证平台的可操作性。在家具、医药、化工等重点行业建设行业测试床，打造具有典型性和示范性的工业互联网标识

解析创新应用模式。鼓励节点建设、系统开发与标准研制同步进行，及时有效地将实践经验转化为知识。

（4）应用推广

建立并完善以市场为主导、政府积极推进、科研院所技术支撑、企业应用实施的标准应用推广机制，依托标识解析节点建设、应用项目等推进标准成果转化和应用示范。鼓励行业协会、标准化技术组织和国家相关机构等，组织面向生产方、使用方和第三方检测认证机构的标准宣传与培训，引导企业在研发、生产、管理等环节对标达标。

项目 4 标识数据管理

任务 4.1 工业数据应用机理与技术分析

工业互联网数据是指在工业互联网应用中所产生的数据，是工业互联网的核心。从数据类型上主要包括设备数据、应用系统数据、企业数据、知识库数据和用户个人数据等，覆盖工业数据全生命周期。其中，**设备数据**，来源于工业生产线设备、机器、产品等，多由传感器、设备仪器仪表、工业控制系统（PLC、DCS、SCADA 等）进行采集，包括设备的运行数据、生产环境数据等，也包括工业互联网标识解析数据。**应用系统数据**，是指工业互联网业务中各类应用系统在运行过程中所产生的各类数据，以及与应用系统配置和管理相关的各类数据。**企业数据**，是指包括物流数据在内的运维数据、业务合作数据在内的企业管理数据等。**知识库数据**，是指为指导或保证工业互联网业务正常或最优运行所需要的各类数据。**用户个人数据**，是指工业互联网业务运营过程中所采集、使用和/或产生的与用户相关的数据。工业互联网数据全场景视图如图 4-1 所示。

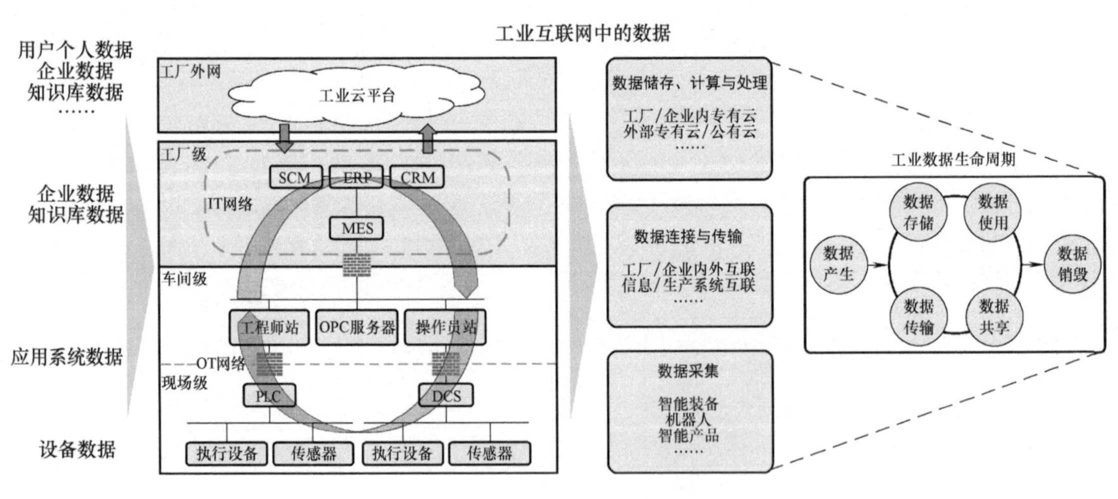

图 4-1　工业互联网数据全场景视图

工业互联网数据贯穿于工业设计、工艺、生产、管理、服务等各个环节，使工业系统具备描述、诊断、预测、决策、控制等智能化功能的模式和结果。工业互联网数据应用应覆盖工业生产的全流程和产品的全生命周期，如图 4-2 所示。工业互联网数据在智能化生产场景中的应用主要表现为虚拟设计与虚拟制造、生产工艺与流程优化、设备预测维护、智能生产排程、产品质量优化、能源能耗控制等。

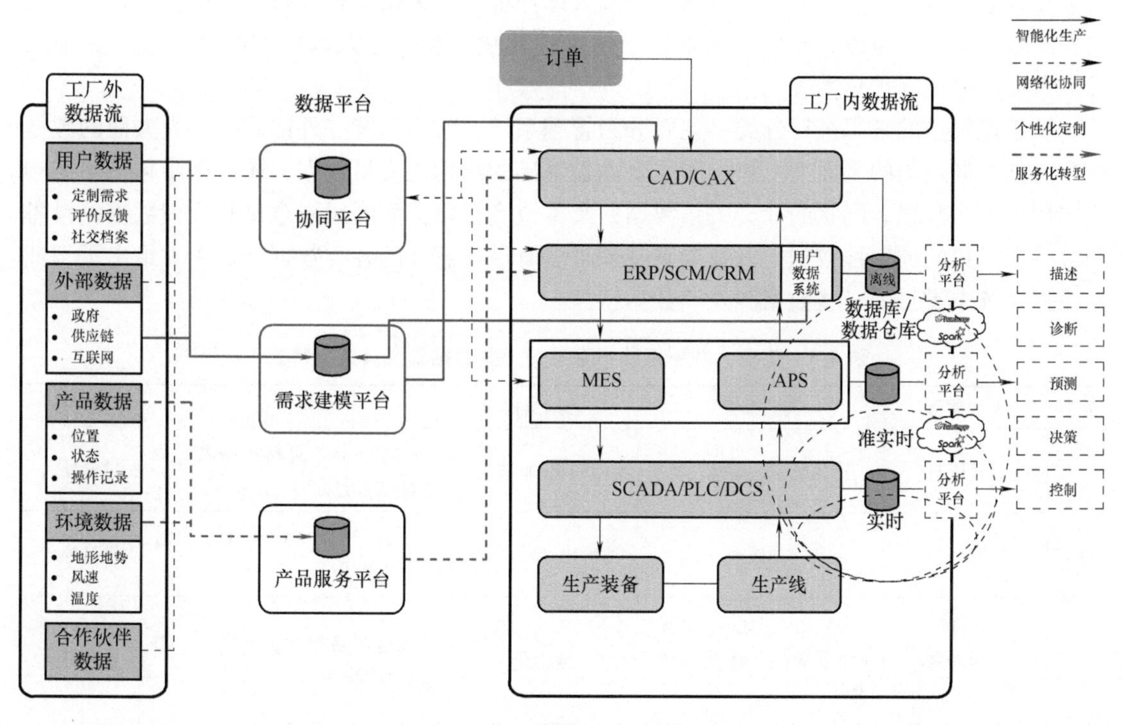

图 4-2　工业数据应用机理总结

工业互联网环境下数据的开放、流动和共享使数据特点发生变化，因此工业互联网中数据与互联网中数据存在着较大区别。在工业互联网中，数据采集环节由机器人、智能传感器等智能设备完成，工厂与企业内外、信息系统和生产系统的互通互联使工业数据的连接与传输，数据的存储和处理在工厂/企业内外的云端进行。因此，不同于传统互联网中数据信息的小数据量、单一种类、单项传输等特点，在工业互联网中进行双向交互的大量信息，具有如下特点：

① **体量大、种类多**，大量机器设备的高频数据和互联网数据持续涌入，大型工业企业的数据集将达到 PB 甚至 EB 级别。

② **结构复杂**，既有结构化和半结构化的传感数据，也有非结构化数据。

③ **双向流动、分布广泛**，IT 和 OT 双向流动、厂内厂外双向流动，分布于机器设备、工业产品、管理系统、互联网等环节。

④ **处理速度需求多样**，生产现场级要求实现实时时间分析达到毫秒级，管理与决策应用需要支持交互式或批量数据分析。

4.1.1　采集与预处理技术

大数据采集，一般分为智能感知层和基础支撑层。智能感知层，主要包括数据传感体系、网络通信体系、传感适配体系、智能识别体系及软硬件资源接入系统，实现对结构化、半结构化、非结构化的海量数据的智能化识别、定位、跟踪、接入、传输、信号转换、监控、初步处理和管理等。相关技术主要有针对大数据源的智能识别、感知、适配、传输、接入技术等。基础支撑层，则提供大数据服务平台所需的虚拟服务器，结构化、半结构化及非结构化数据的数据库及物联网络资源等基础支撑环境。相关技术有分布式虚拟存储技术，大数据获取、存储、组织、分析和决策操作的可视化接口技术，大数据的网络传输与压缩技术，大数据隐私保护技术等。

从工业数据的来源进行分类，主要分为管理系统、生产系统、外部数据三大方面的数据来源。从数据采集的全面性上看，不仅要涵盖基础的结构化交易数据，还将逐步包括半结构化的用户行为数据，网状的社交关系数据，文本或音视频类型的用户意见和反馈数据，设备和传感器采集的周期性数据，以及未来越来越多有潜在意义的各类数据。表 4-1 给出了工业大数据系统中常见的一些数据源及其数据特性。

表 4-1　工业大数据系统中常见的一些数据源及其数据特性

分类	系统类型	典型系统	数据结构	数据特点	实时性
管理系统	设计资料	产品模型、图样文档	半结构化/非结构化	类型各异、更新不频繁、是企业核心数据	批量导入
	价值链管理	SCM、CRM	结构化/半结构化	没有严格的时效性要求，需要定期同步	批量导入
	资源管理	OA/ERP、MES、PLM、EMS、WMS、能源管理系统	结构化	没有严格的时效性要求，需要定期同步	批量导入
生产系统	工业控制系统	DCS、PLC	结构化	需要实时监控，实时反馈控制	实时采集
	生产监控数据	SCADA	结构化	包含实时数据和历史数据	实时采集/批量导入
	各类传感器	外挂式传感器、条码、射频识别	结构化	单条数据量小，并发度大，结合 IoT 网关	实时采集
	其他外部装置	视频摄像头	非结构化	数据量大、低时延，要求网络带宽和时延	实时采集
外部数据	外部数据	相关行业、法规、市场、竞品、环境数据	非结构化	数据相对静止，变化较小，定期更新	批量导入

（1）管理系统数据采集

这里讨论的管理系统的数据包括了工业产品的设计资料、价值链管理数据及生产过程中的资源管理数据。

1）设计资料

设计资料大多来源于传统工业设计和制造类软件，如 CAD、CAM、CAE、CAPP、PDM 等。这类数据主要是各类产品模型，以及相关的图样或电子文档，大多数为非结构化数据。这些设计类数据的采集对时效性要求不高，只需定期批量导入大数据系统。

2）价值链管理数据

价值链数据主要指企业生产活动中上下游的信息流数据，主要来源于供应链管理（SCM）系统、客户关系管理（CRM）系统等。这类数据主要包含供应链信息和客户信息，

通常是规范的结构化数据，采集时对时效性要求不高，只需按业务分析要求的更新周期定期批量导入大数据系统。

3）资源管理数据

资源管理数据的来源主要是生产环节的各类管理系统，包括企业资源计划（OA/ERP）、制造执行系统（MES）、产品生命周期管理（PLM）、环境管理体系（EMS）、仓储管理系统（WMS）、能源管理系统等。这类数据主要描述了生产过程中的订单数据、排程数据、生产数据等，大多数为标准的结构化数据，采集时对时效性要求不高，只需按业务分析要求的更新周期定期批量导入大数据系统。

（2）生产系统数据采集

这里讨论的生产系统数据主要来自工业控制系统、生产监控系统、各类传感器以及其他外部装置。

1）工业控制系统数据

工业控制系统数据的来源主要包括分布式控制系统（DCS）及可编程序逻辑控制器（PLC）这类系统。通常DCS与PLC共同组成本地化的控制系统，主要关注控制消息管理、设备诊断、数据传递方式、工厂结构，以及设备逻辑控制和报警管理等数据的收集。此类数据通常为结构化数据，且数据的应用通常对时效性要求较高，需要数据能及时上报到上层的处理系统中。

2）生产监控数据

生产监控数据主要来源于以SCADA为代表的监视控制系统。SCADA系统的设计用来收集现场信息，将这些信息传输到计算机系统，并且用图像或文本的形式显示这些信息。这类数据也是规范的结构化数据，但相对DCS和PLC系统来说，SCADA系统可以提供实时的数据，同时也能提供历史数据。因此在考虑数据的采集策略时，需要根据上报数据的类型来选择是实时采集或是批量导入。

3）各类传感器

生产车间的很多生产设备并不能进行生产数据的采集和上传，因此需要通过外接一套额外的传感器来完成生产数据的采集。外挂式传感器主要用在无生产数据采集的设备或数据采集不全面的设备上，以及工厂环境数据的采集。同时，外挂式传感器根据使用现场的需求，可以采用接触式的传感设备和非接触式的传感设备。此类数据的单条数据量通常都非常小，但是通信总接入数非常高，即数据传输并发度高，同时对传输的实时性要求较高。

4）其他外部装置

其他外部装置产生的数据，如视频摄像头，数据主要来源于对产品的质量监控照片、视频或工厂内的监控视频等。此类数据的特点是数据量大，传输的持续时间长，需要高带宽、低时延的通信网络才能满足数据的上传需求。对于其他不同于视频数据的外部装置数据，需要针对数据的特性进行采集机制的选择。

（3）外部系统数据采集

外部系统数据主要来源于评价企业环境绩效的环境法规、预测产品市场的宏观社会经济数据等。此类数据主要用于评估产品的后续生产趋势、产品改进等方面，与管理系统的数据采集类似，可以通过标准的RJ45接口进行数据的传输。通常本类数据相对静止、变化较小，因此数据的上传频次较低。

综合上述多类数据源的采集场景和要求，系统的集成导入应同时具备实时接入（如工业控制系统、生产监控数据、各类传感器）和批量导入（如管理系统、外部数据）的能力，同时能根据需要提供可定制化的 IoT 接入平台。具体建设要求如下：

① 对于需要实时监控、实时反向控制类数据，可通过实时消息管道发送，支持实时接入，如工业控制系统数据、生产监控系统数据等。建议可采用如 Kafka、Fluentd 或是 Flume 等技术，这类技术使用分布式架构，具备数据至少传输一次的机制，并为不同生成频率的数据提供缓冲层，避免重要数据的丢失。

② 对于非实时处理的数据，可采取定时批量地从外部系统离线导入，必须要支持海量多源异构数据的导入，如资源管理数据、价值链数据、设计资料等。建议可采用 Sqoop 等数据交换技术，实现 Hadoop 与传统数据库（MySQL、Oracle、Postgre SQL 等）间大批量数据的双向传递。

③ 当系统中有大量设备需要并发且多协议接入时，如各类传感器件，可部署专业 IoT 接入网关，IoT 接入平台需同时具备支持 TCP、UDP、MQTT、CoAP、LwM2M 等多种通信协议的能力。在面对各类传感器的数据采集时，可以结合 RFID、条码扫描器、生产和监测设备、PDA、人机交互、智能终端等手段采集制造领域多源、异构数据信息，并通过互联网或现场总线等技术实现源数据的实时准确传输。有线接入主要以 PLC、以太网为主。无线接入技术种类众多，包括 ZigBee、Wi-Fi、蓝牙、Z-Wave 等短距离通信技术和长距无线通信技术。其中，长距离无线技术又分为两类，包括工作于未授权频谱的 LoRa、Sigfox 等技术和工作于授权频谱下传统的 2/3/4G 蜂窝技术及其 3GPP 支持的 LTE 技术，如 LTE-eMTC、NB-IoT 等。

大数据预处理技术，主要包括数据抽取、数据清洗和数据集成。

（1）数据抽取

数据抽取是从数据源中抽取数据的过程。数据抽取包括全量抽取和增量抽取。全量抽取类似数据迁移或数据复制，它将数据源中的表或视图的数据原封不动地从数据库中抽取出来，并转换成自己的数据抽取、转换、装载（ETL）工具可以识别的格式。增量抽取指抽取自上次抽取以来数据库中要抽取的表中新增、修改、删除的数据。在 ETL 工具的使用过程中，增量抽取较全量抽取应用更广。如何捕获变化的数据是增量抽取的关键。对捕获方法一般有两点要求：一是准确性，能够将业务系统中的变化数据准确地捕获到；二是性能，尽量减少对业务系统造成太大的压力，影响现有业务。增量数据抽取中常用的捕获变化数据的方法有触发器、时间戳、全表对比、日志对比。

（2）数据清洗

数据清洗是指发现并纠正数据文件中可识别的错误的最后一道程序，包括检查数据一致性、处理无效值和缺失值等。数据清洗的任务是过滤或修改那些不符合要求的数据。不符合要求的数据主要有不完整的数据、错误的数据和重复的数据三大类。数据清洗主要包括三步：一是缺失值处理，对于缺失数据采用直接删除和补充完整两种方法；二是数据选择，删除冗余属性或与挖掘关系不大的属性；三是数据变换，将不同来源、不同属性数据构成一个适合数据挖掘的描述形式。

（3）数据集成

数据集成是把不同来源、格式、特点性质的数据在逻辑上或物理上有机地集中，从而为数据挖掘提供完整的数据源。

4.1.2 存储与管理技术

大数据存储与管理，是用存储器把采集并清洗过的数据存储起来，建立相应的数据库，并进行管理和调用。重点解决的是复杂结构化、半结构化和非结构化大数据管理与处理技术难题。主要解决大数据的可存储、可表示、可处理、可靠性及有效传输等几个关键问题。开发可靠的分布式文件系统（DFS）、能效优化的存储、计算融入存储、大数据的去冗余及高效低成本的大数据存储技术；突破分布式非关系型大数据管理与处理技术、异构数据的数据融合技术、数据组织技术；研究大数据建模技术；突破大数据索引技术；突破大数据移动、备份、复制等技术；开发大数据可视化技术。

开发新型数据库技术。数据库分为**关系型数据库**、**非关系型数据库**及**数据库缓存系统**。其中，非关系型数据库主要指的是 NoSQL 数据库，分为键值数据库、列存数据库、图存数据库及文档数据库等类型。关系型数据库包含了传统关系数据库系统及 NewSQL 数据库。

工业大数据系统接入的数据源数量大、类型多，需要能支持 TB 到 PB 级多种类型数据的存储，包括关系表、网页、文本、JSON、XML、图像等数据库，应具备尽可能多样化的存储方式来适应各类存储分析场景，见表4-2。

表4-2 各类存储对应适用场景

类 型	典型介质	适用场景
海量低成本存储	对象存储、云盘	海量历史数据的归档和备份
分布式文件系统	HDFS、Hive	海量数据的离线分析
数据仓库	MPP、Cassandra	报表综合分析、多维随机分析
NoSQL 数据库	HBase、MongoDB	各类报表文档，适用于简单对点查询及交互式查询场景
关系型数据库	MySQL、SQLServer、Oracle、PostgreSQL	适用于交互式查询分析
时序数据库	InfluxDB、Kdb+、RRDtool	依据时间顺序分析历史趋势、周期规律、异常性等场景
内存数据库	Redis、Memcached、Ignite	数据量不大且要求快速实时查询场景
图数据库	Neo4j	分析关联关系及具有明显点/边分析的场景
文本数据索引	Solr、Elasticsearch	文本/全文检索

在不同的工业数据应用场景中，数据存储的介质选择十分重要，下面列举了一些经典的使用场景来介绍如何选择存储技术。

① 实时监控数据展示。通常情况下实时采集的监控数据在进行轻度的清洗和汇总后会结合 Web UI 技术实时展现生产线的最新动态。这类及时性、互动性高的数据一般使用内存进行存储，如 Redis、Ignite 等技术，可以快速响应实时的查询需求。

② 产线异常的分析与预测。使用机器学习技术对产线数据进行深入挖掘分析运行规律，可以有效地对产线的异常进行分析和预测，进而改善制程、减少损失、降低成本及人为误判的可能性。这类用于分析的历史数据，一般选择使用 HDFS、Cassandra 等分布式储存，适用于海量数据的探索和挖掘分析。同时，对于这类与时间顺序强相关的分析场景，数据的存储

可以选择 InfluxDB 这类时序数据库，可以极大提高时间相关数据的处理能力，在一定程度上节省存储空间并极大地提高查询效率。

③ 商业智能。如果需要整合多种数据来制作商业策略性报表，适合使用结构化储存，如传统的关系型数据库 MySQL、Oracle 等。如果需要考虑性能和及时性，可以考虑分类存储至 NoSQL 数据库，如 Cassandra、HBase 与 Redis 等。

4.1.3 分析与挖掘技术

大数据分析主要有两条技术路线：**一是凭借先验知识人工建立数学模型来分析数据；二是通过建立人工智能系统**，使用大量样本数据进行训练，让机器代替人获得从数据中提取知识的能力。

大数据分析技术主要包括，改进已有数据挖掘和机器学习技术；开发数据网络挖掘、特异群组挖掘、图挖掘等新型数据挖掘技术；突破基于对象的数据连接、相似性连接等大数据融合技术；突破用户兴趣分析、网络行为分析、情感语义分析等面向领域的大数据挖掘技术。

数据挖掘就是从大量、不完全、有噪声、模糊、随机的实际应用数据中，提取隐含在其中的人们事先不知道的但又是潜在有用的信息和知识的过程。数据挖掘涉及的技术方法很多，并有多种分类方法。根据挖掘任务可分为，分类或预测模型发现、数据总结、聚类、关联规则发现、序列模式发现、依赖关系或依赖模型发现、异常和趋势发现等；根据挖掘对象可分为，关系数据库、面向对象数据库、空间数据库、时态数据库、文本数据源、多媒体数据库、异质数据库、遗产数据库及 Web；根据挖掘方法可分为，机器学习方法、统计方法、神经网络方法和数据库方法。机器学习可细分为，归纳学习方法（决策树、规则归纳等）、基于范例学习、遗传算法等。统计方法可细分为，回归分析（多元回归、自回归等）、判别分析（贝叶斯判别、费歇尔判别、非参数判别等）、聚类分析（系统聚类、动态聚类等）、探索性分析（主元分析法、相关分析法等）等。神经网络方法可细分为，前向神经网络（BP 算法等）、自组织神经网络（自组织特征映射、竞争学习等）等。数据库方法主要是多维数据分析或 OLAP 方法，另外还有面向属性的归纳方法。

可用于机器学习研发的产品有基于开源 Spark 框架推出的算法库 MLlib、GraphX 等；可用于深度学习研发的产品有 TensorFlow、Caffe、MXNet 等平台；对于图计算，业界相对比较流行的开源产品有 Titan，另外还有很多优秀的商业产品可供选择。

4.1.4 展现与应用技术

数据可视化，指的是一些较为高级的技术方法，这些技术方法允许利用图形、图像处理、计算机视觉及用户界面，通过表达、建模及对立体、表面、属性和动画的显示，对数据加以可视化解释。对于数据可视化已经提出了许多方法，这些方法根据其可视化的原理不同可以划分为，基于几何的技术、面向像素的技术、基于图标的技术、基于层次的技术、基于图像的技术和分布式技术等。

4.1.5 决策与控制应用

根据数据分析的结果产生决策，从而指导工业系统采取行动，是工业大数据应用的最终

目的。工业大数据应用可以分为以下5大类：

① 描述类（descriptive）应用，主要利用报表、可视化等技术，汇总展现工业互联网各个子系统的状态，使操作管理人员可以在一个仪表盘（dashboard）上总览全局状态。此类应用一般不给出明确的决策建议，完全依靠人来做出决策。

② 诊断类（diagnostic）应用，通过采集工业生产过程相关的设备物理参数、工作状态数据、性能数据及环境数据等，评估工业系统生产设备等运行状态并预测其未来健康状况。此类应用主要利用规则引擎、归因分析等，对工业系统中的故障给出告警并提示故障可能的原因，辅助人工决策。

③ 预测类（predictive）应用，通过对系统历史数据的分析挖掘，预测系统的未来行为。此类应用主要是利用逻辑回归、决策树等，预测未来系统状态，并给出建议。

④ 决策类（deceive）应用，通过对影响决策的数据进行分析与挖掘，发现决策相关的结构与规律。此类应用主要是利用随机森林、决策树等方法，提出生产调度、经营管理与优化方面的决策建议。

⑤ 控制类（control）应用，根据高度确定的规则，直接通过数据分析产生行动指令，控制生产系统采取行动。

图4-3所示的工业大数据决策与控制应用系统展现了基于大数据的工业决策控制技术的框架。

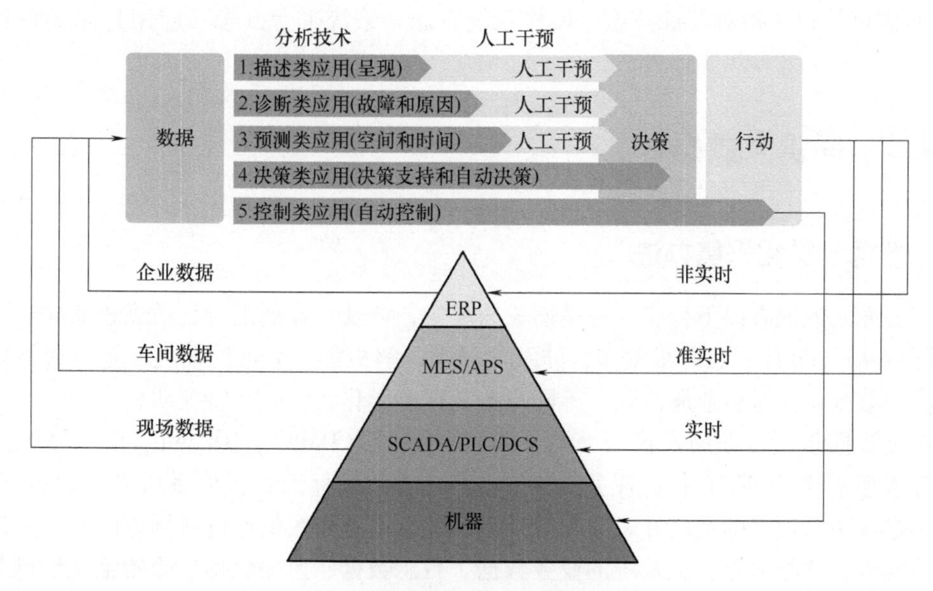

图4-3　工业大数据决策与控制应用系统

4.1.6　隐私与安全技术

大数据安全，主要包括访问安全、数据存储安全、内容安全和运维安全。访问安全技术主要包括，访问权限认证，流量和访问质量控制，用户访问行为监控，访问敏感信息告警、阻断和追踪等技术。数据存储安全技术主要包括，存储介质加密访问技术、文件加密存储技术、分布式存储分片加密和解密技术、数据备份和容灾技术。内容安全技术主要包括，大数据去隐私化技术和多维度审计技术。其中，大数据去隐私化技术有数据加密、限制发布、数据失真等，多维度审计技术有用户、数据对象、字段、敏感内容等审计。运维安全技术主要包括，安全策略管理、系统安全审计、用户和权限管理、配置基线检查、漏洞和补丁管理等技术。

安全指标考量大数据系统是否能够提供基本的安全方案，以防止恶意的访问和攻击，防止关键数据的泄露，可以从以下几个方面考量：

① 主机安全。大数据系统需要选择安全的操作系统版本，并对操作系统进行基础的安全配置和安全加固，以确保系统安全、可靠、高效地运行。

② 网络安全。网络系统和服务器系统具有入侵检测的功能，可监控可疑的连接、非法访问等。采取的措施包括，实时报警、自动阻断通信连接或执行用户自定义的安全策略。网络和服务器系统，能定期检查安全漏洞及病毒，根据扫描的结果更正网络安全漏洞和系统中的错误配置；使用加密技术对在互联网上传输的重要数据进行加密。与外部系统连接要配置防火墙设备，并定义完备的安全策略。

③ 数据安全，是指保证数据库和其他文件只能被授权用户访问和修改，防止在本地存储或网络传输的数据受到非法篡改、删除和破坏。数据相关的安全控制包括，数据加密、访问控制、数据完整性、数据防篡改。

④ 应用安全，是指对账号进行集中管理和统一认证，并对操作进行记录和审计，防范SQL注入、防范跨站攻击等。

⑤ 日志审计，是指对设备日志、操作系统日志、系统平台日志、应用日志等进行留存和审计。

任务4.2 标识大数据

4.2.1 数据分类和采集办法

标识业务大数据有以下特点：一是增长速度快，涉及行业范围广，数据积累高达百亿余行，实际存储近TB级；二是维度多，涉及注册类、解析类、节点建设类、企业属性类、行业分布类等数据；三是行业属性强，不同行业数据差异化大，行业特征明显。

系统类数据包括，如国家顶级节点数据监测系统（DMS）、IDPointer系统等的监测数据，业务管理系统（BMS）标识业务管理数据，此类数据标识解析体系顶级节点运营数据，以及解析过程中所留存的系统日志、告警日志等数据。此类数据通过数据库同步、接口等方式实时采集五大顶级节点相关系统的业务数据、日志数据、监测数据、原始报文信息等。

1. 系统监测类数据统计（见表4-3）

表4-3 监测系统统计数据维度

数据类型	国家层面	区域层面	企业层面
注册类	五大顶级节点月/日/小时标识注册量	各省月/日/小时标识注册量	各二级节点企业月/日/小时注册量
	五大顶级节点标识注册量月/日增长（率）	各省标识注册量月/日增长（率）	各二级节点企业标识注册量月/日增长（率）

（续）

数据类型	国家层面	区域层面	企业层面
注册类	五大顶级节点月/日/小时前缀注册量	各省二级节点月/日/小时标识注册量	各企业节点企业月/日/小时注册量
	五大顶级节点二级节点月/日/小时标识注册量	各省二级节点注册量月/日增长（率）	各企业节点企业标识注册量月/日增长（率）
	五大顶级节点二级节点注册量月/日增长（率）	各省企业节点月/日/小时标识注册量	
	五大顶级节点企业节点月/日/小时标识注册量	各省企业节点注册量月/日增长（率）	
	五大顶级节点企业节点注册量月/日增长（率）		
解析类	五大顶级节点标识月/日/小时解析量	各省标识月/日/小时前缀解析量	各二级节点企业月/日/小时前缀解析量
	五大顶级节点解析量月/日增长（率）	各省前缀解析量月/日增长（率）	各二级节点企业前缀解析量月/日增长（率）
	五大顶级节点下二级节点月/日/小时解析量	各省标识月/日/小时解析量	各二级节点企业月/日/小时标识解析量
	五大顶级节点下二级节点解析量月/日增长（率）	各省标识解析量月/日增长（率）	各二级节点企业标识解析量月/日增长（率）
	五大顶级节点下企业节点月/日/小时解析量	各省二级节点月/日/小时解析量	各企业节点企业月/日/小时前缀解析量
	五大顶级节点下企业节点解析量月/日增长（率）	各省二级节点解析量月/日增长（率）	各企业节点企业前缀解析量月/日增长（率）
节点建设类	五大顶级节点月/日建设二级节点数（按照行业性和综合性二级节点分类）	各省二级节点月/日建设数（按照行业性和综合性二级节点分类）	各二级节点建设的企业节点数
	五大顶级节点建设二级节点数月/日增长（率）	各省二级节点建设数月/日增长（率）	各级节点建设的企业节点月/日增长（率）
	五大顶级节点月/日建设企业节点数	各省企业节点月/日建设数	各二级节点下企业节点覆盖省份
	五大顶级节点建设企业节点数月/日增长（率）	各省企业节点建设数月/日增长（率）	
行业分布类	五大顶级节点下二级节点行业分布	各省二级节点的行业分布	企业注册量排名TopN的所属行业（可按照二级节点、企业节点不同维度统计）
	五大顶级节点下企业节点行业分布	各省企业节点的行业分布	企业解析量排名TopN的所属行业（可按照二级节点、企业节点不同维度统计）

（续）

数据类型	国家层面	区域层面	企业层面
行业分布类			企业解析时延排名 TopN 的所属行业（可按照二级节点、企业节点不同维度统计）
			二级节点的企业节点数排名 TopN 的所属行业
企业属性类	五大顶级节点下二级节点的企业类型分布	各省二级节点的企业类型分布	企业注册量排名 TopN 的企业类型（可按照二级节点、企业节点不同维度统计）
	五大顶级节点下企业节点的企业类型分布	各省企业节点的企业类型分布	企业解析量排名 TopN 的企业类型（可按照二级节点、企业节点不同维度统计）
			企业解析时延排名 TopN 的企业类型（可按照二级节点、企业节点不同维度统计）
			二级节点建设企业节点数 TopN 的企业属性

2. 递归解析日志数据

递归解析日志数据，主要来自于北京、上海、广州、武汉、重庆五个公共递归节点。当外部客户端向递归节点的标识解析服务器发出解析请求时，标识解析服务器便会以日志形式记录下该次请求信息，包括请求源 IP 地址、解析标识名称、响应时间、请求时间等信息。递归解析日志参数示例见表 4-4。

表 4-4　递归解析日志参数示例

日志内容示例	说　　明
12/30/19 15：33：14	日志生成时间
88. 121. 5588/LSX100001	解析标识名称
elapsed：144273	解析响应时间
retCode：0	解析状态：成功或失败
clientIp：［：：ffff：172. 17. 3. 2］	请求源 IP 地址

3. 权威解析日志数据

权威解析日志数据，主要来自于北京、上海、广州、武汉、重庆五个顶级节点。当外部客户端或递归节点向顶级节点的标识解析服务器发出解析请求时，标识解析服务器便会以日志形式记录下该次请求信息，包括请求标识名称、请求源 IP、解析服务 IP、响应时间、请求时间等信息。权威解析日志参数示例见表 4-5。

表 4-5　权威解析日志参数示例

日志内容示例	说　　明
88. 1000. 1/test	请求标识名称
"userIp"："192. 168. 150. 252"	请求源 IP
"idisIp"："192. 168. 150. 31"	解析服务 IP
"period"："3836"	响应时间
"operatorTime"："20190704140740"	请求时间

4.2.2　数据分析

1. 分析场景

（1）标识解析数据的分析场景

标识解析数据，主要从递归解析日志和权威解析日志中提取。通过对日志中的请求源IP地址、解析标识名称、响应时间、请求时间等进行分析，可以掌握标识解析的服务性能、请求来源分布、标识解析TopN排行榜等情况。

解析性能分析的重要指标是，解析响应时延。请求来源分析的重要指标包括，IP地址所在省份统计、请求源IP地址的TopN排行、解析请求时间段分析和请求协议占比分析。请求标识前缀分析的重要指标是，请求标识对应二级节点或企业节点的统计及排行。

（2）企业基本信息数据的分析场景

企业基本信息数据，主要来自顶级节点业务管理系统（BMS）。通过各顶级节点下属二级节点数量、二级节点下属企业节点数量及企业节点的地理位置分布和行业分布，可以掌握工业企业在不同地区、不同行业的发展趋势。

节点数量统计，是统计各顶级节点和二级节点下企业节点的累计数量和增量数量。地区统计，是统计各省份的企业节点数量分布情况。行业统计，是统计各行业的企业节点数量分布情况。

（3）标识注册量的分析场景

对标识注册量的分析，尤其是对企业节点标识注册量的分析，可以根据全量数量、增量数量等不同维度，关联企业的所在行业、所属地区信息，掌握不同行业、不同地区、不同企业的生产经营情况。

各级节点标识注册量，按天、周、月等不同时间维度，对顶级节点、二级节点、企业节点的标识注册量进行统计。TopN排行，按统计标识注册的TopN企业进行排行。标识注册性能分析，按注册时延进行分析。与企业信息关联统计，按与企业的所在地和行业进行关联统计，如不同地区的标识注册量、不同行业的标识注册量。

（4）标识解析量的分析场景

对顶级节点、二级节点和企业节点的标识解析量分析，可以结合企业的所在行业、所属地区，来了解标识解析的请求量情况。另外，也可以结合热点解析标识及其对应的解析请求时间信息，来分析标识所关联产品的应用场景。

各级节点标识解析量，按天、周、月等不同时间维度，对顶级节点、二级节点、企业节点的标识解析量进行统计。TopN排行，按统计标识解析的TopN企业进行排行。与企业信息关联统计，按与企业的所在地和行业进行关联统计，如不同地区的标识解析量、不同行业的标识解析量。

2. 数据挖掘

通过对解析客户端等数据进行挖掘，获取标识解析终端设备类型情况、标识载体类型情况，反映标识基础设施建设情况。通过挖掘标识载体信息，了解标识编码对不同载体支持情况，反映出标识适配柔度。通过对解析网络进行数据挖掘，获取标识配套的网络资源建设情况。通过对标识属性信息进行数据挖掘，获取标识被应用到哪些设备、产品、对象，反映标识应用复杂度。

3. 关联分析

通过对标识和企业行业属性进行关联分析，获取标识覆盖行业范围，反映标识应用广度。通过将标识和标识属性信息进行关联分析，获取单个标识涉及多少环节（生产、销售、物流等环节），反映标识应用深度。通过分析单个标识引发多少相关标识解析情况，从而了解标识应用黏度。通过对标识及客户端 IP 进行 IPv4/IPv6 关联分析，获取标识 IPv6 浓度。通过分析标识和企业信息之间的信息，获取单个标识在多少企业流通情况，反映上下游产业协同情况等。

4. 统计分析

按照时间区间、日期、地区等维度，统计标识注册量、解析量、节点建设情况及增长率等，反映标识建设规模和进展。按地区、行业等维度，统计研发投入情况，反映标识资源投入情况。统计单个标识被解析次数，反映标识应用频次。按照时间维度，通过标识解析时延、系统吞吐量等数据，反映系统服务能力。

4.2.3 企业评估指标数据举例

企业主体有三级指标的数据来源及处理办法。企业维度数据示意见表 4-6。

表 4-6 企业维度数据示意

一级指标	二级指标	三级指标	数据来源	处理办法
基础支撑	系统服务性能	注册性能	BMS 运营数据	现有数据
		解析性能	BMS 运营数据	现有数据
		系统响应处置时间	BMS 运营数据	现有数据
	系统安全	被攻击次数	BMS 运营数据	现有数据
		系统故障平均时长	BMS 运营数据	现有数据
应用能力	应用基础	标识注册量	系统监测数据	现有数据
		标识解析日均量	系统监测数据	现有数据
		标识对象丰富度	BMS 运营数据	现有数据
	产品/设备层	标识渗透率	系统监测数据	
		厂内设备日均解析指数	BMS 运营数据	关联分析
		产品解析指数	BMS 运营数据	关联分析
	流程/过程运营	平均单次标识解析 涉及生产环节比率	系统监测	关联分析 + 统计
		平均单次标识解析跨系统	系统监测 + 调研	关联分析 + 统计
		已应用标识的系统占比率	系统监测数据	(IDPointer 系统) 属性统计分析
	资源/产业协同	平均单次解析覆盖主体数	系统监测数据	通过日志留存 采集统计分析
		平均单次解析覆盖行业数	系统监测数据 + 调研	数据清洗， 汇总，数据挖掘
		跨界融合应用场景	调研数据	数据清洗，汇总

（续）

一级指标	二级指标	三级指标	数据来源	处理办法
收益价值	经济价值	设备综合效率提升率	科技情报类 + 调研	数据清洗，汇总
		产品上市周期缩短率	科技情报类 + 调研	数据清洗，汇总
		产品合格率提升	科技情报类 + 调研	数据清洗，汇总
	商业模式创新	模式创新带来收益占总收益占比	调研数据	汇总
战略组织	资源投入	工业互联网标识解析投资规模	科技情报类	汇总
		工业互联网标识发展战略规划	调研数据	汇总

4.2.4　产品和服务构建

1. 评估报告资源池

通过自动生成与专家评估结合的方式生成报告。生成的报告有工业互联网标识发展综合评估报告、行业和区域评估报告、企业发展建议等。报告输出的主要维度如下：

① **总体评估结果**。面向企业，提出标识建设总体情况描述，给出总体建设等级，对企业所在行业和地区整体水平情况进行描述。面向政府，提出标识建设总体情况描述，给出总体建设等级，全国情况描述，对地方在全国评估情况横向比较。

② **结果分析**，对五大模块基础支撑、应用能力、产业生态、收益价值、资源要素投入分别展开分析，并给出各模块的评分和等级。各模块横向的行业和区域比较、各模块中关键要素横向比较。

③ **综合分析**，用展示雷达图五大评估模块综合能力，得出较强能力和较低部分，并给出原因。

④ **发展建议**，根据评估结果，提出初步发展建议和标识应用发展路径和方向。

不同主体的评估报告输出维度如图 4-4 所示。

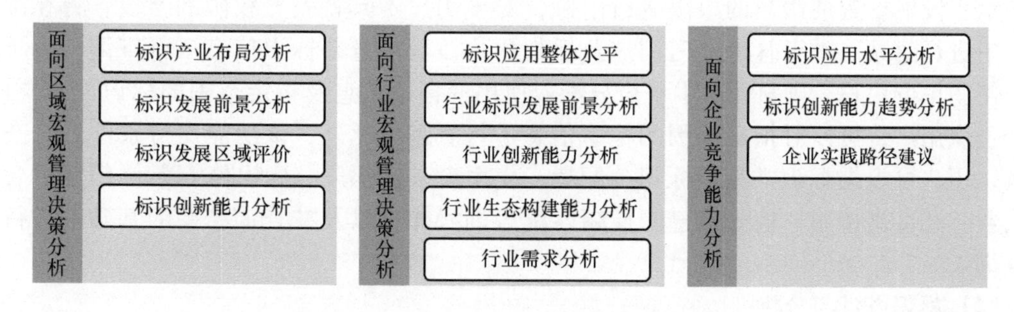

图 4-4　不同主体的评估报告输出维度

2. 标识大数据分析平台

标识大数据分析平台技术路线如图 4-5 所示。

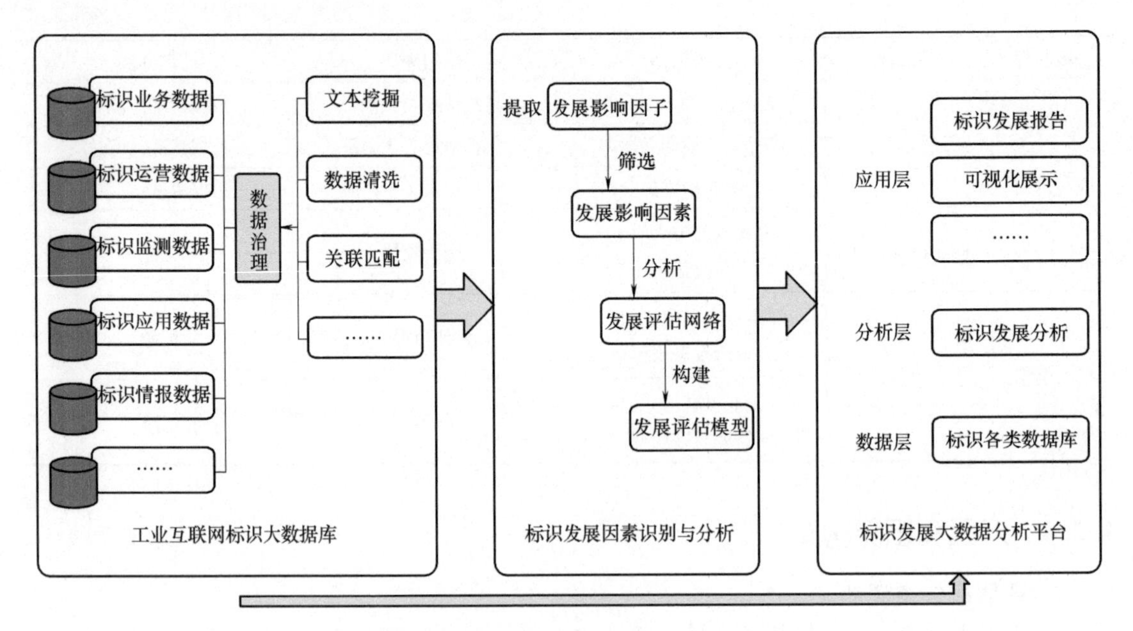

图 4-5　标识大数据分析平台技术路线

任务 4.3　标识数据查询与统计

标识数据查询与统计主要用于，对标识的分配信息和使用信息进行查询与检索，标识的统计与分析，以及标识映射信息和关联信息的查询。

（1）标识查询与检索

用户可查询与检索某具体标识的分配和使用等相关信息，对于统一标识的查询，应支持对标识的分配信息和使用信息的查询；对于现有的非统一标识的查询，应支持所收集到的非统一标识的分配和使用信息的查询。行业内管理系统应可接受访问，并将查询结果反馈给用户。查询功能支持多种接入方式，如现有电信网、互联网等手段。查询结果的显示字段根据查询用户的权限进行限制，对于用户不具备查看权限的字段，将在结果显示中进行隐藏。对于管理部门用户及授权用户，可对全部标识信息进行查询；对于分配或使用单位用户，则只能对本单位分配或使用的标识信息及指定范围的标识进行查询；对于公众用户，可以对指定范围的标识信息进行查询。此外，该功能支持条件组合查询方式，用户可根据标识类型、标识分配者、使用者、标识段、标识值等条件任意组合进行检索，还可支持用户输入信息的模糊匹配查询操作，以及在查询结果的基础上进行二次查询。

（2）标识统计与分析

管理部门对标识信息进行统计分析，为未来标识的规划、分配、使用提供依据。该功能应支持多维度的标识统计功能，从标识类型、分配机构、使用部门、标识段、业务种类等进行统计。统计项目分为系统定时统计与定制统计。定时统计是由系统设定时间来定期自动进行统计，生成统计报表，定期自动保存，结果可以随时供检索和打印输出；定制统计则更为

灵活，与定时统计的统计项目内容完全一样，但不同的是管理员可以根据需要设置统计时间进行数据统计。对于现有非统一的标识，应支持定制统计；对于统一标识，应支持定制统计和周期性定时统计功能。

（3）映射信息和关联信息查询

用户可以查询物体标识和与其应用相关的物体标识、通信标识和应用标识之间的映射与关联，包括标识与通信码号之间、标识与IP地址之间、标识与应用地址之间、标识与行业标识映射系统之间等关联信息。平台也可以自动关联不同行业的标识系统，以触发跨行业、跨平台互通的应用。

为实现标识数据查询与统计功能，需要各类计算机技术支持，包括Beats、Elasticsearch、Logstash等。其中，Beats是标识数据查询统计模块的底层核心部件，作为荷兰Elastic公司的一款开源采集系统监控数据代理（Agent），是在被监控服务器上以客户端形式运行的数据收集器的统称，可以直接把数据发送给核心存储检索引擎Elasticsearch，或者通过高吞吐量数据处理引擎Logstash解析/变换处理发送给Elasticsearch，然后进行后续的数据分析活动。

Beats由以下几部分组成：

- Packetbeat，一个网络数据包分析器，用于监控、收集网络流量信息。
- Filebeat，用于监控、收集服务器日志文件。
- Metricbeat，定期获取外部系统的监控指标信息。
- Winlogbeat，用于监控、收集Windows系统的日志信息。
- Heartbeat，是轻量型运行时间监控采集器，通过主动探测来监控服务可用性。

实现标识数据的检索与处理，需要Elasticsearch和Logstash两项技术的配合。Elasticsearch是一个基于Lucene的搜索服务器，提供一个分布式多用户能力的全文搜索引擎，用Java开发，并作为Apache许可条款下的开放源码发布，是当前流行的企业级搜索引擎，能够达到实时搜索、稳定、可靠、快速、安装使用方便；Logstash是一个基于Java的开源工具，用于收集、分析和存储日志，具有实时管道功能的开源数据收集引擎，可以动态地将来自不同数据源的数据统一起来，用于各种高可视化用例。Elasticsearch和Logstash等技术可支撑起事务日志分析、标识搜索定位、标识码分析、发码量查询和标识码查询等可视化应用的相关目标。

任务4.4 标识数据智能分析

标识数据智能分析，使用工业智能技术，以标识数据元为输入，以数据服务和数据存储为中转站，以算法逻辑为理论支撑，通过标识应用形成面向标识数据的智能分析能力。标识数据智能分析模块结构如图4-6所示。采集的标识数据元包括工业设备数据（焊接机器人和传感器等）、企业内部非标准标识数据和标准标识数据。采集的标识数据元用于数据服务，包括实时数据接入服务（Kafka）、数据库实时复制服务（Sqoop）、结构化数据接入服务（ETL）和文件数据接入服务（Flume）等。之后，采用分布式并行历史数据库的数据存储，借助标识数据智能分析模块的核心（即算法逻辑）实现标识数据的智能分析，最终为决策者提供参考。

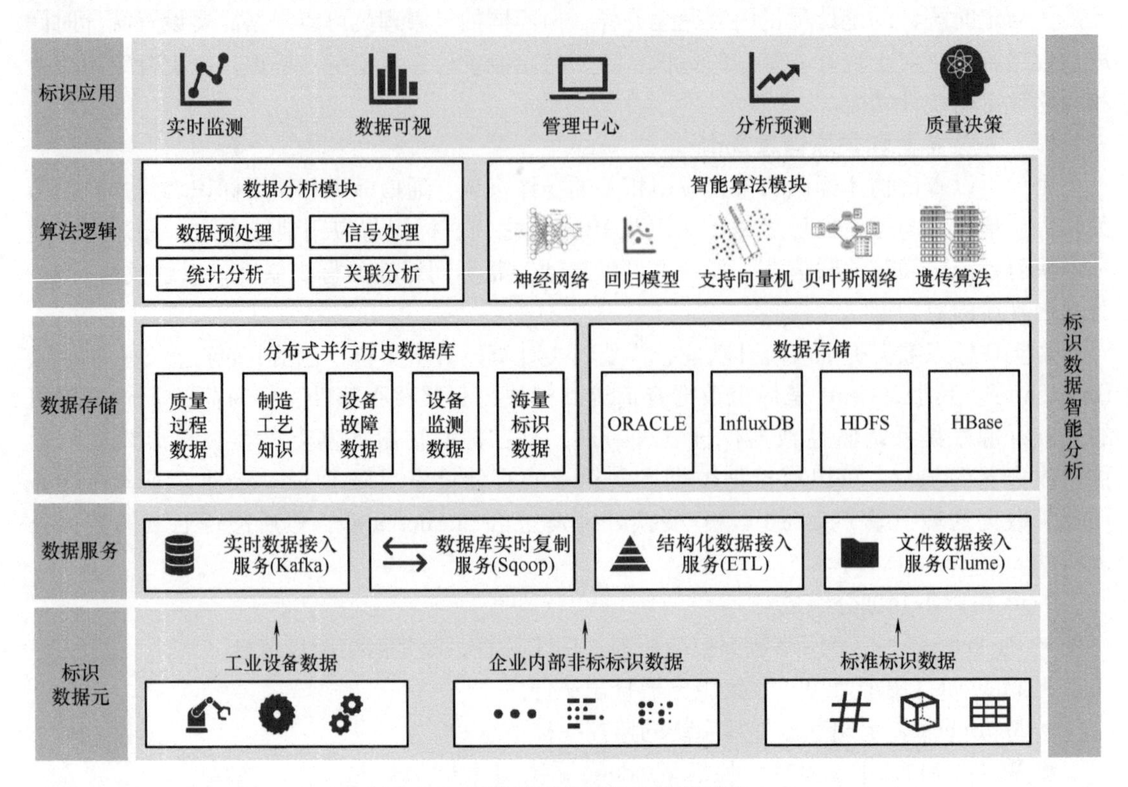

图 4-6　标识数据智能分析模块结构

采集的标识数据，首先需要进行数据预处理，Pandas 技术可实现数据标准化、数据整理和数据剔除等数据预处理操作。数据预处理结束后，利用先进的人工智能模型进行训练、分析，包括机器学习、深度学习算法等大数据基础方法，训练出的标识数据智能模型集成后根据需求进行调用。机器学习技术，利用计算机模拟人类的学习行为，获取新的知识或技能，重新组织已有的知识结构使之不断改善自身的性能，可用于标识数据的智能分析。其算法主要有线性判别分析、二次判别分析、支持向量机、朴素贝叶斯、决策树、随机森林和长短期记忆网络等。相比机器学习算法，深度学习通过多层处理，逐渐将初始的“低层”特征表示转化为“高层”特征表示后，用“简单模型”完成复杂的分类、预测等学习任务，主要方法包括卷积神经网络和递归神经网络。

无论是传统的机器学习还是深度学习，都需要经过模型训练过程才能形成可供调用的智能分析成品模型，训练模型框架可选用 Sklearn、TensorFlow 和 Keras 等。Sklearn 是机器学习中常用的第三方模块，对常用的机器学习方法进行了封装，包括回归、降维、分类和聚类等方法；TensorFlow 是一个基于数据流编程的符号数学系统，拥有包括 TensorFlow Hub、TensorFlow Lite 和 TensorFlow Research Cloud 在内的多个项目及各类应用程序接口；Keras 是基于 Theano 和 TensorFlow 的机器学习库，由纯 Python 编写而成，基于 Tensor- Flow、Theano 及 CNTK 后端。在上述框架支撑下开始进行训练，按照层级思路建立待训练模型，并选择数据输入，设置训练所需的优化器、损失函数、学习率、迭代轮数和批次等参数。训练过程可采用有效的技术手段使模型达到更好的效果，过程如下：

① 合理引入 Dropout 层，以防止过拟合，提高模型的泛化能力。

② 采取动态改变学习率策略，当发现模型的效果不再发生改善时，则减小学习率，以寻求后续训练过程的改善。

③ 加载已经训练的模型权重继续训练，提高模型的性能，令模型更快地收敛。

模型训练完后，需进行模型存储的过程，根据所选用建模框架的不同，其模型格式也会有差异。经过以上技术操作后，可形成个性化的面向标识数据的智能分析应用，如实时监测、数据可视化和分析预测等。

任务 4.5　基于区块链技术的标识数据管理

4.5.1　工业互联网发展面临的挑战

制造业数字化转型的不断深化，对工业互联网中平台数据互通共享、安全保障体系等均提出了更高要求。随着当前工业互联网进入深耕阶段，其进一步发展所面临的问题和挑战逐渐凸显。

一是难以实现数据要素互联共享。传统 ERP、MES、CRM 等业务系统都有各自的数据管理体系，随着业务系统的不断增加与企业业务流程的日趋复杂，各类业务系统间的数据集成难度不断加大，导致信息孤岛问题日益凸显。面向当前海量多源异构的工业数据，缺乏必要的管理与处理能力。由于不同信息系统之间的共性模块难以实现共享复用，有可能导致应用创新过程中存在“重复造轮子”的现象，也会进一步降低应用创新效率，增加创新成本。

二是隐私和数据保护形势依旧严峻。工业互联网平台采集、存储和利用的数据资源存在数据体量大、种类多、关联性强、价值分布不均等特点，因此平台数据安全存在责任主体边界模糊、分级分类保护难度较大、事件追踪溯源困难等问题。同时，工业大数据技术在工业互联网平台中的广泛应用，使得平台用户信息、企业生产信息等敏感信息存在泄露隐患，并存在数据交易权属不明确、监管责任不清等问题，工业大数据应用存在安全风险。

三是设备安全可靠性问题凸显。海量的设备接入使得身份鉴定、设备管理等成为工业安全的隐患。高度协同的生产单元涉及各种生产设备，这些设备的身份辨识可信、身份管理可信、设备访问控制可信是多方协作的基础，也是实现人与设备、设备与设备之间的高效、可信、安全地交换信息的前提。同时，对设备的全生命周期管理过程，需要对设备的从属关系等进行可信的难以篡改的溯源查询，在设备使用可能导致的责任认定中提供具有公信力的仲裁依据。

四是产业链条融资难现象突出。同一供应链上企业之间的 ERP 系统并不互通，导致企业间信息并不相通，全链条信息难以融会贯通。供应链上游的中小微企业往往存在较大资金缺口，然而没有核心企业的背书，难以获得银行的优质贷款，融资难融资贵现象突出。对银行等金融机构来说，企业的信息不透明意味着风控难度增大，对企业融资与金融机构渗透都是巨大的障碍。

4.5.2　区块链在工业互联网中发挥的作用

作为工业全要素、全产业链、全价值链连接的枢纽，工业互联网目的在于实现设备、企业、人、机构之间的可信互联。上述挑战存在的根本原因，主要源自于对工业互联网中数据要素缺乏有效管理，这直接制约工业互联网中不同参与方之间的可信协作。

区块链（Blockchain）是由多种技术集成创新而成的分布式网络数据管理技术，是新一代信息通信技术的重要发展。区块链利用密码学技术和分布式共识协议保证网络传输与访问安全，实现数据多方维护、交叉验证、全网一致、不易篡改。区块链技术为工业互联网中数据要素的配置管理提供了新的解决方案。充分发挥区块链在促进数据共享、优化业务流程、降低运营成本、提升协同效率、建设可信体系等方面的作用，打通数据孤岛，能够加速工业企业内部的生产流程管理、设备安全互联，助推在工业企业之间实现产业链协同，也有助于在工业企业和金融机构之间构筑可信互联的新型产融协同生态，从而有望全面推动工业互联网实现跨越式发展。

4.5.3 区块链本质与特征

区块链，是一种由多方共同维护，使用密码学保证传输和访问安全，能够实现数据一致存储、难以篡改、防止抵赖的记账技术，也称为分布式账本技术。典型的区块链以块-链结构存储数据。作为一种在不可信的竞争环境中低成本建立信任的新型计算范式和协作模式，区块链凭借其独有的信任建立机制，正在改变诸多行业的应用场景和运行规则，是未来发展数字经济、构建新型信任体系不可或缺的技术之一。

与技术特征相对应的区块链核心作用，主要体现在存证、自动化协作和价值转移三方面，随着其价值潜力不断被挖掘，应用落地场景已从金融这个突破口，逐步向实体经济和政务民生等多领域拓展。区块链针对实体经济的核心价值正是促进产业上下游高效协作，提升产融结合效能。发展前期，区块链应用模式主要以文件、合同等的存证为主。现阶段，区块链产业应用正逐步向政务数据共享、供应链协同、跨境贸易等自动化协作和价值互联迈进。区块链应用场景及典型建设模式见表4-7。

表4-7　区块链应用场景及典型建设模式

领域	细分行业	区块链核心作用	应用场景	应用效果
金融	数字资产	存证+价值转移	权属登记	身份认证、提高信用透明度
	保险	存证+自动化协作	保险理赔	简化损失评估、减少索赔时限
	证券	存证+价值转移	股票分割、派息、负债管理	简化转移流程
	供应链金融	存证+自动化协作+价值转移	智能化流程	实时监督、保障回款
实体经济	供应链协同	存证+自动化协作	汽车制造、电子产品	条款自动验证，提高协同效率
	溯源	存证	农产品溯源、食品溯源、药品溯源	提高产品全流程透明度、产品标识管理的安全性
	能源	存证+自动化协作	分布式能源、能源互联网	提高交易效率、能源交易记录精准管理
	互联网内容服务	存证	版权、电子商务、游戏、广告、资讯	降低版权维权成本
	跨境贸易	存证+价值转移	跨境支付、清结算	提高交易效率，增强过程透明度

（续）

领域	细分行业	区块链核心作用	应用场景	应用效果
政务民生	发票/票据	存证	税务、电子票据	降低管理成本，提高开票报销效率
	电子证照	存证	电子合同、电子证据、身份认证	提高管理效率
	政务	存证 + 自动化协作	政务数据共享、投票、捐款	提高数据共享的时效性、可用性和一致性
	公共服务	存证 + 自动化协作	精准扶贫、征信、公共慈善	简化业务流程

区块链根据网络去中心化程度不同，分化出三种不同应用场景下的区块链：公有链、私有链和联盟链。从技术角度看，联盟链主要具有共享账本、智能合约、共识算法及权限隐私四个技术特征。

共享账本：通常以块链式结构存储了交易历史及交易以后的资产状态。每一个区块的哈希将作为下一个区块的数据头，串联在一起。由于各个有存储账本权限的节点和相关方有相同的账本数据，可以通过哈希校验很便捷地识别账本数据是否被篡改。账本中存储了交易的历史，且这些交易都是具有交易发起方签名，由一定的背书策略验证，并经过共识以后写入到账本中的。

智能合约：描述了多方协作中的交易规则和交易流程。这些规则和流程将会以代码的形式部署在相关参与方的区块链节点中。根据代码的逻辑，智能合约将由一个内外部事件来驱动和激发，按照事先约定好的规则和流程进行强制执行。

共识算法：在分布式网络中，各个区块链节点按照透明的代码逻辑、业务顺序和智能合约来执行所接收到的交易，最终在各个账本中，达成一种依赖机器和算法的分布式共识，确保交易记录和交易结果全网一致。机器共识能够适应大规模机器型通信的去中心化架构，有效促进形成一种去中介化的应用新模式和商业新生态。

权限隐私：所有加入联盟链的人、机、物、机构都需要经过认证和授权，通过设置不同的权限，采用隐私保护算法等有效措施，确保共享账本对利益相关方的选择可见，拥有一定权限的人，才可以读写账本，执行交易和查看交易历史，同时保证交易的真实可信、可验证、可溯源、不可抵赖和不可伪造。

4.5.4　区块链与工业互联网结合的原理

工业区块链应用视图如图 4-7 所示，根据链上参与主体与实施环节的不同，可以分为企业层区块链和产业层区块链两类。

1. 企业层区块链

企业内数据共享方面。借助区块链的共识算法、分布式账本、智能合约、权限隐私等技术特点，工业企业在内部各环节所产生的各类数据可以被企业自身充分分析，这有助于提高企业各生产环节的效率，实现核心企业内从设计、生产、销售、服务到回收的全生命周期数据互联，提高设备使用可靠性、降低能耗、物耗与维护费用等。同时，还可以减少生产过程

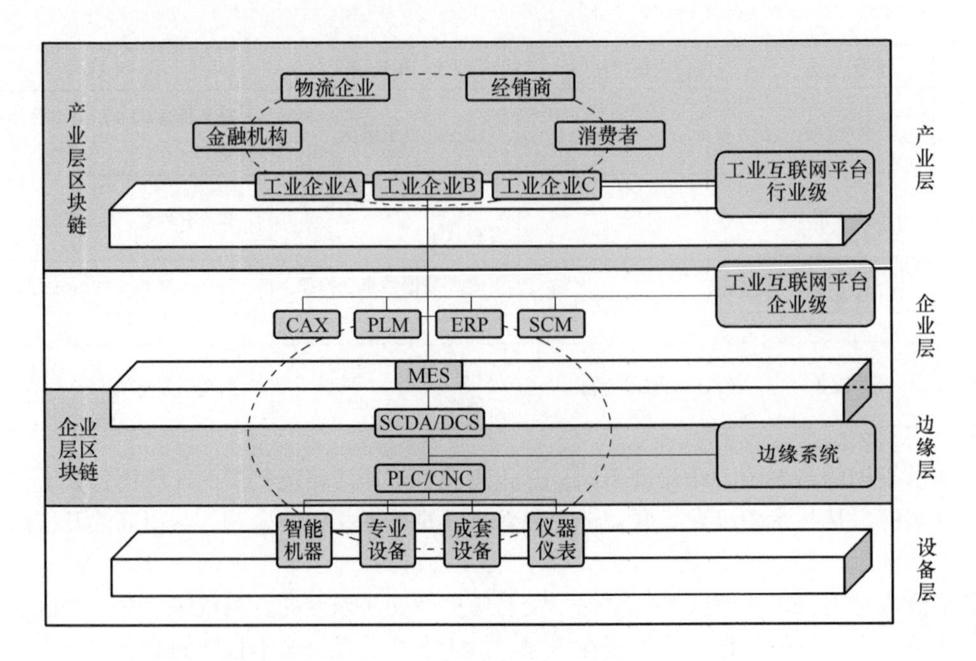

图 4-7　工业区块链应用视图

中的人力劳动需求，提高生产过程的柔性与智能化水平。

企业内设备安全方面。在整个链条中给工业设备分配一个区块链的身份，可以打通工业企业内设备数字身份的可信互联，利用区块链技术将访问者对设备的访问权限的策略写入，并通过智能合约对这些策略进行管理。访问权限由设备所有者通过调用设备管理智能合约定义并发布在区块链上。所有设备通过加密网络或加密中继节点与访问控制区块链建立连接，由设备所有者为其注册并对其进行访问控制。合规用户可以在任何时间查询当前持有者对某个设备执行何种操作的权限。

2. 产业层区块链

产业链协同层面。企业与消费者、零售商、物流提供方等主体之间进行链上产品交易、溯源、供应链及其他流通服务。区块链“物理分布式，逻辑多中心”的多层次架构设计，链上交易具有可溯源、难以篡改、不可抵赖、不可伪造等特性，能使人、企业、物彼此之间因“连接”而信任，将带来摩擦减少、成本降低的组织形态和商业模式。区块链可以促进工业企业之间生产、调配、运维等环节的数据互联与可信协作，从而提高工业企业在网络化生产时代的设计、生产和服务水平。

产融协同层面。企业与金融机构之间进行链上金融服务。产业生态的复杂化及多样化，使得以往单一链条中某一家或两家巨头可以轻易解决的问题变得棘手。往往需要借助金融机构来共同提供服务，也同时从这个过程中构筑服务型联盟。工业企业以盟主的身份通过区块链来搭建这样的服务型联盟，提供供应链金融服务、融资租赁服务、二手交易服务等，帮助制造业的服务型升级，除了带来传统生产制造以外的服务收入外，也增强了产品服务能力、用户黏性及生态黏性。

工业区块链应用图谱如图 4-8 所示。

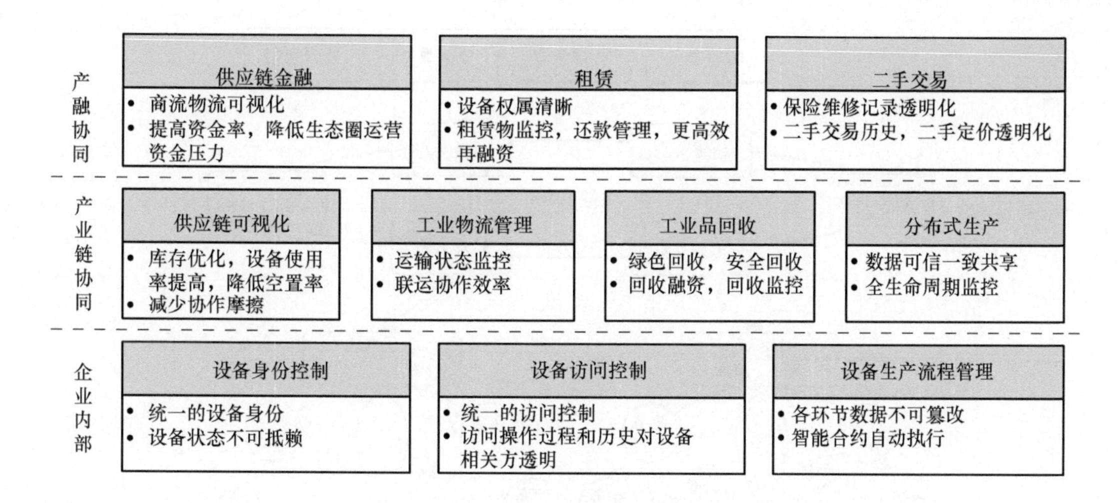

图4-8　工业区块链应用图谱

4.5.5　星火区块链介绍

星火区块链是采用许可公有区块链技术打造的区块链标识基础设施（Blockchain Identifier Infrastructure，BIF）。星火区块链内置了标识（简称星火标识），为人、企业、设备和数字对象等提供标识注册解析、数字身份、数字资产管理、公共数据服务、监测监管等基础服务，星火区块链采用“主链+子链”的链群架构。其中，主链负责链群管理、监管规则、公共数据和价值锚定；子链针对不同的业务场景独立设计，实现数据安全隔离、高性能运行。

许可公有区块链是一种既兼容公有区块链开放接入、灵活、可扩展性等特性，又融合联盟区块链易于监管、高性能、安全可控等特性的区块链技术系统。

星火标识是基于星火区块链构建的新型标识解析体系，即星火标识解析体系。基于星火区块标识，星火区块链实现了对DNS、Handle等多标识解析体系的兼容及跨体系、跨链间的互联互通。

星火区块链底层采用“1+N”主子链群架构，可支持同构和异构区块链接入主链，星火区块链主子链群架构如图4-9所示。

主链，通过注入核心资产，包括公共数据、标识资源、解析服务和监管规则等，对外提供基础服务；从国家层面构建互通能力，以及“穿透式”监管手段，为保障链群高效运行和整个链群生态的稳定健康发展保驾护航。

子链，主要针对不同业务场景独立设计，充分发挥产业优势和区块链现有基础，促进区块链在更多场景、更大规模实现累积式发展。根据业务场景的不同，子链支持其具体的个性化业务活动，并支持其独立执行共识，实现数据安全隔离、高性能运行。

星火标识体系设计了星火通用解析器，如图4-10所示，通过提供一种支持多驱动程序（Driver）的标准方法，支持多标识体系的统一解析入口。不同体系的标识体系，可通过API等方式轻松实现驱动程序的添加，具有高度可扩展性。驱动程序用于跨链、跨标识体系查找和解析标识记录。

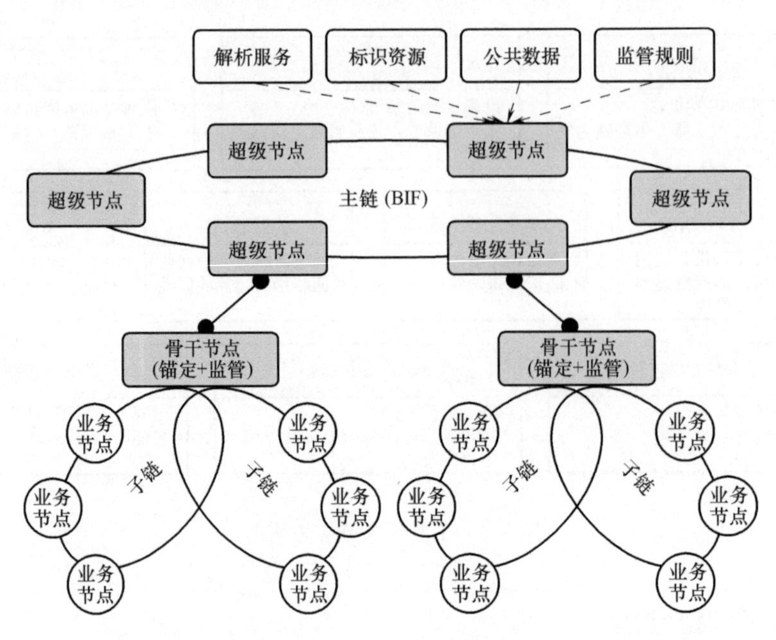

图 4-9　星火区块链主子链群架构

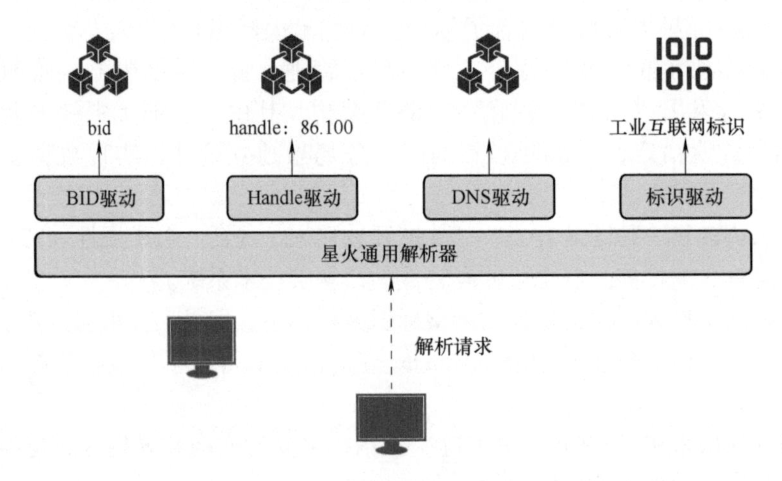

图 4-10　星火通用解析器

星火标识体系通过通用解析器，实现链网协同新基础设施体系内的标识解析入口。在 BID 和 VAA 注册过程中，通过星火区块链合约生成 BID 或 VAA 标识，并将其信息、签名、可信认证信息保存至可验证文档中，并在星火区块链上存储。BID 或 VAA 解析器，可以解析出 BID 或 VAA 标识对应的网络位置信息、子链入口及可验证文档等。

星火标识体系将实现与工业互联网标识解析国家顶级节点对接，使工业互联网标识解析国家顶级节点兼容星火标识体系，进一步提升并扩大国家顶级节点的服务能力和服务范围，也极大地扩展了星火标识的应用范围。

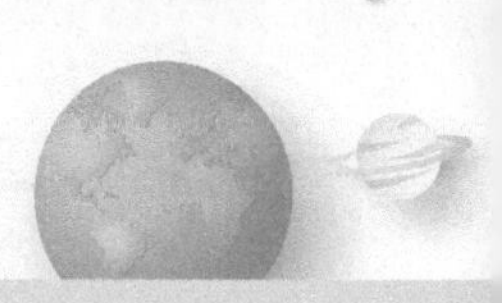

项目 5 标识节点建设与运维

任务 5.1 节点部署

5.1.1 体系架构

工业互联网标识解析系统的整体架构采用分层、分级模式构建，面向各行业、各类工业企业提供标识解析公共服务。如图 5-1 所示，系统主要元素包括根节点、国家顶级节点、二级节点、企业节点、公共递归节点等。

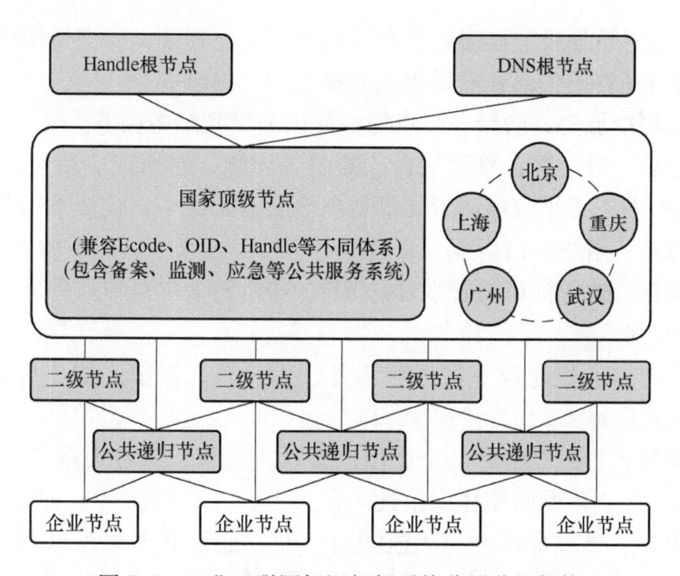

图 5-1 工业互联网标识解析系统分层分级架构

其中，二级节点是指一个行业或区域内部的标识解析公共服务节点，能够面向行业或区域提供标识编码注册和标识解析服务，以及完成相关的标识业务管理、标识应用对接等。

从战略视角来看，工业互联网标识解析二级节点是安全、稳定、高效、可靠的国家级网络基础设施，能够实现异构标识体系的互联互通，支撑工业互联网平台开展资源定位和信息共享，具备备案、监测、认证等保障能力。从产业视角来看，工业互联网标识解析二级节点能够通过条码、电子标签等载体采集数据，将标识与信息、地址关联，贯通数据链条。通过有效的权限管理，实现工业大数据的按需共享，支持数据合理流转，激发数据应用。

5.1.2 系统部署

1. 部署概况

根据工业互联网标识解析体系架构中的部署架构设计，工业互联网标识解析国家顶级节点及接入国家顶级节点的众多行业、地域性二级节点和企业节点，共同作为我国工业互联网标识解析体系统一管理和稳定运行的顶层基础设施，既能够与国际上各种主要标识解析体系根节点实现互联互通，也能够面向各种行业应用，形成完善、稳定、广泛覆盖的网络基础设施，提供各种工业互联网标识的解析服务。

2018 年，在工业和信息化部指导下，中国信息通信研究院承担了工业互联网标识解析国家顶级节点建设任务。经过 2018—2020 年的 3 年建设，中国信息通信研究院已经在北京、上海、广州、重庆和武汉这些区位中心城市建设了 5 个国家顶级节点，部署了国家顶级节点标识注册系统、解析系统、标识数据同步、系统标识查询系统等，建立了与其他异构标识解析体系互联互通平台，并提供基于国家顶级节点的标识解析监测系统、标识解析安全保障系统等公共能力，形成了 4 种核心系统、1 大互通平台、2 种公共能力的国家顶级节点服务体系。

2. 平台功能

工业互联网标识解析顶级节点服务平台，提供了工业互联网标识系统全生命周期服务和工业互联网标识解析托管服务，并提供相应的标识安全保障等。

① **标识分配和解析服务**，向行业节点提供标识分配和解析服务。

② **业务管理服务**，通过综合管理平台、监测等功能，对标识应用状态和发展情况进行业务管理；为国内行业二级平台申请者提供从申请到运营的一站式技术和业务解决方案。

③ **后台托管服务**，解决国内行业二级节点运营标识二级节点所需的技术系统支撑问题。

④ **实名核验服务**，通过标识托管平台的 API，接入行业二级节点的待审核数据，进行标识注册者实名核验服务。

⑤ **数据托管服务**，通过建设数据托管服务，为所有二级节点提供标识数据备份服务，确保二级节点的数据安全。

⑥ **标识安全解析**，为二级节点、企业用户提供应急解析服务或解析托管的应急恢复服务，提升工业互联网标识体系的整体安全性。

⑦ **标识安全监测**，通过全球分布的监测点，对工业互联网服务（解析服务配置信息、可用性信息）进行持续的监测和分析，根据监测项按小时粒度展开监测任务。

为打造涵盖标识解析系统全生命周期的服务能力，工业互联网标识解析顶级节点服务平台在实现标识注册、分配、解析等功能的基础上，整合了运营管理和运营服务能力。

整个软件平台在物理平台的基础上，由解析、管理、监测 3 个区块组成，加上综合展示系统，共分解为 7 个部分。

① **解析系统**，涵盖标识解析服务网络的整体、单节点、节点内单设备 3 个解析层面。

② **标识管理系统**，标识提供全生命周期业务管理服务，并为行业二级节点提供域名数据的备份与应急恢复服务。

③ **安全防护系统**，防护系统涵盖单节点防护及多节点联动构成的整体防护。针对某些攻击特征，有主动清洗能力；与服务管理系统联动，针对解析系统各服务节点，实现整体防

护清洗。

④ **数据管理系统**，管理服务整体的节点级别与节点内设备级别的服务启停、运行级别；实现对标识资源记录的分发管理；实现各软件［含操作系统（OS）］的配置集中管理；实现解析服务软件的升级管理。

⑤ **监测系统**，基于域名系统的故障、配置、流量、性能、安全等方面进行探测，实现标识解析攻击报警；实现上层应用监测；实现物理层监测，分析网络拓扑及运行情况；并具备为第三方提供监测服务的能力。

⑥ **存储与分析系统**，实现涵盖解析、管理等方面各环节的数据获取和海量存储；实现涵盖数据深度关联在内的挖掘分析，为数据管理系统、服务管理系统提供黑白名单等控制数据，为整体建设分析与决策提供数据支撑。

⑦ **综合展示系统**，建立多种展示视图，为外部用户、内部用户，按不同角色权限提供数据展示。平台各系统逻辑架构视图如图5-2所示。各系统涉及的标识数据是整个平台数据流程中的核心，对应的标识全生命周期数据流程如图5-3所示。

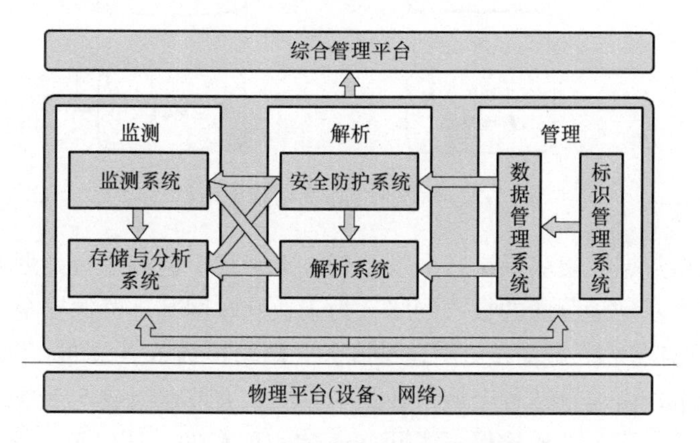

图5-2 平台各系统逻辑架构视图

3. 硬件服务平台

硬件服务平台承载了顶级节点服务平台全生命周期的服务，各逻辑系统构建于物理平台的网络和硬件设备之上，由硬件服务平台确保系统之间物理上的独立性和数据安全性。硬件服务平台由5部分组成。

① **主数据中心**，用于支撑标识数据网关服务，提供顶级标识全生命周期管理业务、行业二级节点托管业务，并提供一个试验床环境。

② **异地顶级节点数据中心**，是针对主数据中心的关键业务按照1:1的比例配置的，其服务部署与主数据中心相同。

③ **解析节点**，提供标识权威解析服务。解析节点计划采用“1+5+2”的部署方式。其中，主节点1个位于主数据中心内部，是所有标识数据更新的源头；辅助解析节点7个，覆盖中国电信、中国联通等国内主流运营商。

④ **监测节点**。在全球部署监测平台，负责基于全球服务平台体系的实时监测和数据采集工作。该平台的建设目标是，根据标识体系的特点建设一个国家级、多维度、分布式的综合数据采集和监测分析平台。其实现方式是，针对工业互联网基础资源（标识、IP等）进

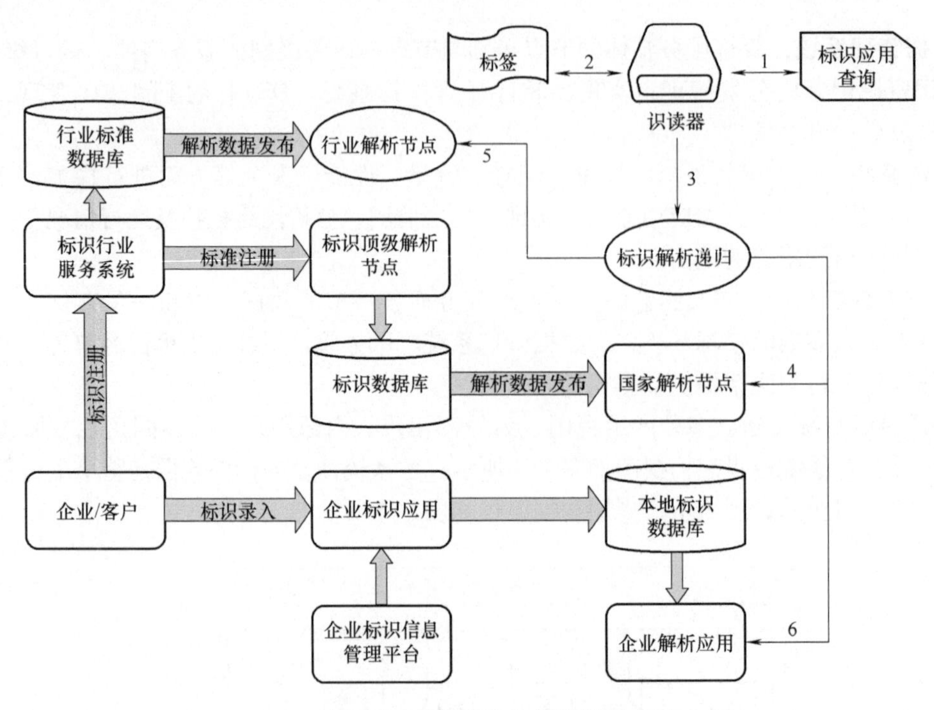

图 5-3　标识全生命周期数据流程

行服务监控，并根据数据收集结果进行数据分析。未来整个监测平台计划包括 100 个监测节点，将覆盖国内各大基础运营商的核心网络，为工业互联网基础资源安全保驾护航。

⑤ **运维中心**，实现系统部署和监测运维服务。国家顶级节点分布在北京、上海、重庆、武汉及广州 5 个城市，由建设在各个城市数据中心的 5 大节点组成 5 个顶级节点的点到点长途专线连成环形拓扑，冗余的架构保证了网络通信的可靠性。顶级节点之间分为 3 种数据，即运维数据、前台数据及后台数据。运维中心通过开通点到点专线接入北京顶级节点的数据库同步区，管理 5 个节点的所有设备，并通过二层隔离技术保证管理的安全性。前台数据，包括每个顶级节点注册信息的上传同步和解析信息的下载同步数据；后台数据是 5 个顶级节点数据库之间的相互备份和同步数据。

专线上通过二层传输技术对各个业务数据进行隔离，保证了数据的安全性。对于每个国家顶级节点局域网的网络架构拓扑，设计有外网接入区、数据库区、数据库同步区、业务区、安全管理区、解析区、二级节点托管区、验证测试区、展示区和数据更新区共十大区域。

国家顶级节点在运行维护中采用了适合自身业务发展和信息安全需求的管理框架，并在业务开展过程中实施、建立了各种与信息安全管理框架相一致的文档、文件，对在具体实施过程中出现的各种信息安全事件和安全状况进行严格的记录，并建立了严格的回馈流程和制度。在系统防护上采用了防火墙、入侵检测系统、漏洞扫描系统、安全准入设备及安全登录系统等设计方案，保障了系统的安全性。

4. 功能体系建设

从功能视角出发，工业互联网标识解析二级节点主要由标识注册、标识解析、业务管

理、数据管理和安全保障5部分组成。

① **标识注册**，主要是指针对工业互联网标识编码的规划、申请与分配、使用情况进行反馈、生命周期管理、标识有效性管理，以及标识分配使用情况的信息收集和标识关联信息的收集等功能。此外，标识注册还能够提供企业标识前缀、产品和设备标识的注册变更、实名审核、财务管理、数据查询、运营统计等服务功能。

② **标识解析**。二级节点的标识解析功能主要是为其分配的标识提供公共解析服务。对于由二级节点自身分配的标识编码，二级节点在其标识解析功能中配置该分配标识相应的路由信息。当收到标识解析请求时，如果二级节点保存有标识编码对应路由等信息，则直接回复该标识编码对应的服务节点通信地址等信息。如果二级节点没有该标识相应的路由等信息，该二级节点返回信息为空。

③ **业务管理**，主要是指工业互联网标识注册和标识解析相关的用户管理、财务管理、审核等功能。其中，用户管理包括平台管理员、企业用户和审核员；财务管理主要用于对标识注册、解析过程中产生的费用进行记录和结算；审核主要指，为了确保企业注册标识的有效性，即该标识对应的产品、设备是否真实存在，对标识进行审核。

④ **数据管理**，是指二级节点对自身的标识编码元数据、标识注册信息、标识分配信息、标识解析日志等数据进行管理的功能。此外，二级节点的数据管理还包括围绕标识业务数据管理开展的标识应用数据、统计分析、数据挖掘等管理。

⑤ **安全保障**，是指保障标识解析二级节点的安全、稳定、高效运行。安全保障建设主要内容包括自身防护能力建设、安全能力建设、安全管理制度建设3个方面。其中，自身防护能力建设，主要是针对二级节点自身部署安全防护措施，提升防护能力，主要包括标识查询与解析节点身份可信认证、解析资源访问控制、解析过程完整性保护、解析系统健壮性增强等方面；安全能力建设，主要包括建设企业安全防护、安全监测、安全审计、安全处置技术能力，具备体系化安全管理技术手段，具备向顶级节点和相关系统提供安全协同技术接口；安全管理制度，包括建立覆盖标识解析系统相关软硬件设备采购、使用、报废等全过程的标识解析系统关键要素全生命周期安全管理，以及人员管理、访问控制、信息保护、安全评估等相关制度。

5. 应用体系建设

基于工业互联网标识解析二级节点构建工业互联网应用，不仅包括供应链协同管理、全生命周期管理、产品追溯等典型应用，也可与智能化生产、网络化协同、个性化定制、服务化延伸等工业互联网应用模式结合，通过对工业领域的人、机、物进行唯一身份标识和解析，可以实现信息采集、信息关联、信息共享。

（1）与工业互联网平台协同推进

工业互联网标识解析二级节点建设，可依托已有工业互联网平台的行业龙头或领军企业，通过工业互联网平台的行业应用和二级节点的标识解析深度整合，提升平台互联互通能力，催生新的应用模式，同时也可依托平台快速推广标识应用。二级节点与工业互联网平台有对接关系和集成关系。

（2）基于已有标识应用探索促进规模化发展

目前，很多企业内部已经开展了一些标识应用探索，如产品追溯、供应链系统管理和全生命周期管理等，但普遍呈现体量小、应用分散、行业集中度不高、服务不够规范等问题，并且缺乏与公共标识解析体系的对接。通过发展工业互联网标识解析二级节点，在规范化基础上，可以将这些应用打造为面向行业或区域的服务，从而实现标识应用和解决方案的快速推广。

(3) 挖掘需求创新标识应用

利用工业互联网标识对机器和物品进行唯一性的定位和信息查询，从而实现供应链协同管理、产品全生命周期管理等多种智能化服务，是很多企业或行业的共性需求。工业互联网标识解析这一基础设施的出现，为解决行业需求开展标识应用创新提供了基础和支撑。对于二级节点，在推广标识应用的过程中，可以深入了解标识应用场景和需求，形成相应的应用和解决方案。

任务 5.2　二级节点建设

5.2.1　二级节点的定位和作用

二级节点是标识解析体系中直接服务企业的核心环节。作为国家工业互联网标识解析体系的重要组成部分，还要为企业提供标识注册和标识解析服务，二级节点应支持 GS1、Handle、OID、Ecode 等主要技术方案中的一种或多种。随着标识解析应用的快速发展，二级节点作为满足行业需求、扩展标识解析服务能力、服务范围、服务深度的重要设施，成为构建安全、稳定、高效、可靠的工业互联网标识解析体系的重要基础和支撑环节。二级节点是推动标识应用的重要抓手。二级节点直接面向行业企业提供服务，是标识服务的窗口。从这个意义上讲，二级节点的发展情况直接决定了标识解析体系在应用中的发展情况。首先，二级节点是构建行业级标识解析应用的平台，可以提供应用支撑能力，在充分保证数据主权的前提下，可以促进跨企业的信息共享和信息交易；其次，二级节点本身将产生大量有价值的数据，包括注册信息、解析日志等，通过对数据进行分析和挖掘就可能衍生出很多新的应用和模式。

5.2.2　二级节点的类型和命名规则

1. 二级节点类型

根据服务范围，二级节点可以划分为以下两类：

① **行业型二级节点**，指面向特定行业门类提供标识注册、标识解析服务、标识数据服务等的二级节点。此处行业门类的颗粒度参考的是国家统计局发布的国家标准 GB/T 4754—2017《国民经济行业分类》中所定义的**“中类”或“小类”**。例如，“2018 年工业互联网创新发展专项工程”中所支持的青岛中车四方牵头的二级节点建设属于中类 371“铁路运输设备制造”，北汽福田牵头的二级节点建设属于中类 361“汽车整车制造”。

② **综合型二级节点**，指面向两个及两个以上行业提供标识注册、标识解析服务、标识数据服务的二级节点。

2. 二级节点命名规则

行业型二级节点采用**不排他**的原则，同一行业可建立多个行业型二级节点。为区分同一行业的不同二级节点，显性化二级节点责任主体，命名规则采用“工业互联网标识解析二

级节点（行业类别+二级节点责任主体（单位简称））”的形式。例如，青岛中车四方牵头的二级节点命名为“工业互联网标识解析二级节点（铁路运输设备制造行业青岛中车四方）”。

综合型二级节点命名规则采用“工业互联网标识解析综合型二级节点（二级节点责任主体（单位简称））”的形式，如“工业互联网标识解析综合型二级节点（XX公司）”。

5.2.3 二级节点建设内容

1. 总体框架

工业互联网标识解析二级节点建设，是一个综合性的系统工程，涉及标识编码分配和管理、信息系统建设和运营、标识应用对接和推广等工作。其整体架构可划分为管理、功能和应用三大体系。其中二级节点行政管理机构为省信息通信管理局信息。二级节点的总体框架如图5-4所示：

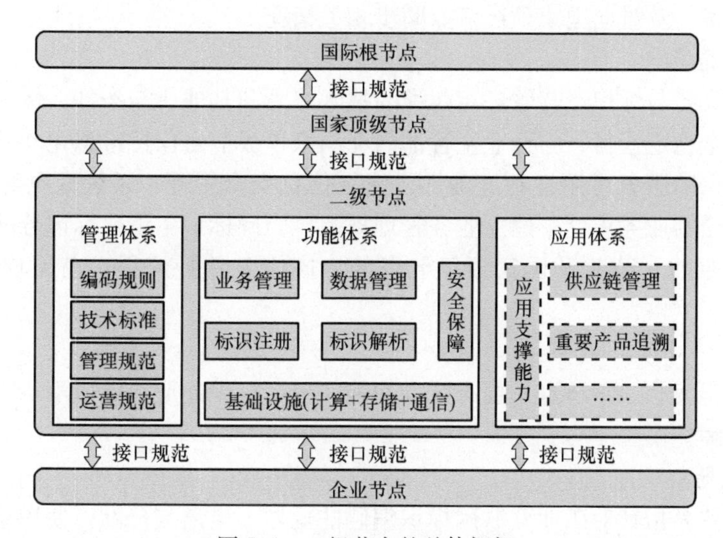

图5-4 二级节点的总体框架

其中，管理体系，主要用于规范二级节点建设与运营相关的管理要求，包括编码规则、技术标准、管理规范和运营规范等；功能体系，主要从信息系统建设的角度，在具备基础设施的前提下，界定二级节点应提供的核心系统功能，包括标识注册、标识解析、业务管理、标识数据管理、安全保障等；应用体系，主要是明确如何基于二级节点与工业互联网平台、工业企业信息系统、企业节点进行对接，促进供应链管理、重要产品追溯、产品全生命周期管理等应用；接口规范，主要是对二级节点与国家顶级节点、企业节点之间的运营管理监测接口、网络通信接口、数据传输格式等进行标准化约定。

2. 管理体系

（1）编码规则

二级节点需要向标识分配机构申请、获取标识编码前缀资源，在此基础上，为其服务对象提供标识编码的分配、管理和解析服务。二级节点进行下级编码分配时，应遵守国家有关法律法规要求及工业互联网标识解析体系总体要求，并符合所在行业的国际标准、国家标准、行业标准等（如所在行业无相关标准时，应积极推动编码规则标准的制定）。

（2）技术标准

为统一行业共识、简化集成复杂度、加快标识解析推广应用，二级节点应在符合国家工业互联网标识解析体系总体要求和技术标准的前提下，结合本行业的特色和实际需求，研制相关技术标准，如面向特定行业的供应链管理、重要产品追溯、产品全生命周期管理等应用的工业互联网标识编码标准，面向特定行业原有应用的标识体系与工业互联网标识体系的兼容与关联标准，面向特定行业的工业互联网标识解析二级节点接入标准，面向特定行业的工业互联网标识解析二级节点接口标准，面向特定行业的工业互联网标识数据模型标准等。

（3）管理规范

二级节点应参照政府主管部门工业互联网标识解析体系的相关管理规范（如主管部门实施许可管理或有明确资质要求时，则应取得相应的许可和具备必要的资质），对申请标识的客户进行身份核验，对所获取标识前缀的使用、二级节点系统本身进行规范化管理，建立必要的流程、机制和制度，并指导下级编码使用者遵守管理规范和技术标准；同时，建立业务与运营月报制度，及时向国家顶级节点同步相关情况。

（4）运营规范

二级节点应具备与标识运营管理相匹配的技术能力和其他所需条件，保证持续投入，保障解析服务的安全稳定运行，与行业主管部门和国家顶级节点保持常态化联系。例如，建立运维管理规范，保障服务可用性和准确性，建立信息安全管理、系统变更等方面的管理制度，按时进行安全及业务审计；建立业务管理规范，明确标识申请、标识分配、业务系统对接等业务流程和要求；建立和国家顶级节点的协同应急处置流程，在受攻击等时可协同处置。

3. 功能体系

从功能视角出发，二级节点主要有5大功能，包括标识注册、标识解析、业务管理、数据管理和安全保障。

（1）标识注册

标识注册主要是指针对工业互联网标识编码的规划、申请与分配、使用情况反馈、生命周期管理、标识有效性管理，标识分配使用情况的信息收集及标识关联信息的采集等功能。此外，标识注册还可以提供企业标识前缀、产品和设备标识的注册变更、删除、实名审核、数据查询、运营统计等服务功能。

（2）标识解析

标识解析功能主要是为其分配的标识提供公共解析服务。对于由二级节点自身分配的标识编码，二级节点负责对其进行唯一性定位和标识基础应用信息查询。

（3）业务管理

业务管理主要是指工业互联网标识注册和标识解析相关的用户管理、计费管理、审核等功能。其中，用户管理包括平台管理员、企业用户和审核员；计费管理主要用于对标识注册、解析过程中产生的费用进行记录和结算；审核主要为确保企业注册标识的有效性，即该标识对应的产品、设备是否真实存在，需要对标识进行审核。

（4）数据管理

数据管理是指二级节点对自身的标识编码属性信息、标识注册信息、标识分配信息、标识解析日志等数据进行管理的功能。此外，二级节点的标识数据管理还包括围绕标识业务开

展的标识应用数据、统计分析、数据挖掘等管理。

（5）安全保障

安全保障是指保障标识解析二级节点的安全、稳定、高效运行。安全保障建设主要内容包括自身防护能力建设、安全能力建设两个方面。其中，自身防护能力建设主要针对二级节点自身部署安全防护措施，提升防护能力，主要包括标识查询与解析节点身份可信认证、解析资源访问控制、解析过程完整性保护、解析系统健壮性增强等方面；安全能力建设主要包括建设企业安全防护、安全监测、安全审计、安全处置技术能力，具备体系化安全管理技术手段，具备向顶级节点和相关系统提供安全协同技术接口。

4. 应用体系

基于标识解析二级节点可以构建工业互联网应用，不仅包括供应链管理、全生命周期管理、产品追溯等典型应用，也可与智能化生产、网络化协同、规模化定制、服务化延伸等工业互联网应用模式结合，通过对工业领域的人、机、物进行唯一身份标识和解析，可以实现信息采集、信息关联、信息共享。

推动行业标识应用朝着规范化和规模化的方向发展，支撑万物互联和信息共享是二级节点的重要使命。

（1）与工业互联网平台协同推进

二级节点建设可依托已有工业互联网平台的行业龙头或领军企业，通过工业互联网平台的行业应用和二级节点的标识解析深度整合，提升平台互联互通能力，催生新的应用模式，同时也可依托平台快速推广标识应用。

（2）基于已有标识应用扩展服务

目前，很多企业内部已经开展了一些标识应用探索，如产品追溯、供应链管理和全生命周期管理等，但呈现体量小、应用分散、行业集中度不高、服务不够规范等问题，缺乏与公共标识解析体系的对接。通过发展二级节点，在规范化基础上，可以形成应用支撑能力，以应用支撑能力为基础，打造多元化标识应用，从而实现标识应用和解决方案的快速推广。

（3）探索信息共享需求创新应用

利用标识对机器和物品进行唯一性的定位和信息查询，从而实现供应链管理、产品全生命周期管理等各种智能化服务，是很多企业或行业的共性需求。工业互联网标识解析这一基础设施的出现，为解决行业需求开展标识应用创新提供了基础和支撑。二级节点在推广标识应用的过程中，可以深挖标识应用场景和需求，研发相应的应用和解决方案。

5. 接口规范

二级节点需要遵照我国工业互联网标识解析体系的体系架构和技术标准来构建。二级节点与国家顶级节点开展数据同步，其意义和作用主要体现在三个方面：一是保持互联互通，通过将二级节点指向性信息同步至国家顶级节点，才能保证标识解析查询经过国家顶级节点后能够定位到正确的二级节点，从而形成统一的标识解析网络，否则二级节点将成为网络中的“信息孤岛”；二是支撑备案管理，通过将二级节点全部注册数据同步至国家顶级节点，便于政府主管部门了解工业互联网标识分配情况，包括应用在哪些领域、哪些地区、哪些主体等，可以在必要情况下加强监管；三是保障业务稳定，通过将二级节点全部注册数据和解析数据同步至国家顶级节点，确保二级节点的业务连续性。借鉴互联网 DNS 的运营经验，不应该受二级节点运营服务机构自身关闭等问题导致所连接企业丢失标识解析数据和业务。

在必要情况下，应有国家顶级节点依托同步的注册数据和解析数据来提供托管服务。

此外，二级节点对外提供解析公共查询接口服务，原则上对于满足我国工业互联网标识解析体系的技术标准、体系架构的解析请求，二级节点都应能够提供解析查询响应。

5.2.4 二级节点建设模式

二级节点的建设可以采用以下模式：

一是应用驱动，基于行业龙头企业来建设二级节点。 通过标识解析应用来解决企业在数字化转型过程中的实际问题，正是标识解析体系建设的初衷和目标。基于行业龙头企业建设二级节点，是考虑到龙头企业既具有行业的典型性，又能够深刻理解行业的需求痛点，行业龙头企业具有较强的行业领导力，有意愿也有能力来推进标识应用和解决方案。

二是协作共建，鼓励多家企业共同建设二级节点。 对于行业集中度较低、缺乏龙头企业的行业，或者行业规模较小、依靠龙头企业也不足以建设和运营二级节点的情况，鼓励多家企业或机构组建联合体来共同建设二级节点，推进行业标识应用创新和产业发展。不具备条件的行业或地区，也可以由行业协会等在行业内具有较大公信力的第三方机构来牵头组织节点建设和运营。

应用驱动及协作共建模式下的二级节点建设如图 5-5 所示。

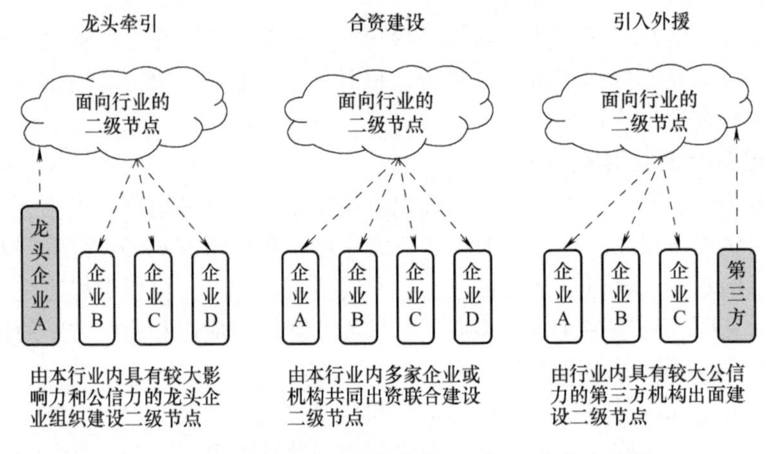

图 5-5　应用驱动及协作共建模式下的二级节点建设

三是政府引导，通过政策措施鼓励二级节点建设。 二级节点作为工业互联网基础设施的关键环节，应当为行业提供公共服务，并在政府主管部门的监督和指导下保障系统运行的安全和稳定。目前，工业互联网标识解析体系还处在发展初期，包括二级节点建设和标识创新应用，需要政府通过营商环境、税收优惠、投融资等政策，加强引导，加快培育标识解析产业生态环境。

二级节点建设主体可以采用以牵头单位为主的建设方式，但二级节点建设责任主体必须是独立法人。

5.2.5 二级节点功能要求

二级节点应提供的基础系统功能包括，标识注册、标识解析、标识查询、业务管理、数据管理、运行监测。

1. 标识注册

(1) 二级节点注册

工业互联网标识编码包括标识前缀和标识后缀两部分，其中标识前缀由国家代码、行业代码、企业代码组成，用于唯一标识企业主体；标识后缀由行业或企业定义数据结构，用于唯一识别标识对象。标识注册按照编码的分层结构采用分级注册管理机制，由标识注册管理机构向二级节点提供行业代码注册服务，由二级节点向企业节点提供企业代码注册服务。

二级节点应向注册管理机构提交注册申请信息，包括二级节点责任主体基本信息、所属行业、联系人等注册主体数据，以及解析路由等解析记录数据。注册主体数据项和解析记录数据项见表5-1和表5-2。

表5-1 注册主体数据项

字段号	字段名称	字段类型	说明	填写说明
01	CompanyIdentifer	string	企业标识	□当二级节点注册时，企业标识为国家代码和行业代码组成的二级节点前缀 □当企业节点注册时，企业标识为国家代码、行业代码和企业代码组成的企业前缀，即标识前缀
02	CompanyName	string	企业名称	
03	CompanyNature	string	企业性质	□国有控股 □民营控股 □外商控股 □事业单位 □民营非营利组织
04	CompanyAdd	string	企业地址	
05	CompanyIDType	string	企业证件类型	
06	CompanyID	string	企业证件号	
07	CompanyIDPhoto	string	企业证件照片	
08	CorpName	string	法人名称	
09	CorpIDType	string	法人证件类型	
10	CorpIDNum	string	法人证件号	
11	CorpIDPhoto	string	法人证件照片	
12	CompanyIntroduce	string	企业简介	200字左右企业简介，包括公司名称、成立时间、所在省市、主营业务、主要用户群体、行业地位等信息。
13	IndustryType	string	行业类型	参考GB/T 4754—2017《国民经济行业分类》
14	ContactName	string	联系人名称	
15	ContactNum	string	联系人手机号	

（续）

字段号	字段名称	字段类型	说明	填写说明
16	ContactEmail	string	联系人邮箱	
17	official website	string	官方网站	
18	Registered	string	注册机关	
19	RegisteredCapital	string	注册资本	
20	SetupDate	string	成立日期	
21	CompanyExpiryDate	string	有效期	
22	CompanyAddress	string	所在省市	
23	MailingAddress	string	法人代表人通信地址	
24	CorpPostal	string	法人代表人邮政编码	
25	Corpfex	string	法人代表人传真	
26	TelecomLicense	string	是否取得过监管部门颁发的电信业务经营许可证	□是 □否
27	TelecomType	string	已颁发许可证批准经营的业务种类	
28	Value-addedTelecomLicense	string	是否取得互联网域名相关许可	□域名根服务器运行机构许可证 □域名注册管理机构许可证 □域名注册服务机构许可证 □否
29	LicenseNumber	string	许可证号	
30	SecondLevelNodeBuilders	string	二级节点/企业标识服务系统建设	□自营 □委托，委托机构名称 需附委托合同，并加盖公章
31	SecondLevelNodeOperator	string	二级节点/企业标识服务系统运营	□自营 □委托，委托机构名称 需附委托合同，并加盖公章
32	Registered DataAddress	string	标识注册系统所在地或云服务供应商，IP 地址及端口号	
33	DataAddress	string	标识注册数据所在地或云服务供应商	
34	DataBackupAddress	string	注册数据备份所在地或云服务供应商	
35	SecondLevelNodeParsing Port	string	解析服务器所在地或云服务供应商，IP 地址及端口号	

（续）

字段号	字段名称	字段类型	说　明	填写说明
36	SecondLevelNodeIP	string	二级节点/企业解析服务路由地址（IPv4 和 IPv6 地址）	
37	ServiceBackupAddress	string	二级节点/企业标识服务系统备份所在地或云服务供应商	
38	DataHostingUnit	string	数据托管单位	例：国家顶级节点（北京） 需附合同复印件，并加盖公章，受托方须为境内机构
39	ServiceHostingUnit	string	服务托管单位	例：南京 ZB 节点 需附合同复印件，并加盖公章，受托方须为境内机构
40	Real-nameAudit	string	注册实名核验实施	□自营 □委托，委托机构名称 如实填写，自建的需附与公安、质检、工商之间的协议；委托第三方的，附委托合同，同时需附第三方与公安、组代之间的协议。所有合同或协议需加盖公章
41	NameCompliance	string	标识注册名称合规实施	例：符合 GB/T ×××
42	ServiceSector	string	二级节点/企业服务行业	
43	SecondLevelNodeDomain	string	二级节点/企业对外提供标识服务的网站名称、域名、IP 地址	
44	CodingType	string	支持标识编码类型	标识编码类型可选填，单选或综合 ZID/Handle/OID/Ecode/EPC/其他

表 5-2　解析记录数据项

字段号	字段名称	字段类型	说　明
01	SecondIdentifer	string	二级节点前缀，即由国家代码和行业代码组成，如 88.100
02	IPType	string	解析支持的网络协议类型，支持 IPv4、IPv6、IPv4 和 IPv6 双栈
03	SecondLevelNodeIP	string	二级节点/企业解析服务路由地址（IPv4 和 IPv6 地址）
04	ProtocolType	string	解析支持的传输或应用协议类型，支持 UDP、TCP 和 HTTP、HTTPS
05	ProtocolPort	string	解析支持的传输协议和应用协议类型

二级节点责任主体信息及其配置信息变更时，应实时向标识注册管理机构提交变更申请。

二级节点标识注册应支持 VAA、DID、GS1、Handle、OID、Ecode 等标识体系中的至少一种标识注册机制。

（2）企业节点注册

企业节点应向二级节点提交注册申请信息，包括企业节点责任主体基本信息、所属行业、联系人等注册主体数据及解析路由等解析记录数据，二级节点同时应将企业注册信息提交至注册管理机构。相关数据项见表 5-1 和表 5-2。

企业节点应支持企业主体信息及其配置信息的变更，支持新增企业代码，变更后应向二级节点申请提交，同时将变更信息提交至注册管理机构。

2. 标识解析

二级节点，应提供所分配标识编码的网络定位及其对应标识对象的信息查询。

二级节点标识解析，应支持接入认证，保证解析过程安全可信。

标识解析应支持 VAA、DID、GS1、Handle、OID、Ecode 等标识体系对应解析协议中的至少一种。

3. 标识查询

二级节点，应支持标识查询，包括精准查询和模糊查询。

标识查询，支持通过企业名称、标识前缀、关键字，对已注册的企业节点信息进行查询。

标识查询，应具备查询扩展能力，能根据业务需求扩展查询条件和查询结果内容。

标识查询，应支持权限控制管理，能根据不同角色用户设置标识数据查询权限，同时对角色和用户进行管理。

标识查询，应支持 VAA、DID、GS1、Handle、OID、Ecode 等标识体系对应的查询协议中的至少一种。

4. 业务管理

二级节点，应支持相应的用户管理、计费、审核等业务功能。

二级节点，应支持企业用户审核备案，支持企业代码分配、启用、停用、删除等功能。

二级节点，应支持企业节点统计量、标识注册量、标识解析量等信息的统计和查看等功能。

5. 数据管理

二级节点，应管理其标识注册数据、标识解析数据和标识业务数据。支持二级节点与国家顶级节点数据同步，企业节点与二级节点数据同步，企业节点与国家顶级节点数据同步，同时基于标识数据及其对象数据进行数据分析、统计和挖掘。

（1）注册数据管理

二级节点，应实时更新和维护二级节点和企业节点的注册数据，保障其正确性。

二级节点，应支持按企业、行业等维度进行标识注册量统计分析，支持对标识应用数据分析和挖掘，并将统计结果上报到国家顶级节点。

二级节点，应管理二级节点标识解析列表，保障其正确性和实时性，提供准确标识解析服务。

二级节点，应支持按企业、行业等维度进行标识解析量统计分析，支持对标识解析数据分析和挖掘，并将统计结果上报到国家顶级节点。

二级节点，应支持数据托管，将注册数据和解析数据托管到国家顶级节点或有资质第三方数据托管机构。

（2）业务数据管理

二级节点应支持企业节点数量统计，以及企业审核状态和审核历史数据分析，并将结果上报到国家顶级节点。

6. 运行监测

二级节点，应向顶级节点发布解析 IP 地址和端口，接收国家顶级节点监测请求，并对请求实时做出响应。二级节点，应要求其下所有企业节点开放解析 IP 地址和端口，接收二级节点和国家顶级节点监测请求，并对请求实时做出响应。

二级节点，应将解析运行日志、运行状态和安全状态等信息，上报到国家顶级节点。二级节点，应要求其下所有企业节点将解析运行日志、运行状态和安全状态等信息，上报到二级节点和国家顶级节点。

运行状态和安全状态信息上报时间间隔应不超过 5min。表 5-3 所示的运行监测数据给出了对运行状态和安全状态数据要求。

表 5-3 运行监测数据

字段号	字段名称	字段类型	说明
01	CompanyIdentifer	string	企业标识
02	RunningState	string	运行状态（正常、繁忙，空闲）
03	RT	string	平均响应时间
04	QPS	long	每秒解析量
05	ConcurrentUsers	string	并发用户数
06	ResourceConsumption	string	资源消耗（CPU/内存占用率）
07	FailureTime	string	系统故障时长
08	AttackTime	string	被攻击次数
09	AttackType	string	被攻击类型
10	AttackObject	string	被攻击目标
11	ResponseCapacity	string	响应处置时间
12	AttackPower	string	攻击强度
13	SystemResilience	string	系统恢复时间

5.2.6 二级节点运营要求

1. 运营要求

① 二级节点责任主体，应为依法设立的法人。该法人及其主要出资者、主要经营管理人员，应具有良好的信用记录。

② 二级节点责任主体应具有，完善的业务发展计划和运营方案，与从事二级节点运行

管理相适应的场地、资金、专业人员，符合主管部门要求的信息管理系统，以及能够提供长期服务的能力及健全的服务退出机制。

③ 二级节点责任主体，应根据相关要求，报备运营情况。运营情况包括标识分配量、标识解析量、应用情况、商业模式等内容。

a）标识分配量，是指二级节点在一年中为接入企业分配的标识数量，按月份形成统计数据。

b）标识解析量，是指二级节点在一年中为接入企业提供的标识解析流量，按月份形成统计数据。

c）应用情况：应包含应用的规模、接入设备的数量、应用的成效、新建的应用等内容。

d）商业模式，应包含收支情况及推广情况。

④ 二级节点，需要与国家顶级节点对接，提供稳定的标识注册和标识解析服务。

⑤ 二级节点应具有，健全的标识编码注册和服务管理制度，以及对企业节点编码使用的监督机制。

⑥ 二级节点应具有，健全的网络与信息安全保障措施，包括网络安全管理部门、安全专职管理人员、网络安全管理制度、应急处置预案和相关技术、管理措施等；与国家顶级节点建立有安全防护协同机制，具有健壮的抗攻击能力，并将二级节点运营过程中出现的网络安全事件与威胁信息及时上报给相关工业互联网安全主管部门。

⑦ 二级节点责任主体可以委托其他具备资质的机构进行系统建设、托管，但不改变其作为二级节点的责任主体。

⑧ 主管部门制定发布工业互联网标识管理规定后，二级节点需符合相关运营要求。

2. 技术要求

二级节点作为承载标识注册解析等服务及标识应用的重要平台，在技术上，应至少满足以下要求：

① 二级节点作为标识解析体系中的重要基础服务设施，服务可用性应达到99.99%以上。

② 支持IPv4、IPv6双协议栈的标识注册及解析服务。

③ 支持对企业节点及标识查询客户端的双向身份认证。

④ 支持对标识解析过程中数据传输的机密性与完整性保护。

⑤ 支持对标识信息的访问权限控制能力。

⑥ 具备流量重定向等拒绝服务攻击防护能力。

3. 安全要求

二级节点作为国家工业互联网标识解析体系重要组成部分，应建立安全管理制度，确保运营安全、服务安全、数据安全3个方面。

① **安全管理制度**，包括建立覆盖标识解析系统相关软硬件设备采购、使用、报废等全过程的标识解析系统关键要素全生命周期安全管理，以及人员管理、访问控制、信息保护、安全评估等相关制度。

② **运营安全**。二级节点运营机构应保障二级节点的运营机房、服务器等硬件环境平稳运营，应建立容灾备份机制。

③ **服务安全**。二级节点运营机构应遵循国家顶级节点接口规范要求，保持与国家顶级

节点互联互通，应当履行标识备案、解析监测等公共职能，还应保证解析路径的安全，确保解析路径不被劫持。

④ **数据安全**。二级节点运营机构应当保证本节点的数据安全，要建立身份认证机制、数据分级分类、监控数据流向等。

任务5.3　二级节点运维

5.3.1　二级节点对接要求

工业互联网标识解析国家顶级节点与二级节点对接包括，接入申请、数据同步、运行监测和应急接管。二级节点与企业节点对接包括，接入申请、数据同步和运行监测。国家顶级节点与企业节点对接包括，运行监测。工业互联网标识解析国家顶级节点与二级节点对接总体框架如图5-6所示。

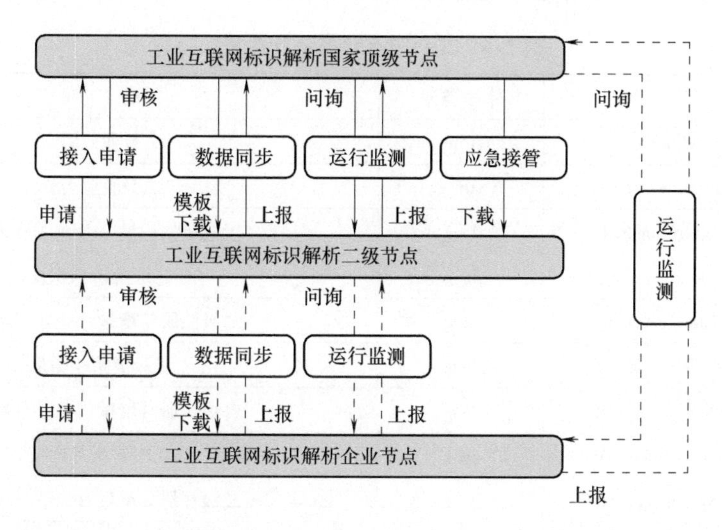

图5-6　工业互联网标识解析国家顶级节点与二级节点对接总体框架

1. 接入申请

（1）二级节点接入申请

二级节点应向国家顶级节点提交接入申请信息，包括二级节点责任主体基本信息、所属行业、联系人等注册主体数据及解析路由等解析记录数据。相关数据项见表5-1和表5-2。

当信息发生变更时，应当实时向国家顶级节点同步变更信息。

二级节点与国家顶级节点的接入申请协议应支持VAA、DID、GS1、Handle、OID、Ecode等标识体系中的至少一种标识注册机制。

（2）企业节点接入申请

企业节点应向二级节点提交接入申请信息，包括企业节点责任主体基本信息、所属行业、联系人等注册主体数据及解析路由等解析记录数据。二级节点审核后，会同步相关信息到国家顶级节点，国家顶级节点审核通过后反馈二级节点以完成企业节点的接入。相关数据项见表5-1和表5-2。

当信息发生变更时，应当实时向二级节点申请提交，二级节点审核后向国家顶级节点同步信息，国家顶级节点审核通过后反馈给二级节点以完成信息变更。

企业节点与二级节点的接入申请协议应支持 VAA、DID、GS1、Handle、OID、Ecode 等标识体系中的至少一种标识注册机制。

2. 数据同步

（1）标识统计数据同步

二级节点，应要求企业节点上报注册标识和注册量、解析量数据，应支持标识、企业节点数、标识注册量、解析量等数据信息向国家顶级节点进行同步。

二级节点，应支持按企业、行业等维度进行标识注册量统计分析，应支持对标识应用数据进行分析和挖掘，并将统计结果上报到国家顶级节点。

标识统计数据同步时间间隔应不超过 5min，支持每小时、每周、每月、每年的同步周期。

二级节点自身和企业节点统计数据项见表 5-4 和表 5-5。

表 5-4　二级节点自身统计数据项

字段号	字 段 名 称	字段类型	说　　明
01	SecondIdentifer	string	行业代码
02	SCompanyName	string	二级企业名称
03	SRegisterCumulant	long	二级注册累积量（企业注册累计量）
04	SAnalysisCumulant	long	二级解析累积量
05	SRegisterIncreasedY	long	二级注册年增量（企业年增量）
06	SAnalysisIncreasedY	long	二级解析年增量
07	SRegisterIncreasedM	long	二级注册月增量（企业月增量）
08	SAnalysisIncreasedM	long	二级解析月增量
09	SRegisterIncreasedD	long	二级注册日增量（企业日增量）
10	SAnalysisIncreasedD	long	二级解析日增量
11	SRegisterIncreasedH	long	二级注册每小时增量（企业每小时增量）
12	SAnalysisIncreasedH	long	二级解析每小时增量
13	SAnalysisIncreasedMin	long	二级解析每 5min 增量

表 5-5　企业节点统计数据项

字段号	字 段 名 称	字段类型	说　　明
01	CompanyIdentifer	string	企业代码
02	CompanyName	string	企业名称
03	RegisterCumulant	long	标识注册累积量
04	AnalysisCumulant	long	标识解析累积量
05	RegisterIncreasedY	long	标识注册年增量
06	AnalysisIncreasedY	long	标识解析年增量

（续）

字段号	字段名称	字段类型	说　明
07	RegisterIncreasedM	long	标识注册月增量
08	AnalysisIncreasedM	long	标识解析月增量
09	RegisterIncreasedD	long	标识注册日增量
10	AnalysisIncreasedD	long	标识解析日增量
11	RegisterIncreasedH	long	标识注册每小时增量
12	AnalysisIncreasedH	long	标识解析每小时增量
13	AnalysisIncreasedMin	long	标识解析每5min增量
14	Identiferlist	long	注册标识名称列表

（2）元数据同步

核心元数据，在标识解析体系中具有共性，存在共享性的通用属性名称、类型等信息。行业元数据，是在核心元数据定义基础上，扩展具备行业特性的通用属性名称、类型等信息。

核心元数据和行业元数据，由国家顶级节点创建，并下发至二级节点。

二级节点，应支持行业元数据更新，根据行业需求向国家顶级节点申请添加行业元数据，国家顶级节点审核通过后反馈二级节点完成行业元数据更新。

二级节点，应向企业节点下发国家顶级节点审核通过的行业元数据，应支持企业对行业元数据进行数据项扩展。

元数据同步如图5-7所示。

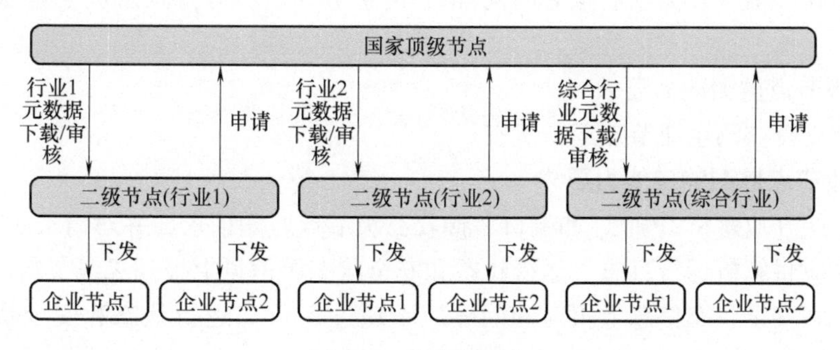

图5-7　元数据同步

（3）主数据同步

主数据是标识对象对应属性值，企业节点可根据业务需求上报主数据到二级节点，再由二级节点上报到国家顶级节点，主数据应按照核心元数据格式进行填报，见表5-6。

主数据同步应支持24h的最小同步周期，支持全量和增量同步。

表5-6　核心元数据

字段号	字段名称	字段类型	是否必填	说　明
01	IdentiferName	string	非必须	标识名称
02	IdentiferCreateTime	string	非必须	标识创建的时间

（续）

字段号	字段名称	字段类型	是否必填	说明
03	ProductType	string	非必须	产品类型，如食品、化工品，医药等
04	ProductBrand	string	非必须	产品品牌，如三鹤、双汇等
05	ProductName	string	非必须	产品定义的名称
06	Manufacturer	string	非必须	产品生产的厂商全称
07	ProductionTime	string	非必须	产品生产的日期时间
08	ExpiryDate	string	非必须	产品的有效期时间

3. 运行监测

（1）国家顶级节点监测能力要求

国家顶级节点，应支持监测二级节点和企业节点的运行状态。

（2）二级节点监测响应能力要求

二级节点，应开放解析 IP 地址和端口，可接收国家顶级节点监测请求，并对请求实时做出响应。

二级节点，应要求其下所有企业节点开放解析 IP 地址和端口，可接收国家顶级节点监测请求，并对请求实时做出响应。

二级节点，应将解析运行日志、运行状态和安全状态等信息，上报到国家顶级节点。

二级节点，应要求其下所有企业节点将解析运行日志、运行状态和安全状态等信息，上报到国家顶级节点。

运行状态和安全状态信息上报时间间隔应不超过 5min。运行状态和安全状态数据要求见表 5-3。

（3）二级节点监测能力要求

二级节点支持监测企业节点运行状态。

（4）企业节点监测响应能力要求

企业节点应开放解析 IP 地址和端口，接收二级节点监测请求，并对请求实时做出响应。

企业节点应将解析运行日志、运行状态和安全状态等信息上报到二级节点。

运行状态和安全状态信息上报时间间隔应不超过 5min。运行状态和安全状态数据要求见表 5-3。

4. 应急接管

（1）启动接管

当国家顶级节点监测到二级节点发生异常无法正常提供服务并达到接管条件时，或者当二级节点提出退出二级服务运营申请时，国家顶级节点启动应急接管流程。

（2）节点恢复

二级节点，启动恢复流程后，应通知国家顶级节点，支持从国家顶级节点下载二级节点数据，恢复二级节点正常运行。

二级节点，从国家顶级节点下载数据应支持数据校验机制，保障数据的完整性和安全性。

5.3.2 二级节点性能要求

二级节点整体可用性应达到99.99%，标识解析服务处理能力应达到最大负载节点请求峰值的3倍及以上。标识注册、查询、解析请求的响应时间（RTT）应迅速，各定义如下：标识注册RTT，为客户端注册标识到服务器的响应时间；标识查询RTT，为客户端查询标识到服务器的响应时间；标识解析RTT，为递归节点或客户端请求二级节点解析结果的响应时间。标识注册、查询和解析的性能指标见表5-7。

表5-7 标识注册、查询和解析的性能指标

	参　数	服务水平要求（Service Level Requirements，SLR）
标识注册	服务可用性	≥99.99%
	创建标识RTT	≤1500ms（对于至少95%的请求）
	修改标识RTT	≤1500ms（对于至少95%的请求）
	创建标识吞吐量	≥5000次/s
标识查询	服务可用性	≥99.99%
	标识查询RTT	≤1500ms（对于至少95%的请求）
标识解析	服务可用性	≥99.99%
	UDP标识解析RTT	≤500ms（对于至少95%的请求）
	TCP标识解析RTT	≤1500ms（对于至少95%的请求）
	标识解析吞吐量	≥10000次/s
	标识解析数据更新时间	≤30min（对于至少95%的请求）

二级节点应依据实际注册、解析数量进行数据库硬盘扩容，同时注册和解析系统产生的日志应定期处理。

二级节点的注册和解析系统应支持负载均衡，应自行按实际需求进行服务器增加和负载均衡配置。

5.3.3 二级节点安全要求

1. 安全网络

二级节点，应保障标识注册和解析系统在网络上的安全运行环境，应采用防火墙、网络访问控制等方式进行网络安全防御。

二级节点，应提供注册标识服务的安全防护措施，应支持内外网隔离、黑白名单IP地址访问机制。

2. 身份认证与访问控制

二级节点，应具备用户认证机制，确保访问二级节点的用户身份的真实性；应支持多种身份认证模式，如证书、生物特征等。具体功能如下：

① 应支持多种管理员登录的方式，如公私钥登录、指纹识别和密码登录。

② 应支持角色、用户分类，支持不同角色、用户对标识访问的权限设置。

③ 应支持设置标识属性的读写权限，如公共可读、公共可写、管理员可读、管理员

可写。

④ 应支持设置标识和标识属性的分级访问权限，不同的用户查看的标识属性不同。

3. 安全传输

二级节点与国家顶级节点、递归节点、企业节点对接，应支持数字证书。数据传输应支持安全通道，保证通信过程数据的完整性、准确性、有效性。

二级节点与递归节点对接的安全传输应支持消息凭证，保证消息内容不被篡改，以及来源服务器的不可否认性。

二级节点与企业节点对接的数据传输应支持安全通道，保证企业节点可信和数据不被篡改。

5.3.4　二级节点部署要求

二级节点部署方式，应支持二级节点自建部署和托管部署。部署时，标识解析带宽应满足业务需求，并支持弹性扩展。

二级节点自建部署，是由二级运营企业自行建立的，可实现标识注册、标识解析、标识查询、业务管理、数据管理和运行监测功能。

二级节点托管部署，是二级节点全面托管在国家顶级节点上运行的，同时应支持企业节点托管到国家顶级节点。

5.3.5　二级节点测试规范

1. 功能测试

（1）标识注册测试

1）测试内容

检查二级节点是否支持了如下功能：

① 二级节点注册，向注册管理机构提交包括二级节点责任主体基本信息、所属行业、联系人等注册主体数据，以及解析路由等解析记录数据。

② 企业节点注册，向二级节点提交包括企业的基本信息、所属行业、联系人、解析路由等注册主体数据，以及解析路由等解析记录数据。

2）测试规程

按以下步骤进行测试：

① 二级节点注册。

a）检查二级节点是否支持向注册管理机构提交注册申请信息，包括二级节点责任主体基本信息、所属行业、联系人等注册主体数据，以及解析路由等解析记录数据。

b）检查二级节点是否支持向国家顶级节点提交注册申请信息，包括二级节点责任主体基本信息、所属行业、联系人等注册主体数据，以及解析路由等解析记录数据。

c）检查二级节点是否支持责任主体信息及其配置信息的变更。

d）检查二级节点标识注册是否支持 VAA、DID、GS1、Handle、OID、Ecode 等多种标识体系中的至少一种。

② 企业节点注册。

a）检查二级节点是否支持企业节点注册申请时提交节点责任主体基本信息、所属行业、

联系人、解析路由等信息。

b）检查二级节点是否支持企业主体及其配置信息的变更。

c）检查二级节点是否支持新增企业代码。

3）判定准则

二级节点通过测试规程各测试步骤，则本测试为“未见异常”，否则为“不符合要求”。

（2）标识解析测试

1）测试内容

检查二级节点解析是否支持了如下功能：

① 对自身分配的标识编码进行网络地址及其对应标识对象信息查询。

② 二级节点标识解析接入认证。

③ 标识体系支持。

2）测试规程

按以下步骤进行测试：

① 对自身分配的标识编码进行网络地址及其对应标识对象信息查询。

检查二级节是否支持通过解析标识编码返回定位信息。

② 二级节点标识解析接入认证。

检查二级节点是否支持通过接入认证保证解析过程的安全可信。

③ 标识体系支持。

检查二级节点标识解析是否支持 VAA、DID、GS1、Handle、OID、Ecode 等多种标识体系中的至少一种。

3）判定准则

二级节点通过测试规程各测试步骤，则本测试为“未见异常”，否则为“不符合要求”。

（3）标识查询测试

1）测试内容

检查二级节点是否支持了如下功能：

① 二级节点标识查询。

② 精准查询、模糊查询。

③ 查询扩展。

④ 权限控制管理。

⑤ 标识体系支持。

2）测试规程

按以下步骤进行测试：

① 二级节点标识查询。

a）检查二级节点是否支持通过企业名称查询已注册的企业节点信息。

b）检查二级节点是否支持通过标识前缀查询已注册的企业节点信息。

c）检查二级节点是否支持通过关键字查询已注册的企业节点信息。

② 精准查询、模糊查询。

a）检查二级节点标识查询是否支持精准查询。

b）检查二级节点标识查询是否支持模糊查询。

③ 查询扩展。

a）检查二级节点是否支持扩展标识查询条件。

b）检查二级节点是否支持扩展标识查询结果内容。

④ 权限控制管理。

a）检查二级节点标识查询是否支持管理角色和用户。

b）检查二级节点标识查询是否支持设置标识数据查询权限。

⑤ 标识体系支持。

检查二级节点标识查询是否支持 VAA、DID、GS1、Handle、OID、Ecode 等多种标识体系中的至少一种。

3）判定准则

二级节点通过测试规程各测试步骤，则本测试为“未见异常”，否则为“不符合要求”。

（4）业务管理测试

1）测试内容

检查二级节点是否支持了如下功能：

① 企业用户审核备案。

② 企业代码分配、启用、停用、删除。

③ 企业用户管理、计费。

④ 企业节点统计量、标识注册量、标识解析量等信息的统计和查看。

2）测试规程

按以下步骤进行测试：

① 企业用户审核备案。

检查二级节点是否支持对企业用户审核备案。

② 企业代码分配、启用、停用、删除：

a）检查二级节点是否支持对企业分配代码。

b）暂停企业节点，检查二级节点是否支持企业代码停用。

c）重新启用企业节点，检查二级节点是否支持企业代码启用。

d）检查二级节点是否支持企业代码删除。

③ 企业用户管理、计费：

a）检查二级节点是否支持企业注册后的计费。

b）检查二级节点是否支持企业用户的信息更新、删除、查询等管理操作。

④ 企业节点统计量、标识注册量、标识解析量等信息的统计和查看：

a）检查二级节点是否支持统计企业节点数量。

b）检查二级节点是否支持企业标识注册量的统计、查看。

c）检查二级节点是否支持企业标识解析量的统计、查看。

3）判定准则

二级节点通过测试规程各测试步骤，则本测试为“未见异常”，否则为“不符合要求”。

（5）数据管理测试

1）测试内容

检查二级节点是否支持了如下功能：

① 标识注册数据管理。

② 标识解析数据管理。

③ 标识业务数据管理。

2）测试规程

按以下步骤进行测试：

① 标识注册数据管理。

a）检查二级节点是否支持二级节点注册数据的实时更新。

b）检查二级节点是否支持企业节点注册数据的实时更新。

c）检查二级节点是否支持按企业、行业等维度进行标识注册量统计分析，对标识应用数据分析、挖掘，并将统计结果上报到国家顶级节点。

d）检查二级节点是否支持数据托管。

② 标识解析数据管理。

a）检查二级节点是否管理标识解析列表，提供标识解析服务。

b）检查二级节点是否支持按企业、行业等维度进行标识解析量统计分析，标识应用数据分析、挖掘，并将统计结果上报到国家顶级节点。

③ 业务数据管理：

a）检查二级节点是否支持对企业节点数量进行统计。

b）检查二级节点是否支持对企业审核状态、审核历史数据进行分析。

c）检查二级节点是否将上述统计分析结果上报国家顶级节点。

3）判定准则

二级节点通过测试规程各测试步骤，则本测试为“未见异常”，否则为“不符合要求”。

（6）运行监测测试

1）测试内容

检查是否支持了如下功能：

① 国家顶级节点的运行监测。

② 二级节点的运行监测响应。

③ 二级节点的运行监测。

④ 企业节点的运行监测响应。

2）测试规程

按以下步骤进行测试：

① 国家顶级节点的运行监测。

检查国家顶级节点是否支持监测二级节点及企业节点的运行状态。

② 二级节点的运行监测响应。

a）检查二级节点是否开放解析 IP 地址和端口，能够接收和响应国家顶节点的监测请求，并实时响应。

b）检查二级节点是否支持将解析运行日志、运行状态和安全状态等信息上报到国家顶级节点。

c）检查二级节点的运行状态和安全状态信息上报时间间隔是否不超过 5min。

d）检查数据格式是否符合表 5-5 所示的企业节点统计数据项规定。

③ 二级节点的运行监测。

检查二级节点是否监测企业节点运行状态。

④ 企业节点的运行监测响应。

a）检查企业节点是否开放了 IP 地址和端口，能够接收和响应二级节点的监测请求，并实时响应。

b）检查的企业节点是否将解析运行日志、运行状态和安全状态等信息上报到二级节点。

c）检查企业节点的运行状态和安全状态信息上报时间间隔是否不超过 5min。

3）判断准则

国家顶级节点、二级节点及其下的企业节点应支持运行监测的测试内容，国家顶级节点、二级节点及其下的企业节点通过所有测试步骤后则“未见异常”，否则为“不符合要求”。

2. 对接要求测试

（1）对接国家顶级节点

1）接入申请测试

① **测试内容**。检查是否提供了以下功能：

a）二级节点接入申请。

b）企业节点接入申请。

② **测试规程**。按以下步骤进行测试：

（a）二级节点接入申请。

a）检查二级节点是否支持向国家顶级节点提交包括二级节点责任主体基本信息、所属行业、联系人等注册主体数据，以及解析路由等解析记录数据。

b）检查二级节点是否支持二级节点责任主体信息及其配置信息变更，并向国家顶级节点同步变更申请。

c）检查二级节点接入申请协议是否支持 VAA、DID、GS1、Handle、OID、Ecode 等标识体系中的至少一种标识注册机制。

（b）企业节点接入申请。

a）检查二级节点是否支持企业节点提交包括企业节点责任主体基本信息、所属行业、联系人注册主体数据，以及解析路由等解析记录数据，并上传到国家顶级节点。

b）检查二级节点是否支持企业节点企业信息或配置信息变更，并同步到国家顶级节点。

c）检查二级节点接入申请协议是否支持 VAA、DID、GS1、Handle、OID、Ecode 等标识体系中的至少一种标识注册机制。

③ **判定准则**。二级节点应支持接入申请的测试内容，通过测试规程各测试步骤，则本测试为“未见异常”，否则为“不符合要求”。

2）数据同步测试

① **测试内容**。检查是否提供了以下功能：

a）标识统计数据同步。

b）元数据同步。

c）主数据同步。

② **测试规程**。

（a）标识统计数据同步。

a）检查二级节点是否支持将企业节点数、标识注册量、解析量等数据信息同步到国家顶级节点。

b）检查二级节点是否支持按企业、行业等维度进行标识注册量统计分析，对标识应用数据分析和挖掘，并将统计结果上报到国家顶级节点。

c）检查二级节点标识注册解析统计数据同步是否支持每小时的最小同步周期。

d）检查二级节点标识注册解析统计数据同步是否支持每周、每月、每年的同步周期。

e）检查标识注册解析统计数据格式是否符合表5-4所示的二级节点自身统计数据项和表5-5所示的企业节点统计数据项的规定。

（b）元数据同步。

a）检查二级节点是否支持接收国家顶级节点创建和下发的核心元数据和行业元数据，并下发给企业节点。

b）检查二级节点是否支持向国家顶级节点申请元数据更新，并下发企业节点。

c）检查二级节点能否支持企业节点对元数据进行数据项扩展。

（c）主数据同步。

a）检查二级节点是否支持企业标识按照核心元数据填写标识主数据，并将标识主数据同步至国家顶级节点。

b）检查标识主数据同步是否支持24h的最小同步周期。

c）检查标识主数据同步是否支持全量和增量同步方式。

d）检查主数据格式是否符合表5-6所示核心元数据的规定。

③ **判定准则**。二级节点应支持数据同步的测试内容，通过测试规程各测试步骤，则本测试为“未见异常”，否则为“不符合要求”。

3）运行监测测试

参见本节“1. 功能测试”中的“（6）运行监测测试”。

4）应急接管测试

① **测试内容**。检查是否支持了如下功能：

a）启动接管。

b）节点恢复。

② **测试规程**。按以下步骤进行测试：

（a）启动接管。

a）检查二级节点发生异常时，国家顶级节点是否能够启动接管。

b）检查二级节点提出退出运营申请时，国家顶级节点是否能够启动接管。

（b）节点恢复。

a）检查二级节点，在启动恢复流程后，是否能够通知国家顶级节点。

b）检查二级节点，在启动恢复流程后，是否能够从国家顶级节点下载二级节点数据。

c）检查二级节点，从国家顶级节点下载的数据完整性和一致性。

d）检查二级节点，在启动恢复流程后，服务恢复是否正常运行。

③ **判定准则**。二级节点应支持应急接管的测试内容，通过所有测试步骤后则“未见异常”，否则为“不符合要求”。

（2）对接递归节点

1）测试内容

检查二级节点是否支持如下功能：

① 递归解析请求。

② 二级节点与递归节点通信标识体系支持 VAA、DID、GS1、Handle、OID、Ecode 等常见标识体系对应的解析协议中的至少一种。

2）测试规程

按以下步骤进行测试：

① 递归解析请求，检查二级节点是否支持递归解析请求，并快速响应，返回企业节点信息。

② 二级节点与递归节点通信标识体系支持，检查与递归节点通信是否支持 VAA、DID、GS1、Handle、OID、Ecode 等常见标识体系的至少一种。

3）判定准则

二级节点通过测试规程各测试步骤，则本测试为“未见异常”，否则为“不符合要求”。

（3）对接企业节点

参见本节“2. 对接要求测试”中“（1）对接国家顶级节点”。

3. 性能要求测试

（1）标识注册性能

1）测试内容

检查二级节点如下性能指标是否达标：

① 创建标识 RTT≤1500ms。

② 修改标识 RTT≤1500ms。

③ 创建标识吞吐量≥5000 次/s。

④ 服务可用性≥99.99%。

2）测试规程

按以下步骤进行测试：

① 创建标识 RTT≤1500ms，检查创建标识的响应时间是否符合要求。

② 修改标识 RTT≤1500ms，检查修改标识的响应时间是否符合要求。

③ 创建标识吞吐量≥5000 次/s，检查创建标识的吞吐量是否符合要求。

④ 服务可用性≥99.99%，定期检查运行状态和服务状态是否符合要求。

3）判定准则

二级节点通过测试规程各测试步骤，则本测试为“未见异常”，否则为“不符合要求”。

（2）标识解析性能

1）测试内容

检查二级节点如下性能指标是否达标：

① UDP 标识解析 RTT≤500ms。

② TCP 标识解析 RTT≤1500ms。

③ 服务可用性≥99.99%。

④ 标识解析数据更新时间≤30min。

2）测试规程

按以下步骤进行测试：

① UDP 标识解析 RTT≤500ms，检查二级节点标识解析使用 UDP 的响应时间是否符合要求。

② TCP 标识解析≤1500ms，检查二级节点标识解析使用 TCP 的响应时间是否符合要求。

③ 标识解析吞吐量≥10000 次/s，检查标识解析的吞吐量是否符合要求。

④ 服务可用性≥99.99%，定期检查运行状态和服务状态是否符合要求。

⑤ 标识解析数据更新时间≤30min（至少 95%请求），检查标识解析数据更新时间是否符合要求。

3）判定准则

二级节点通过测试规程各测试步骤，则本测试为“未见异常”，否则为“不符合要求”。

（3）标识查询性能

1）测试内容

检查二级节点如下性能指标是否达标：

① 标识查询 RTT≤1500ms。

② 服务可用性≥99.99%。

2）测试规程

按以下步骤进行测试：

① 标识查询 RTT≤1500ms，检查标识查询的响应时间是否符合要求。

② 服务可用性≥99.99%，定期检查运行状态和服务状态是否符合要求。

3）判定准则

二级节点通过测试规程各测试步骤，则本测试为“未见异常”，否则为“不符合要求”。

4. 安全要求测试

（1）安全网络

1）测试内容

检查二级节点是否支持如下功能：

① 保障标识解析系统在网络上的安全运行环境。

② 二级节点注册标识服务的安全防护。

2）测试规程

按以下步骤进行测试：

① 保障标识解析系统在网络上的安全运行环境，检查二级节点是否采用防火墙技术、网络访问控制机制等方式进行网络安全防御。

② 二级节点注册标识服务的安全防护，检查二级节点是否支持标识注册服务内外网隔离、黑白名单 IP 访问机制。

3）判定准则

二级节点通过测试规程各测试步骤，则本测试为“未见异常”，否则为“不符合要求”。

（2）身份认证与访问控制

1）测试内容

检查二级节点是否支持用户认证机制及多种身份认证模式。

2）测试规程

按以下步骤进行测试用户认证机制及多种身份认证模式：

① 检查二级节点是否支持多种管理员登录的方式，分别用不同形式登录二级节点，如公私钥登录、指纹识别和密码登录。

② 检查二级节点是否支持角色、用户分类，支持不同角色、用户对标识访问的权限设置，对标识设置访问权限，利用不同用户、角色解析标识，解析结果应对不同用户、角色进行区分。

③ 检查二级节点是否支持设置标识属性的读写权限，如公共可读、公共可写、管理员可读、管理员可写等；对标识属性设置读写权限后，用公共用户和管理员用户分别对标识进行解析和更新属性操作，应区分读写权限。

④ 检查二级节点是否支持设置标识和标识属性的分级访问权限，不同的用户查看的标识属性不同，支持属性级的访问权限控制；对标识属性进行权限分组，利用不同用户解析标识属性，应根据权限分组显示标识属性。

3）判定准则

二级节点通过测试规程各测试步骤，则本测试为“未见异常”，否则为“不符合要求”。

（3）安全传输

1）测试内容

检查二级节点与外部系统通信是否支持以下安全传输要求：

① 与国家顶级节点通信安全传输。

② 与递归节点通信安全传输。

③ 与企业节点通信安全传输。

2）测试规程

按以下步骤进行测试：

① 与国家顶级节点通信安全传输二测试参见本节“2. 对接要求测试”中“（1）对接国家顶级节点”。

② 与递归节点通信安全传输，检查二级节点与递归节点通信是否支持消息凭证。

③ 与企业节点通信安全传输，检查二级节点与企业节点通信是否支持数字证书。

3）判定准则

二级节点通过测试规程各测试步骤，则本测试为“未见异常”，否则为“不符合要求”。

5. 部署要求测试

1）测试内容

检查二级节点是否支持了如下功能：

① 支持二级节点自建部署。

② 支持二级节点托管部署。

2）测试规程

按以下步骤进行测试：

① 支持二级节点自建部署。

a）检查二级节点是否支持二级节点自建部署，即由二级运营企业自行建立，实现标识注册、标识解析、标识查询、业务管理、数据管理和运行监测功能。

b）检查二级节点，在自建部署时，标识解析带宽是否达到千兆或以上带宽。

② 支持二级节点托管部署。

a）检查二级节点是否支持二级节点托管部署，即将二级节点全面托管到国家顶级节点。

b）检查托管后的二级节点是否支持企业节点托管到国家顶级节点。

3）判定准则

二级节点通过测试规程各测试步骤，则本测试为“未见异常”，否则为“不符合要求”。

项目 6　工业互联网标识应用

任务6.1　智能化生产

智能化生产是在生产、加工、运输、检测产品等环节中，通过扫描原材料、在制品、产品的标识编码，来自动获取相关信息，从而实现更加高效、灵活、智能、精准的参数配置、设备操控、工艺关联、问题分析等应用。

6.1.1　生产工艺智能匹配

目前，在大部分工业自动化行业的生产流程中，智能化生产设备的使用占比越来越高，需要生产人员预先将各项生产参数设置好，并需要凭借经验做好调试，这对生产人员的工作经验提出了非常高的要求。

通过标识解析，可以实现智能生产场景中生产工艺智能匹配，降低生产过程中对生产人员经验的依赖，提升生产效率，实现标准生产和防呆防错。

【典型案例】

某电子行业企业，在印制电路板（PCB）生产流程中，首先在同类型机台上，对加工各类原材料所需设置的生产参数组合，进行大量前置测试，得出标准化的生产参数组合后进行存储，生成数字化的作业指导书。生产人员上机台生产不再需要凭经验来设置新原料的生产参数并花费1～2h进行调测，仅需通过机台设备自带的扫码设备读取原材料标识，通过标识解析接入原材料（如覆盖膜）生产企业，自动获得如聚酰亚胺（PI）厚度、离型纸厚度等信息后，再与数字化的作业指导书智能匹配形成推荐参数组合，15min内即能完成调试并开始正式生产，从而解放生产过程中对工人经验的约束，规避人员操作风险，有效提升生产过程的信息化管理和工艺标准化管理水平。工艺参数智能管理场景示意图如图6-1所示。

系统还支持本地机台对推荐参数进行优化，优化后的参数可上传云端作为对应机台的专用参数组合，后续再加工同类型材料时可以直接调用专用参数组合，为工业智能应用并实现自我学习、自我完善提供丰富的数据样本。

PCB行业在珠三角聚集的企业杂多，某科技有限公司作为知名PCB制造企业，同样将标识应用在了生产过程中，对品控追溯、工艺数据管理等方面做了许多基于标识的改进。

应用成效：

- 试产到量产的时长从原来的1.5～2h下降到15min左右。
- 用于测试的覆盖膜材料损耗量从原来平均每次耗费12500cm^2、10片左右下降为

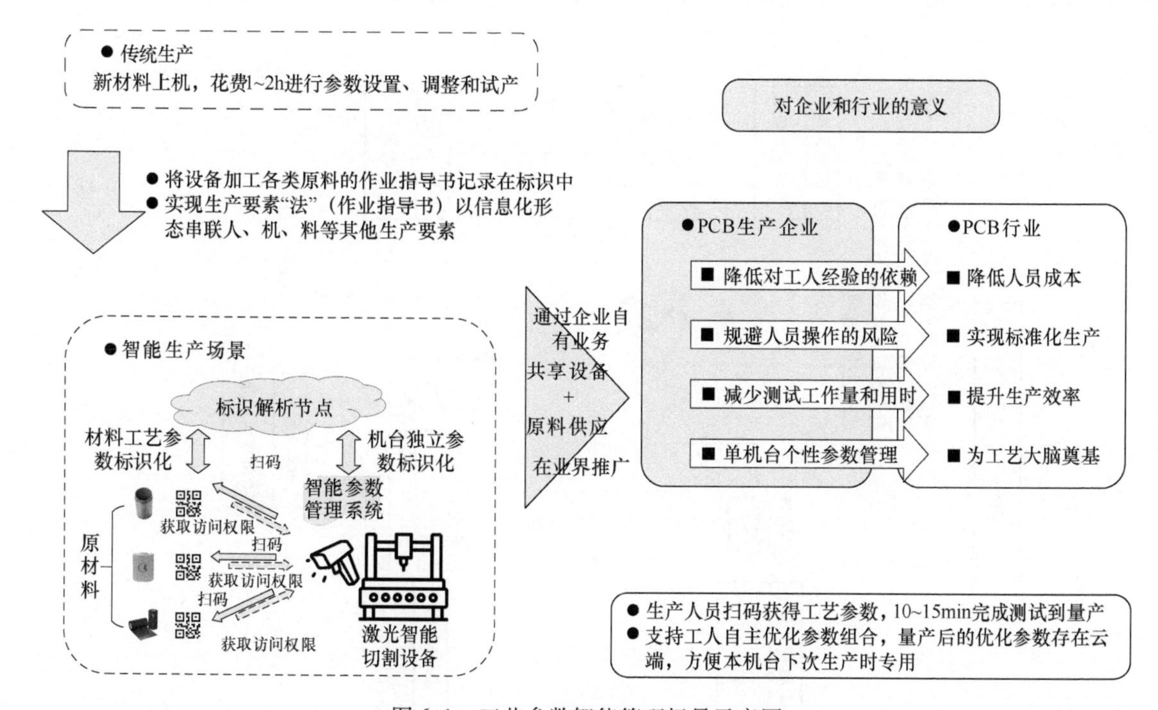

图6-1　工艺参数智能管理场景示意图

$3750\mathrm{cm}^2$ 以内、3 片以内（按常态每片覆盖膜面积 250mm × 500mm 计算，$1250\mathrm{cm}^2$ 覆盖膜平均成本约为 1.8 元）。

- 良品率从原来的 96% 上升到 98%。

6.1.2　基于质量信息的可信监造

我国制造业面临管理模式相对传统、产品质量对实操员依赖程度高、从配件到整机企业全流程信息不透明等问题，导致生产过程重复检测，产品质量难以全面管控，生产厂商与产品消费使用脱节，难以提供产品升级改造等延伸服务。

基于质量信息的可信监造可充分发挥标识解析体系作用，利用标识打通行业全链条制造监控，实现产品制造过程中各个环节异构、异主、异地信息交互，解决因信息孤岛而导致行业链条不可控、不可管的问题，从而提升产品质量、客户满意度及其市场表现。

【典型案例】

某科技企业把工业互联网标识作为全流程质量监控的“神经系统”，上下游企业通过标识解析二级节点，实现供应链管理与质量数据协同。

通过为企业生产的产品、上游的原配件进行赋码，并利用标识解析实现原料管控、设备监测、零部件监测、制造过程监测、品控监测、维护保养等全流程过程数据关联，从而形成产品多维度、透明化管控，建立泛家居认证体系，让不良品进不来，也让不良品出不去。消费者只要扫产品上的标识编码，通过标识解析，就可以从产品生产企业、上游零部件企业获取到产品零部件检测、产品生产过程检测、产品出厂质量在线检测等质量检测信息，并提供质量反馈渠道，形成从生产到使用的质量监测闭环，打造可信制造生态体系，让消费者用得放心、用得安心。品质检验协同流程示意图如图6-2所示。

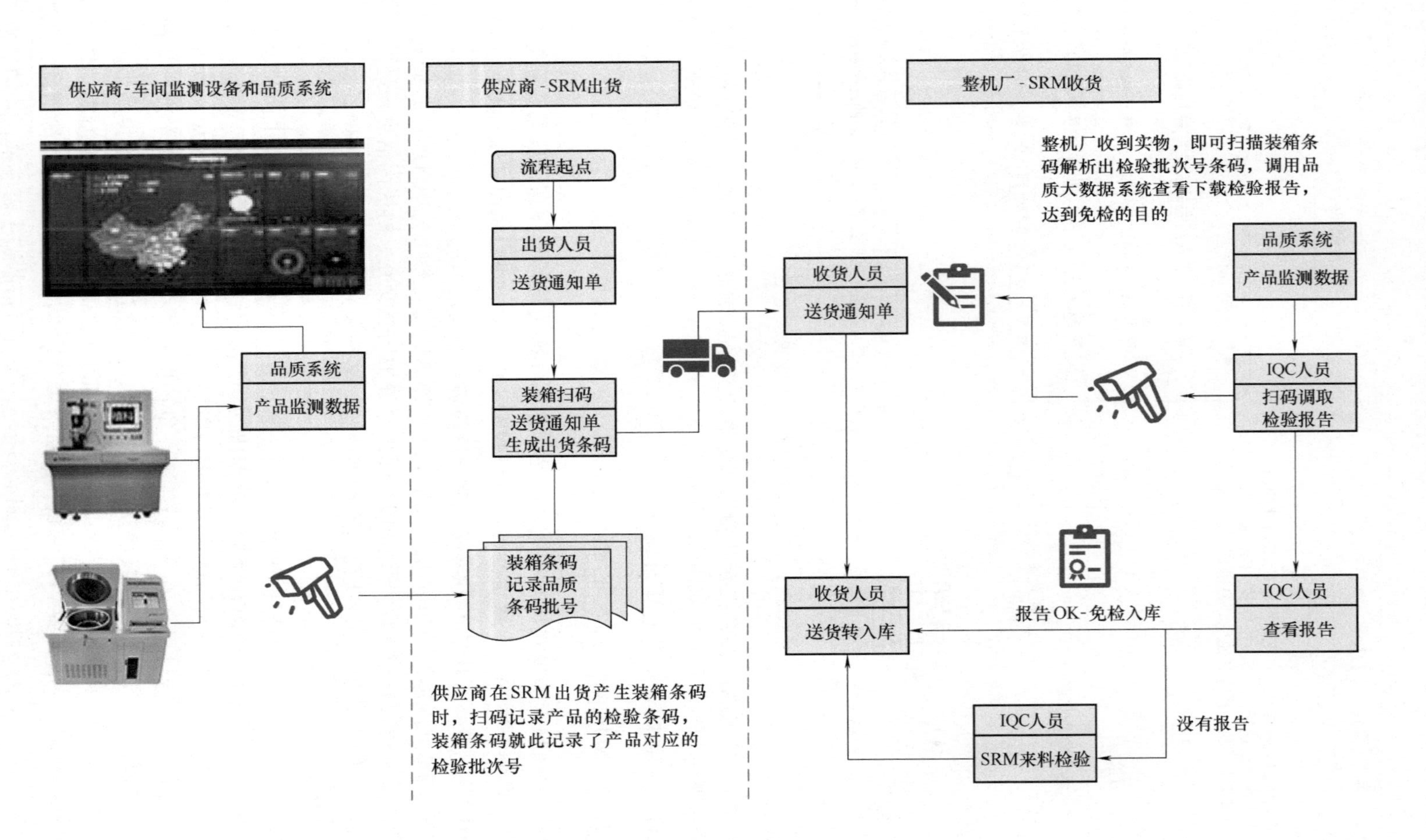

图6-2　品质检验协同流程示意图

应用成效：

- 产品生产产量提高 16%。
- 生产品质合格率提高 23%。
- 部门人员沟通率提升 15%。
- 为企业节省 12% 的能源消耗。

6.1.3　智能化物料管控

船舶制造行业的产业链条复杂、参与主体多、信息同步难、工人水平差异大、物资物料标准化程度低、上下游信息不对称，导致数据分散在不同环节、不同主体、不同位置，难以实现物料统一调度管理。

通过基于标识解析体系的智能化物料管控系统，面向行业及产业链上下游企业提供标识服务，实现追踪物料、物料量预警、库存量可视化等应用服务，同时提供更加稳定、灵活、高效、智能的优质数据服务。

【典型案例】

某造船企业在船东、设计、总装、供应、材料、物流、维保等不同环节部署“企业节点”，打通内部各系统与外部制造商，进行编码统一管理，为上游供应的设备、物料等赋予唯一标识；打通机物管理基础数据，面向船东、船厂、质量监管机构提供统一的标识解析服务，并开放接口标准协议供其他企业调用，从而可以快速准确地对船舶建造质量问题进行溯源，实现整船的智能化物料管控。如总装厂组装部门扫描舾装件上的标识，经标识解析接入外协厂获取绞机、锚机、导览孔等最新参数信息，并与库存的舾装件进行比对，避免使用过时产品安装造成的返工损耗、反复沟通或操作不当。智能化物料管控流程示意图如图 6-3 所示。

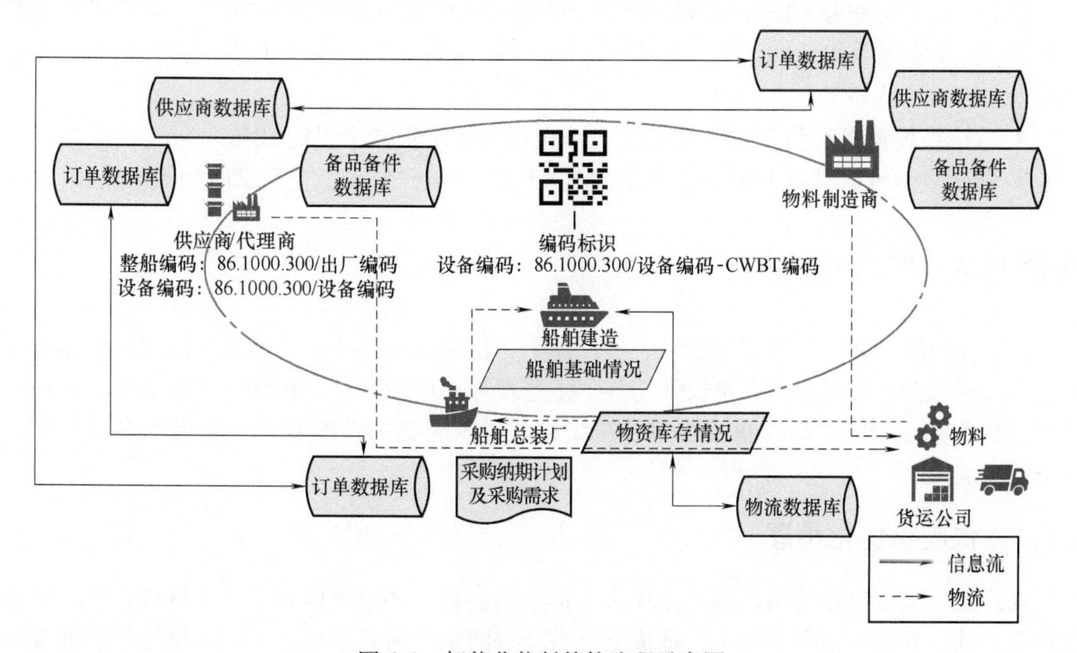

图 6-3　智能化物料管控流程示意图

应用成效：

- 将船舶的各重要零部件、工艺等赋予标识，通过数字化统一交付，实现无纸化非标件管理模式。
- 节约 8000 人工时，4 名人工，约 40 万元/年人工成本。
- 全年共节约 600 吨非标件实际用量，价值约 600 万元/年。
- 平均为每家上游企业节约了 1 名信息记录员。

6.1.4 云化智能生产

传统工艺设置主要采用“尝试法”模式，经验依赖性强，产品稳定性差。在注塑行业，大部分企业依赖传统本地化部署的生产管理系统，生产过程中的数据收集、统计、存储难度大，现场异常情况无法预测和管控，工艺数据、质量数据、管理数据难以追溯。

结合工业互联网标识解析和云服务技术，可有效实现资源整合和数据互通，开展大数据分析，完善企业管理，促进企业信息化转型产业升级，降低开发成本，完善供需对接。

【典型案例】

某企业在注塑云化智能生产管理（即云 MES）中，将标识与供应链系统结合，在供应商出货时对产品进行标识赋码，收货时通过扫码实现快速入货。该企业还将标识与注塑机生产工序结合，云 MES 用户可以为新订单赋予标识，并在生产过程中收集工单信息、原料信息、工艺参数、作业员及操作记录等信息；通过标识解析，可以实现生产进程查询和质量溯源，即时控制不良数量的发生来降低不良率；使用实时监控物料、实时看板，帮助客户提高管控效率，还可以监控机台的生产强度，引导计划保养，减少故障维修的浪费。

应用成效：

目前，接入注塑云 MES 企业累计已有 198 家，注塑机数量已有 6198 台，对企业管理起到了很大的降本增效提质的作用。以注塑车间 30 台设备为例，系统价值之提升和设备综合利用率方面的效益如下：

- 减少换模调机时间 30%，停机消息推送与看板监督减少损耗 50%。
- 减少故障维修时间 12%，总体节省约 47 万元/年，减少工艺调试时间 50%。

任务 6.2 网络化协同

网络化协同是在产品的工艺设计、生产加工、供应链等环节中，通过与标识解析体系建立信息关联，企业间可实时共享设计图样、工艺参数、产能库存、物流运力等信息，实现设计与（外部）生产的联动、制造能力的在线共享和供应链的精准管理，并提供多样的创新应用模式。

6.2.1 供应链优化管理

在传统的供应链管理中，参与主体多、信息同步难、环节流程多、覆盖域广，并且企业间技术标准、规范、编码不统一，造成上下游企业间缺乏信息共享，供应链全流程数据难以监控，无法高效协同。

通过标识解析连接机器、物料、人、信息系统，实现供应链相关数据的全面感知、动态传输、实时分析和优化管理，改善上、下游供应链关系，提高制造资源配置效率。

【典型案例】

某企业在工业互联网平台基础上，集成标识解二级节点，为供应链上的各合作伙伴提供标准的企业接入服务，对供应链企业的物料及物料相关的供应商代码、物流单号、产品编号、票据信息等，进行统一编码。下游企业通过扫描这些编码，都可以获取到物料的相关信息，从而实现对不同企业、不同环节原材料、生产、运输、销售等关键环节数据的自动、安全采集，进而快速整合产品的信息流、资金流、商流、物流，实现四流合一，为企业提供高效、低成本的供应链协同管理服务，满足离散型生产模式运营效率、成本控制管理的需要。供应链优化管理流程示意图如图 6-4 所示。

应用成效：

- 供应链内各环节交易时间平均缩短 20%。
- 减少采购管理人员的投入，供应商库存周转率提升 30%。

6.2.2　网络化运营联动

近年来我国城市运营车辆发展迅猛，与过去的单线、多线运营相比，城市运营车辆的管理面临管理服务对象多元、车辆运行环境复杂、安全防控态势严峻等问题。

网络化运营联动是指，在交通运输涉及的车辆运行、管理、服务等环节的各种前端智能终端设备中嵌入标识，实现对终端设备的管理和信息采集，实时监测人、车、路、环境的运行状态，并通过多种数据的关联分析挖掘，实现基于标识的客流信息追溯、车辆智能调度、主动安全防控、综合信息服务等数字化应用。

【典型案例】

某企业在车辆调度运营方面，通过标识解析二级节点，在车载终端、视频监控、刷卡终端、手机终端、站台安全门、闸机等智能终端设备中嵌入工业互联网标识，为智能终端赋予数字身份；采用主动标识载体技术，定时向标识解析体系发送解析请求；通过终端设备标识，解析获取目标平台 IP 地址，从而向目标平台传输数据。智能终端可与多个目标平台连接，满足多目标平台的多源信息感知、综合运行调控等需求，有效提高交通运输企业、交通管理部门、应急指挥部门管理效率和信息联动能力。网络化运营联动流程示意图如图 6-5 所示。

该企业通过为车载视频监控设备赋予标识，并关联司机安全驾驶行为、司机健康状况、车身周际行车环境、道路运行状态实时监控数据，通过标识实现对营运车辆的实时、数字化、可视化管理，实现“一张图、一个平台”，为车辆运营综合管理、应急调度指挥、主动安全防控提供支撑服务。

应用成效：

- 综合应用基于标识解析的智能排班动态调度后，减少调度人工成本约 40%，配车数在 10 台及以上的线路，平均线路配车可节约 2/3 的车辆数。
- 综合应用基于标识的车载视频监控主动安全防控，总体事故率预计可同比下降 27.36%，违章率预计可同比下降 22.79%。

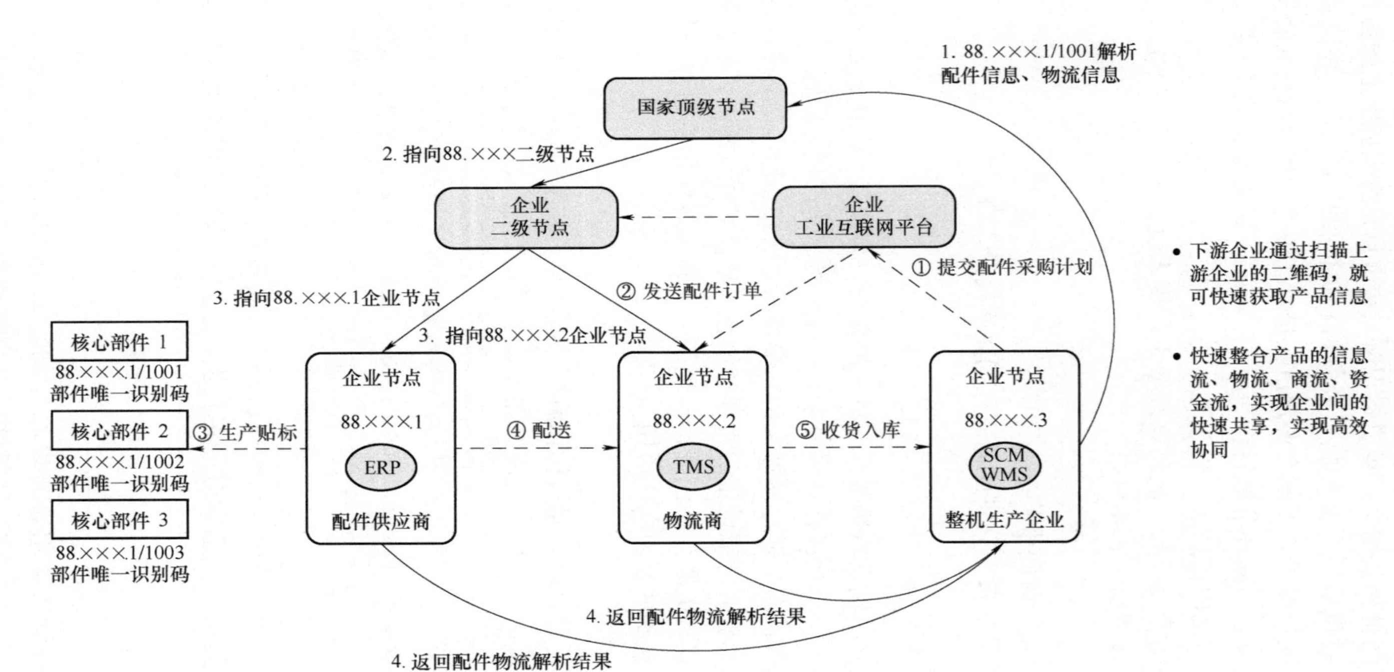

图 6-4　供应链优化管理流程示意图

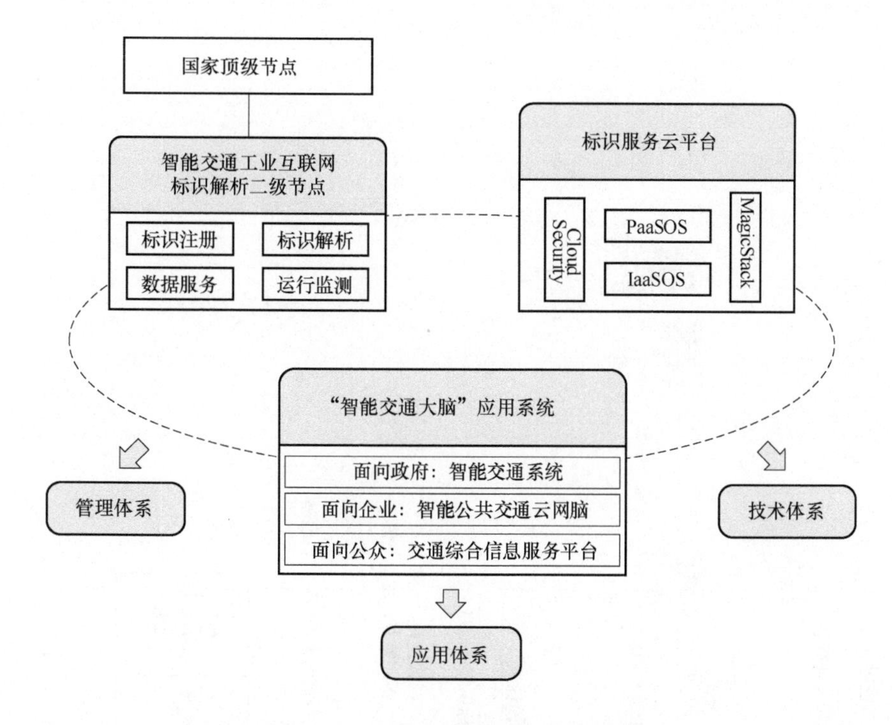

图6-5　网络化运营联动流程示意图

任务6.3　服务化延伸

服务化延伸是，在生产、物流、维修等环节，通过扫描产品的标识编码从上下游企业自动获取原材料、在制品和产品的相关信息，结合数据治理，实现产品追溯、预测性维护、备品备件管理等标识应用。

6.3.1　设备精细化管理

目前，工业企业大量采用的设备未网络化，因此对设备的运行状态、健康指数、用能信息等情况缺乏详细数据，难以实现精准控制和管理。

在设备网络化改造过程中，可以基于标识解析实现各种智能化管理和服务。例如电力行业，通过将发、输、变、储、用及交易等各个环节设备进行联网和赋码，可以打通各环节的信息隔阂，实现精细化管理。

【典型案例】

某企业基于标识解析体系开发智慧用能系统，在用户用能关口安装采集设备且赋予标识，并关联设备采集的信息。企业用户通过扫描采集设备上的标识编码，经标识解析可以获取设备的状态信息、用能信息，实现用能费用的结算和用能设备的管理维护。对于工业企业而言，智慧用能应用上线之后，通过自动识读，可减轻用能维护系统班组工作量，通过基于标识的批量线上派单、批量智能维护等模块，实现了能源设备精细化、智慧化管理服务增值。设备精细化管理流程示意图如图6-6所示。

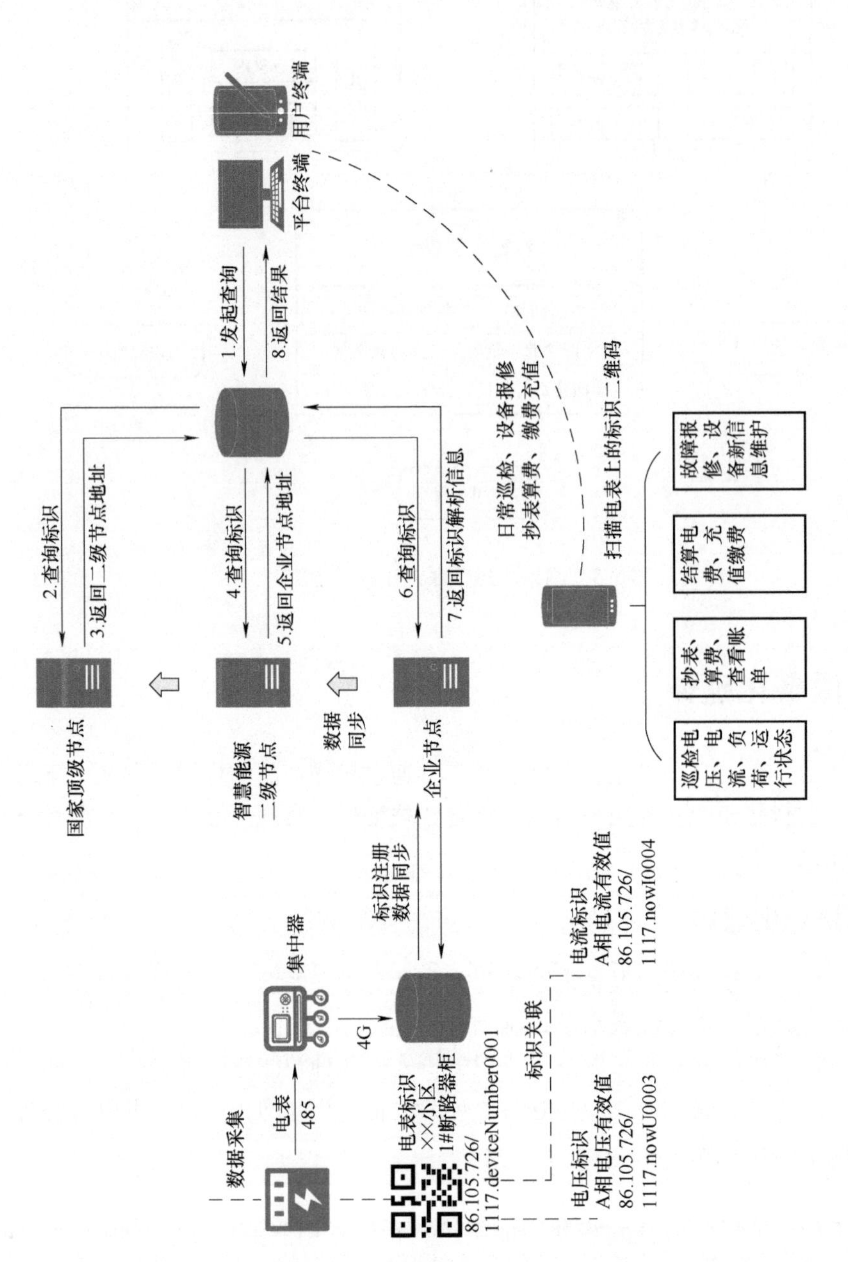

图 6-6 设备精细化管理流程示意图

应用成效：

- 通过定期线上巡查，检查各关键节点的设备状态和用能信息，极大范围地代替了原有的人工巡查的工作。
- 企业能源系统运维人员费用支出下降40%，能源系统导致的生产非计划停机时间下降30%左右。

6.3.2 产品追溯

传统产品追溯缺乏统一标准和信息关联手段，影响不同企业间的产品信息交换与共享，数据孤岛普遍存在，难以满足更加复杂的企业管理需求。例如医药行业，药品种类繁多，经营方式多样，各经营主体间相对独立，信息脱节，药品安全事件频发，严重威胁消费者的身体健康和生命安全。

通过赋予产品唯一标识精准记录产品全环节信息，通过解析系统将跨主体信息互通，实现产品进行正向、逆向或不定向追踪，达到来源可查、去向可追、责任可究的目的。

【典型案例】

某制药企业通过激光打码对药品赋码，把原有的医药编码加入标识前缀做映射关联，与订单、生产流程进行绑定。医疗机构在药品检验合格后，将药品检测信息与药品标识绑定；在药品出库时，将订单信息与药品标识绑定，消费者通过扫描药品标识，可以获取这些信息来验证产品真伪，同时还能获取衍生服务，包括企业品牌、产品知识、用药常识、会员推广等一站式服务。

该企业已建立基于大数据、人工智能和物联网的智慧中医体系，在广州、武汉、济南布局了3大智能物联中药配置中心，拥有自动数字煎药设备1000多台，自动实时接收医院“电子处方”信息，日产能最高达30万方剂。结合相应的小程序，产生线上处方。每张处方对应一个标识，并关联煎药流程、物流及贵重药材煎煮视频。病人可以通过处方上的标识识别煎药情况及物流进度。这样实现了对“互联网+医疗健康”服务产生的数据进行全程留痕、可查询、可追溯，在满足行业监管需求的同时，提升消费者对互联网医疗的信任。

某医药集团股份有限公司作为华南地区龙头行业，在2019年积极参与建设标识解析二级节点，在中成药的全生命周期管理、生产过程追溯等应用方向实现了标识的应用，并且将这些应用复制到集团旗下多个企业，为集团整体的数字化转型提供了有力的支撑。

应用成效：

- 提升医保监控、问题药品召回等监管能力。
- 助力医疗机构实现管理透明化，提升管理效率；实现服务一体化，改善医患关系。
- 促进医药行业质量追溯体系的建设和完善。

6.3.3 备品备件智能化管理

传统备品备件管理中，以人工维护数据纸质单据为主，参与人员多，且存在信息数据传递滞后、操作烦琐等弊端，直接导致备品备件出入库业务运转效率低下，系统库存与实际库存差异大等的问题，很难快速精准对应更换的备品备件。

备品备件智能化管理通过标识解析体系，打通备品备件采购、使用、仓储、使用、维修等数据，可以追溯从售后服务到前期生产过程各环节中产品的信息，快速应对维保服务时发生的备件更换业务。

【典型案例】

某集团基于工业互联网标识解析体系构建装备制造行业服务平台，将核心零部件和对应备品备件进行统一赋码管理。出入库时，业务人员可直接通过扫描标识，对备品备件的出入库信息、库存信息等内容进行实时更新，并与备品备件供应商物资管理系统打通，实现物资调配协同。售后服务中，需要对零部件进行维修或备件更换时，利用标识解析技术，可快速精准确定备品备件信息（名称、图纸、型号规格等）及库存信息，实现即时对应，快速响应维护更换需求。同时，通过将物料的流转和出入库信息实时更新到后台数据库，对不同区域备件仓和备件种类的分析，可以快速分析出备品备件合理库存数量和库存仓库的需求量，从而对库存进行预测，大幅降低物流费用和库存量，合理对备品备件进行库存管理，显著降低企业库存成本。备品备件智能化管理流程示意图如图 6-7 所示。

应用成效：

- 备品备件的领料时间从每单 30min 减少至每单 5min 以下，效率提升了 6 倍。
- 备品备件的维护成本降低 20%，维护及时率提升 35%，售后满意度提升 20%。
- 库存降低 10% 以上，对有时间周期限制类的物料（如橡胶件、易老化品）进行先进先出的管理，库存周转率显著提升。

6.3.4 产品智能售后管理

在产品售后管理服务中，存在终端消费者信息割裂，消费者端远离生产企业，消费升级沟通渠道落后等问题，导致生产厂商无法直接有效地获取消费者的反馈，难以快速响应消费者提出的需求，无法对产品优化提供参考依据，降低了消费者对品牌的信任度。

产品智能售后管理是，通过工业互联网标识解析体系，将产品生产环节与售后环节信息串联，在售后使用、维修过程中提供在线验真、更换件查询、用户报障、售后质量统计等增值服务，有效组织生产资源，实现从卖产品到卖产品 + 服务业务模式的转变，提升产品品牌增值。

【典型案例】

某集团通过构建家电行业标识解析服务平台，不仅打通供应、生产环节，实现零部件、产品全生命周期管理，更实现了终端用户使用、维修信息的有效触达。购买产品后，用户通过扫描产品唯一标识，获取安装档案、购买记录、发票凭证、生产日期等电子保修信息。产品维修时，工程师现场扫描产品标识，快速准确查询该设备的服务 BOM 信息及需申请的备件明细，实现维修配件的快速调拨。供应商也可以通过标识解析体系，获取零部件的维修更换情况，跟踪零部件的市场表现，提升售后服务质量。

应用成效：

- 降低售后服务响应时间，提升用户满意度。
- 用户可自助查询产品真伪，打击市场假冒产品。

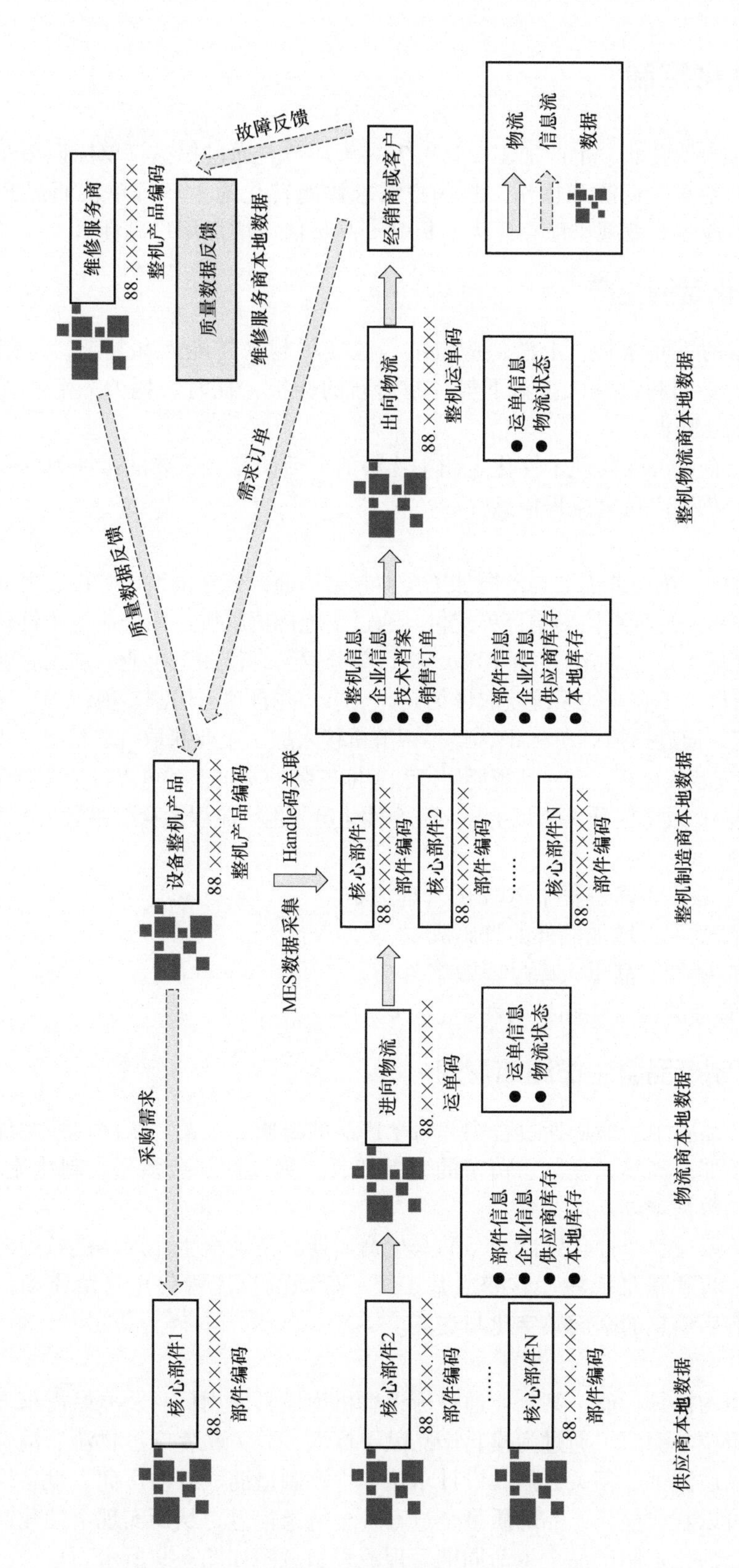

图6-7　备品备件智能化管理流程示意图

任务 6.4 个性化定制

个性化定制是在产品设计、生产加工、运输安装等环节，通过扫描订单标识获取个性化需求，按需动态匹配参数、资源和操作，将用户需求快速转化为生产排单从而提升生产柔性，实现产销动态平衡，有效减小库存压力，提升产品价值，增加用户黏性。

6.4.1 企业个性化定制生产

随着定制化需求的不断增长，上游供应链的采购变得越来越庞大和复杂，定制需求不一，生产企业通常需要调制设备，重新下料，制造新的样板，耗时、耗力，生产周期会加长，原材料利用率也会降低。

通过标识解析，企业可以实现个性化定制中物料的灵活调度、工艺的柔性关联；终端消费者可以通过标识，获取产品全流程信息。

【典型案例】

在定制家具过程中，某企业需要与不同加工企业频繁沟通，依靠电话、邮件、书面等方式效率低且容易出现差错，甚至直接影响订单交付。通过实施标识解析，该企业将个性化现场测量尺寸、设计信息等写入订单，分配订单标识，将订单分发给合作加工企业。加工企业扫描订单标识，经标识解析接入该企业的系统获取详细设计要求，并自动与切割、剪裁等工序匹配完成智能生产。安装工人通过扫描订单标识，经标识解析接入加工企业获取订单信息、生产信息和组装信息完成智能安装等任务。在实现智能生产和智能安装的基础上，可以灵活调配个性化订单需求，整体产业链协作效率提升 30% 以上。企业个性化定制生产流程示意图如图 6-8 所示。

应用成效：

- 降低供应链企业出入库过程中 20% 的管理成本。
- 实物产品的配送不再增加额外的打码成本。
- 有效提升供应链端产品出入库过程效率 30% 。
- 提高供应链管理的灵活性和扩展性。

6.4.2 个性化定制产品全生命周期管理

在个性化定制产品整个生命周期过程中，每个产品的材质、工艺、工序、使用周期等都是独一无二的，对于那些高端、复杂、精密的装备产品，其设计复杂多变、制造流程较长、参与企业众多，产品数据难以互通共享。

基于标识解析体系覆盖个性化定制产品的全生命周期，帮助全生命周期链条中的企业进行信息对接与互通，将“信息孤岛”转变成基于统一标识的全流程信息自由流动，实现设计、生产、市场、售后信息的全面数字化与交互。

【典型案例】

在定制化程度高的模具行业，某企业通过标识解析为模具使用厂商及原始需求方，提供产品全生命周期的定位与溯源。通过为模具产品赋予标识，并关联生产、物流、消费过程中的工艺、原材料、品质测试等相关数据，设计单位、生产制造商、外协厂商、设备维修服务商利用标识解析，可以获取模具产品的质量全过程、全链条信息，从而实现个性化产品的全流程业务可视化。个性化定制产品全生命周期管理流程示意图如图 6-9 所示。

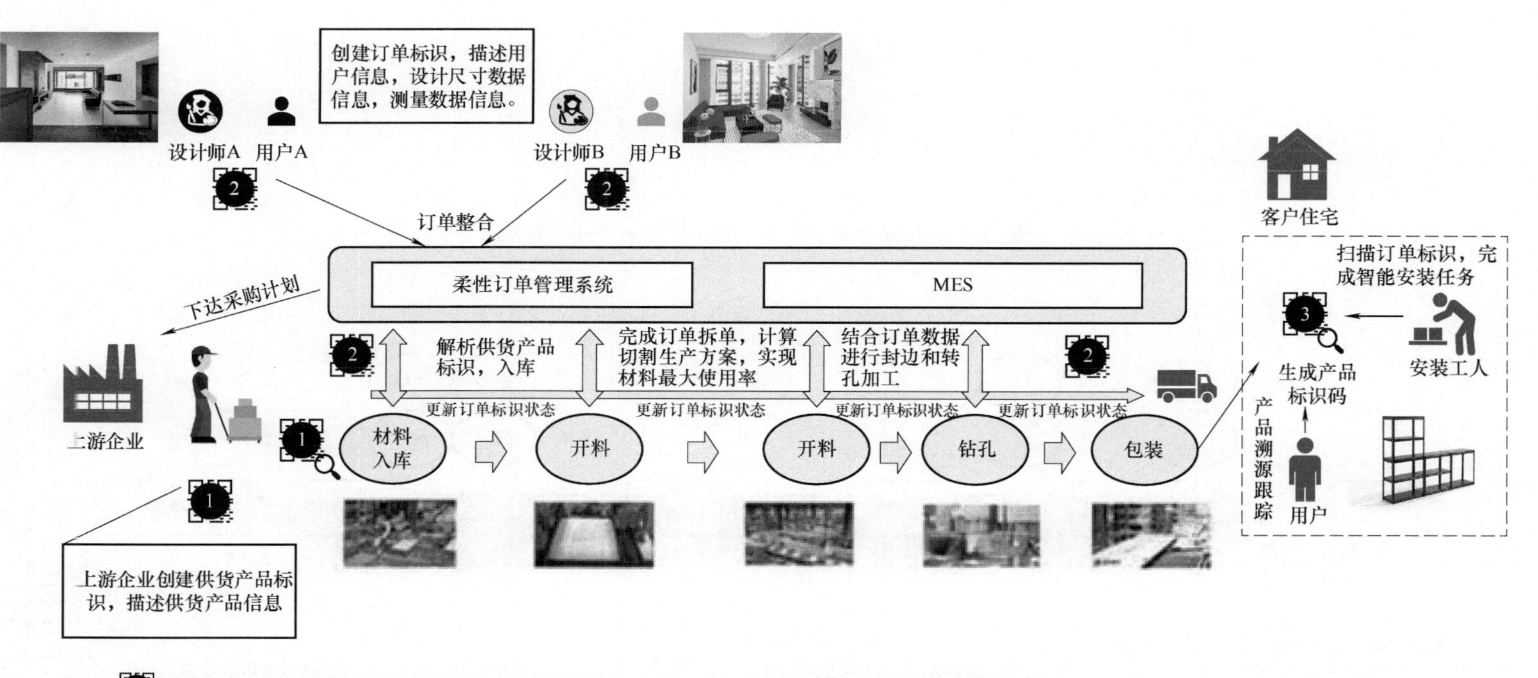

① 供货产品标识码：描述供应链上游企业供货产品信息，由上游企业创建，定制家具生产企业解析后完成入库

② 订单标识码：内含用户信息、设计数据、浏览数据及生成加工过程的各种状态信息

③ 产品标识符：通过解析安装人员可确认订单信息及用户信息，获取安装指南；终端用户可进行产品的溯源跟踪

图 6-8　企业个性化定制生产流程示意图

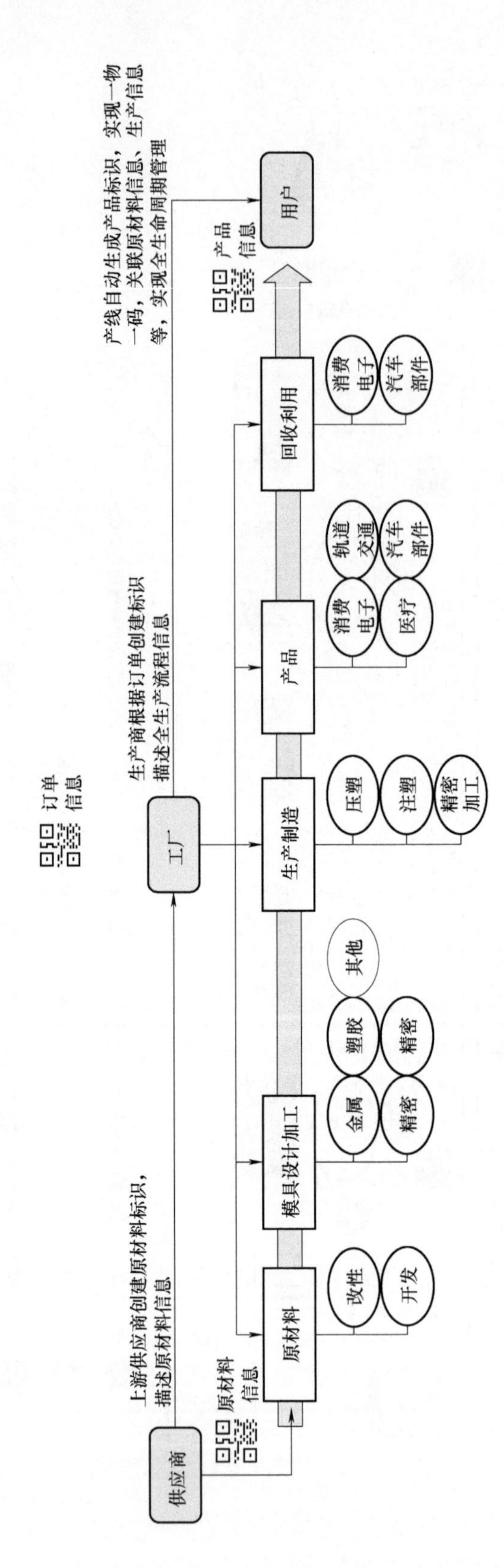

图 6-9　个性化定制产品全生命周期管理流程示意图

应用成效:

- 定制化产品全流程数据可查询,售后服务效率提升40%。
- 通过标识解析形成全生命周期管理大数据分析系统,产品质量追溯的满意度提升50%。
- 通过应用标识,减少售后服务误判,降低服务误判导致的30%沉没成本。

任务6.5 数字化管理

数字化管理是针对产品流通环节复杂、信息共享难度大等问题,将产品赋码环节和标识解析体系建立对接关系,打通产品流通上下游不同企业的数据链,实现覆盖生产制造、全生命周期管理、供应链的数据贯通,提升决策效率,实现更加精准与透明的管理。

6.5.1 主动式生产管理监测

生产管理监测由于缺乏自动、全面的检测手段,经常出现监测数据无法准确获取、应急处理不及时等情况。例如企业环境治理,工业企业需要排污自证,第三方环保机构开展企业服务,监管部门实现对企业排污监测,通过提供数据驱动的新型管理模式,可实现生态环境监测、应急、执法与污染控制更实时、有效的管理。

通过对生产环境中的智能设备、仪器仪表、智能备品备件等对象嵌入标识,打通双向数据传输通道,实现基于主动标识载体的创新应用。

【典型案例】

某企业对部署在环境监测现场的集成感知与控制终端设备赋予标识,关联采集的污水、废气、VOC等污染在线监测数据、仪器状态数据、运行参数、操作日志等信息。生产管理监测平台通过标识,实现对不同级别、不同监管部门对污水检测、噪声检测、大气检测等现场排污情况的监控管理。同时,以嵌入标识的移动式环境感知控制终端为核心,建设环境监测智慧站房,对站房内的门锁、视频、温度等数据等进行全方位采集,并报送至生产管理监测平台,第三方服务机构、监管单位可通过标识获取生产管理监测平台的监测数据,从而建立数据共享通道。环境监测智慧站房功能示意图如图6-10所示。

在碳达峰、碳中和的背景下,某低碳科技股份有限公司作为提倡清洁生产、零碳中和的服务企业,同样基于标识对企业生产产品进行了追踪,在产品变商品、制造及交易的过程中打通环保理念。

应用成效:

- 提升企业的环境管理效率30%以上。
- 第三方服务机构可直接使用相关信息从而提升便利度到80%。
- 提升监管单位对企业污染信息沟通的便利性。

6.5.2 智能产线实时监控

在离散行业非标自动化生产过程中,小批量、多批次的生产占比高,企业生产过程不透明、进度管控难、产能和效率把控不准,难以对产线的作业状态进行实时监控。

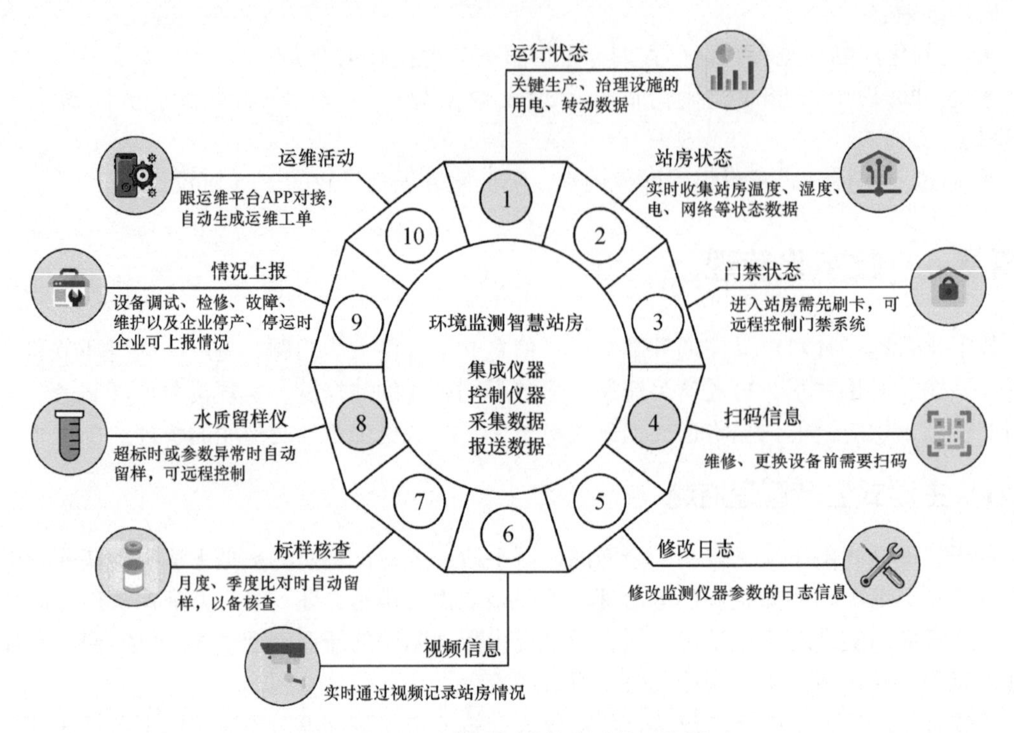

图 6-10　环境监测智慧站房功能示意图

通过标识解析体系，对自动化生产过程中的图样、设备、产品、配件进行标识，自动获取项目图样、供应商加工/运输/入库、产线生产计划、实时进度过程参数等信息，实现更加高效、透明的产线实时监控。

【典型案例】

某汽车企业在生产实时进度管理方面，对汽车零部件等实物对象及流程、工艺算法等数字对象赋予标识，并关联汽车生产各工序环节，结合一键排产、批次/序列号管理、快速排定工艺生产等功能，实时监控各工序节点生产进度。

在采购供应管理方面，通过标识解析二级节点，该企业未来会将 46 家汽车主机厂、37 家汽车零部件生产，以及 13 家电子生产企业作为企业节点接入标识解析体系，为相关企业加工、运输、质检等数据对象赋予标识，并与整车关联，从而实现汽车生产数据的全链条监控、全程管控、质检全程动态追踪，保证过程透明化，提升供应效率，降低采购及交付风险。

应用成效：

- 通过自动识读技术实现生产场景的人、机、物、工时、质量等数据的智能采集，取代生产过程中对人员手工统计的依赖，10min 内即能完成调试，工作效率提升 40%。
- 降低生产过程中对工人经验的依赖，减少人为的操作风险，有效地提升生产过程的信息化管理程度和工艺标准化管理水平。

6.5.3　区域产业化服务

目前，区域工业互联网的发展，需要对现有的产业规模和发展状况进行监测和分析，从而形成科学、准确的产业动态数据，为政府相关部门提供决策依据。

通过标识解析采集、整理、关联区域内工业互联网产业数据，建立供应商库、产品库、应用库，通过各个层面的指标分析，提供科学、准确、客观的产业监测数据，支撑壮大工业互联网产业主体，促进新一代信息技术与制造业的深度融合。

【典型案例】

通过建设标识解析二级节点，某企业对企业基础信息、经营发展情况、人员团队情况、工业互联网供给能力、技术指标和供应商典型应用案例等数据对象赋予标识，对数据进行整理、清洗和维护，并建立数据对象与行业的关联关系，形成供应商库、产品库、应用库，融合自然语言处理及人工标注，实现对数据的标准化描述。

基于标识解析定位供给侧企业，自动获取企业信息，在此基础上进行多维度的组合检索和指标分析，从而实现供应商的产业地图分析，建立分类分级模型。根据供给侧企业和应用企业数据，构建供需匹配模型，通过用户提出的供应商需求点（关键字、维度选择等），智能匹配出合适的企业，并按匹配相似度排序推荐给用户，为用户提供精准化的推荐和个性化的服务。基于以上的数据和功能，实现了产业监测大屏的可视化建设，并从宏观（产业整体发展）、中观（子产业情况）、微观（供应商和产品、服务、解决方案的情况）三个层面来展示产业的信息，直观化重点化监测产业信息。

应用成效：

- 实现了区域内信息智能化、自动化关联。
- 实现了基于标识的企业信息自动更新，提升供需对接的精准度。

参考文献

[1] 刘阳，张天石，曾鹏．第二讲：工业互联网标识解析进展与分析［J］．仪器仪表标准化与计量，2020（2）：3-5，12.

[2] 陈剑，马晨迪，谢家贵，等．国家顶级节点分布指导理论研究［J］．信息通信技术与政策，2021，47（4）：54-58.

[3] 张刚，黄艳．Ecode 标识体系存储结构概述及其在工业互联网领域的应用［J］．中国自动识别技术，2019（6）：52-55.

[4] 刘阳，李馨迟，田野，等．物联网名字服务关键技术研究［J］．电子学报，2014，42（10）：2032-2039.

[5] 邹慧，马迪，王伟，等．Handle 系统与域名系统互联互通机制：一种基于标记语言描述协议数据单元的实现［J］．计算机应用研究，2019，36（1）：194-198.

[6] 韩红强，吴东亚，宋林健．工业互联网 OID 标识解析国际标准化中国贡献分析［J］．信息技术与标准化，2020（11）：39-43.

[7] 刘阳．一种面向制造的层次化的工业互联网标识设计［J］．自动化博览，2019，36（3）：32-34.

[8] 贾雪琴，罗松，胡云．工业互联网标识及其应用研究［J］．信息通信技术与政策，2019（4）：1-5.

[9] 曾鹏，刘阳．工业生产中工业互联网标识解析技术应用研究［J］．自动化博览，2019（11）：46-48.

[10] 刘阳．工业无线通信技术讲座　第七十二讲　工业互联网标识解析技术标准化进展与发展趋势［J］．仪器仪表标准化与计量，2018（6）：17-19.

[11] 徐骁麟．时间敏感网络技术及其在工业互联网中的应用［J］．电信网技术，2018（5）：1-5.

[12] 王冲华，何小龙，陈雪鸿．工业互联网标识解析安全保障能力亟需提高［J］．中国信息安全，2019（6）：53-55.

[13] 池程，马宝罗，田娟．工业互联网标识解析安全风险分析模型研究［J］．信息通信技术与政策，2020（10）：23-27.

[14] 严涵琦，刘彦鹏，陈怡．工业互联网标识解析二级节点概述［J］．数字通信世界，2020（5）：277.

[15] 李海花，期治博．工业互联网标识解析二级节点建设思路［J］．信息通信技术与政策，2019（2）：61-65.

[16] 张钰雯，池程，朱斯语．工业互联网标识解析体系发展趋势［J］．信息通信技术与政策，2019（8）：43-46.

[17] 任语铮，曾诗钦，霍如，等．新型工业互联网标识解析体系探讨与实践［J］．信息通信技术与政策，2019（8）：74-77.

[18] 谢家贵，齐超，朱佳佳．工业互联网标识解析体系架构及部署进展［J］．信息通信技术与政策，2020（10）：10-17.

[19] 任语铮，谢人超，曾诗钦，等．工业互联网标识解析体系综述［J］．通信学报，2019，40（11）：138-155.

[20] 池程，柴森春，谢滨．工业互联网标识数据管理及应用技术研究［J］．信息通信技术与政策，2019（8）：47-51.

[21] 谢家贵，李海花．区块链与工业互联网协同发展构建新基建的思考［J］．信息通信技术与政策，2020（12）：38-45.

[22] 李职杜，向罗勇，吴大鹏，等．工业互联网智能标签系统设计［J］．信息通信技术与政策，2019（8）：56-61.

[23] 马宝罗，池程，田娟，等．基于 UICC 的工业互联网标识多维数据融合研究［J］．信息通信技术与政策，2020（8）：85-88.

[24] 贾雪琴，林晨，周晓宇，等. UICC 赋能基于工业互联网标识的可信数据采集［J］. 信息通信技术与政策，2019（8）：52-55.

[25] 张建雄，吴晓丽，杨震，等. 基于工业物联网的工业数据采集技术研究与应用［J］. 电信科学，2018，34（10）：124-129.

[26] 刘阳，韩天宇，谢滨，等. 基于工业互联网标识解析体系的数据共享机制［J］. 计算机集成制造系统，2019，25（12）：3032-3042.

[27] 柴森春，张译霖，马宝罗. 面向 MES 的工业互联网标识数据互通系统设计［J］. 信息通信技术与政策，2019（8）：62-66.

[28] 刘阳，期治博. 面向制造业的产品通用属性数据模型研究［J］. 信息通信技术与政策，2019（2）：66-69.

[29] 赵华，刘刚，吴亚平，等. 工业互联网标识解析在仪器仪表领域的创新应用［J］. 信息通信技术与政策，2019（8）：67-73.

[30] 张忠平，刘廉如. 工业互联网导论［M］. 北京：科学出版社，2021.

[31] 工业和信息化部电信研究院. 物联网标识白皮书（2013 年）［R］. 北京：工业和信息化部电信研究院，2013.

[32] 工业和信息化部电信研究院. 中欧物联网标识白皮书（2014 年）［R］. 北京：工业和信息化部电信研究院，2014.

[33] 中国电子技术标准化研究院. 对象标识符（OID）白皮书（2015）［R］. 北京：中国电子技术标准化研究院，2015.

[34] 工业互联网产业联盟. 工业互联网网络连接白皮书（版本 0.1）［R］. 北京：工业互联网产业联盟，2018.

[35] 工业互联网产业联盟. 工业数据采集产业研究报告［R］. 北京：工业互联网产业联盟，2018.

[36] 工业互联网产业联盟. 工业大数据技术架构白皮书（1.0）［R］. 北京：工业互联网产业联盟，2018.

[37] 工业互联网产业联盟. 工业互联网标准体系（版本 2.0）［R］. 北京：工业互联网产业联盟，2019.

[38] 工业互联网产业联盟. 工业互联网体系架构（版本 2.0）［R］. 北京：工业互联网产业联盟，2020.

[39] 工业互联网产业联盟. 工业区块链应用白皮书（1.0 版）［R］. 北京：工业互联网产业联盟，2020.

[40] 中国信息通信研究院. 区块链白皮书（2020 年）［R］. 北京：中国信息通信研究院，2020.

[41] 工业互联网产业联盟. 工业互联网标识解析标准化白皮书［R］. 北京：工业互联网产业联盟，2020.

[42] 工业互联网产业联盟. 工业互联网标识解析——主动标识载体技术白皮书［R］. 北京：工业互联网产业联盟，2020.

[43] 工业互联网产业联盟. 工业互联网标识解析——安全风险分析模型研究报告［R］. 北京：工业互联网产业联盟，2020.

[44] 工业互联网产业联盟. 工业互联网标识解析二级节点建设导则（试行版）［R］. 北京：工业互联网产业联盟，2019.

[45] 工业互联网产业联盟. 工业互联网标识解析　二级节点技术要求［R］. 北京：工业互联网产业联盟，2021.

[46] 工业互联网产业联盟. 工业互联网标识解析　二级节点测试规范［R］. 北京：工业互联网产业联盟，2021.

[47] 工业互联网产业联盟. 工业互联网标识解析　国家顶级节点与二级节点对接技术要求［R］. 北京：工业互联网产业联盟，2021.

[48] 工业互联网产业联盟. 工业互联网标识解析　国家顶级节点与二级节点对接测试规范［R］. 北京：工业互联网产业联盟，2021.

[49] 工业互联网产业联盟，中国信息通信研究院. 2021 广东省工业互联网标识解析创新应用案例集［R］.

北京：中国信息通信研究院，2021.

[50] 全国物品编码标准化技术委员会. 物联网标识体系　物品编码 Ecode：GB/T 31866—2015 [S]. 北京：中国标准出版社，2015.

[51] 全国信息技术标准化技术委员会. 物联网标识体系　OID 应用指南：GB/T 36461—2018 [S]. 北京：中国标准出版社，2018.

[52] 全国信息技术标准化技术委员会. 信息技术　开放系统互连　对象标识符（OID）的国家编号体系和操作规程：GB/T 26231—2017 [S]. 北京：中国标准出版社，2017.

[53] Handle 国家物联网标识服务平台. 关于 Handle [EB/OL]. [2021-06-18]. http://www.china-handle.cn/jumpPage/handleIntroduction.html.

[54] 中国物品编码中心. GS1 系统编码体系 [EB/OL]. [2021-06-18]. http://www.ancc.org.cn/Knowledge/BarcodeArticle.aspx? id = 183.

[55] 中国物品编码中心. GS1 系统的特点 [EB/OL]. [2021-06-18]. http://www.ancc.org.cn/Knowledge/BarcodeArticle.aspx? id = 284.

[56] 高琦，张青. 工业互联网标识注册量超 200 亿后，未来这么做 [EB/OL]. [2021-06-18]. http://www.xinhuanet.com/info/2021-06/01/c_139968338.htm.

[57] 中国互联网络信息中心. 第 47 次《中国互联网络发展状况统计报告》 [EB/OL]. [2021-06-27]. http://www.cnnic.net.cn/hlwfzyj/hlwxzbg.

[58] 中华人民共和国工业和信息化部. 我国科研单位成为国际发码机构，为工业互联网国际化发展打下良好基础 [EB/OL]. [2021-06-27]. https://www.miit.gov.cn/ztzl/rdzt/gyhlw/gzdt/art/2020/art_7b6a86aa7b3945cd98d7641f9d461fa6.html.

[59] 中华人民共和国工业和信息化部. 2021 年 1 – 5 月通信业经济运行情况 [EB/OL]. [2021-06-27]. http://wap.miit.gov.cn/gxsj/tjfx/txy/art/2021/art_b6c039dd4e2942bcbf07218139866cbd.html.

[60] 中国工业报. 李海花：标识解析体系建设进入快速发展期 [EB/OL]. [2021-06-18]. http://dzb.cinn.cn/shtml/zggyb/20210511/105795.shtml.

[61] ABT DID Protocol. Readme [EB/OL]. [2021-07-04]. https://github.com/ArcBlock/abt-did-spec.

[62] IETF. Handle System Overview [EB/OL]. [2021-06-18]. https://ietf.org/rfc/rfc3650.txt.

[63] IETF. Handle System Namespace and Service Definition [EB/OL]. [2021-06-18]. https://ietf.org/rfc/rfc3651.txt.

[64] IETF. Handle System Protocol (ver 2.1) Specification [EB/OL]. [2021-06-18]. https://ietf.org/rfc/rfc/rfc3652.txt.